불교와 그리스도교의 생태 영성

# 불교와 그리스도교의
# 생태 영성

저자__최현민, 김종욱, 종범, 본각, 조현철, 이정배, 구미정

운주사

추천의 말
## 『불교와 그리스도교의 생태 영성』을 읽고

『불교와 그리스도교의 생태 영성』은 씨튼연구원 종교대화 강좌가 책으로 출판되어 나오는 열 번째의 책이 됩니다. 그 열 권 중에서 네 권이 불교와 그리스도교의 대화를 다루고 있다는 사실 자체가 한국 사회에서 두 종교 공동체가 지니는 의미가 크다는 것을 단적으로 말해주고 있습니다.

씨튼연구원에서 이루어진 불교와 그리스도교 대화의 시작이 『선불교와 그리스도교』로 두 종교의 가르침 전반을 주제로 했다면, 두 번째 책은 『그리스도교와 불교의 수도생활』로 두 전통의 영성적 핵을 이루는 수도생활의 공통된 특징들을 살펴보았는데, 이 책은 영어(Monasticism Buddhist and Christian: The Korean Experience by Peeters)로도 번역되었습니다. 세 번째 책은 『불교와 그리스도교의 수행』으로 구체적인 수행의 길을 깊이 들여다봄으로써 우리의 대화를 영성적인 수준까지 심화시키려는 노력을 기울였습니다. 네 번째로 이번에 출판되는 『불교와 그리스도교의 생태 영성』은 우리 시대의 화두인 "생태적 삶"으로 우리의 초점을 모으면서, 어떻게 두 종교 전통이 자연에 대한 우리의 자세를 변화시키는 회심에 원동력을 제공할 수 있을지를 고민하고 있습니다.

우선 불교 전통에서는 연기사상에 기초를 둔 남방불교(Theravada), 우주만상이 인드라망과 같이 연결되어 있어서 서로를 내포하고 있다는 화엄사상, 욕망을 일으키는 차별식을 반야심으로 변화시켜야 한다는 선종의 생태사상을 각기 다루었습니다. 그리스도교 전통에서는 우주적 계약사상과 땅을 위한 안식년 제도를 제정하여 인간의 책임의식을 고취한 구약 전통, 창조세계 전체에 현존하시는 하느님의 자비를 통찰한 예수의 생태 의식 및 과정신학의 생태적 의미에 주목했습니다.

각기 다른 문화적 이미지와 언어로 표현하면서도 10개월 간의 대화에 참여한 일곱 명의 학자들은 다음 세 가지 점에 합의하고 있었습니다.

첫째, 오늘날의 생태 위기는 기계적 발전에 대한 맹신과 인간중심적 세계관에 기초를 두고, 물질적 소유가 행복을 가져온다는 잘못된 가치관에 뿌리를 두고 있다는 것입니다. 따라서 우리의 가치체계를 성찰하여 욕망의 충족을 통해 쾌락을 찾는 우리의 시야를 더 높은 기쁨의 경지, 곧 조화로운 관계에서 갖게 되는 편안함(禪定樂)과 애착에서 자유로워지고 이기심을 비우는 데서 누리게 되는 최고의 행복(解脫樂)을 경험하게 하는 것이 무엇보다도 중요합니다.

둘째, 생태 위기를 극복하기 위해서는 우리가 다른 생명체와 독립해서 홀로 살 수 있다는 우리의 무지와, 경제적 풍요가 행복을 보장한다는 우리의 환상을 깨야 한다는 것입니다. 이런 점에서 불교의 인드라망 이미지가 만물이 연결되어 있다는 생태적 현실을 이해하는 데 그리스도인들에게도 매우 유용하다고 그리스도교 쪽에서는 한목소리를 내고 있습니다. 불교의 연기사상이 생태적 현실을 투명하게 보여준다면, 그리스도교의 성서적 전통은 인간과 자연의 관계에 대해 여러 가지

상반되어 보이는 비전을 제공하고 있어서 생태적인 해석이 요구되기 때문입니다. 그러나 창조사상과 우주적 계약사상을 제대로 이해하면, 연기와 업보사상과 같이 모든 것을 있는 그대로 보게 하는 지혜를 담고 있다는 불교 쪽의 대답이 인상적이었습니다.

소박하고 검소한 삶의 양식이 생태 영성을 살아가는 구체적 표현이라는 셋째 합의점에는 아무도 이의를 제기할 수 없을 것입니다. 형의 상속권을 뺏고 도망쳤던 야곱이 집으로 돌아오기 전날 밤, 하느님을 대면하고 씨름을 한 경험이 형과의 화해를 가져오게(창세 33,9) 했듯이, 우리의 신앙 체험이 만물을 존중하고 아끼는 마음으로 살도록 우리에게 영감과 힘을 줄 수 있어야 한다는 결론이라고 생각됩니다. 사회적 생태 운동도 중요하기는 하지만, 끝에 가서 사람들의 마음을 움직이는 것은 소수라도 생태적 소박한 삶에서 기쁨과 즐거움을 누릴 수 있다는 살아 있는 예를 보여주는 것이 가장 중요합니다.

한 가지 덧붙이고 싶은 것은, "불교와 그리스도교의 생태 영성" 대화에 참여한 그리스도교 학자들 중에는 그리스도교의 유일신관(monotheism)을 범재신론(pan-en-theism)으로 바꾸어야 그리스도교적 생태 영성이 꽃피울 수 있다는 확신을 표명하고 있는데, 저는 거기에 일면 동의하면서도 조심스럽게 접근해야 하리라고 생각합니다.

우선 저는 학자들이 그리스도교 전통이 지닌 인격적이고 삼위일체적인 신관을 바꿀 수는 없다고 생각합니다. 오히려 저는 그리스도교 전통 안에 지속하면서도 드러나지 않은 신비전통, 특히 안 계시듯이 계시는 하느님의 인식을 드러내서 관계를 형성할 수 있다는 인격적 하느님의 개념 안에 잘못 들어가 있는 의인화된 개념을 정화함으로써 상호성(mutuality)에 기초한 생태윤리와 영성을 구성하는 바탕이 되게 했으면 합니다. 사실 범재신론에 대한 이해를 어떻게 하느냐가 관건이 겠습니다. 만일 범재신론을 "모든 것이 신이라는 범신론과는 다르게 신은 내재적이면서도 동시에 초월적이기 때문에 자신을 드러내는 양상인 이 세계 전체를 합친 것보다 훨씬 더 크다는 것이다. 이는 절대신의 초월성과 내재성을 조화하려는 입장으로 이해할 수 있다"(『가톨릭대사전』, p.3252)라고 정의한다면 그리스도교의 유일신관과 상반되지 않은 것으로 받아들일 수 있겠기 때문입니다. 그럼에도 불구하고 그리스도교의 범재신론은 삼위일체적 범재신론이어야 한다는 기본전제는 지켜져야 할 것으로 생각됩니다.

바람직한 종교적 생태 영성을 같이 추구하면서 10개월 동안 이어온 대화모임은 앞으로 더 많은 결실을 낼 수 있는 발판이 되리라고 믿습니다. 특히 우리나라와 같이 물질적 발전과 자본주의적 경쟁이 속도를 내고 있는 사회에서 우리가 숨 쉬고 마시고, 먹거리를 제공받는 공기, 물, 토지와 사람의 마음이 급속이 오염되어 피폐해 가는 이때에 더욱 갈망되는 샘물이라 여겨집니다.

불교와 그리스도교 전통 모두 그들의 오래된 창고 안에 생태 영성적 보물을 간직하고 있다는 점이 잘 드러났습니다. 불교적 보물이 투명하다면, 그리스도교적 보물은 끄집어내서 먼지를 닦고 광을 내게 해야 한다는 차이가 있습니다. 다른 분야에서도 그렇듯이 그리스도교는 인간과 만물의 연계성을 통찰한 불교적 이론에서 도움을 받을 수 있고, 불교는 그리스도교가 발전시킨 사회적 투신에서 배울 점을 발견할 수 있을 것입니다.

　오늘을 사는 한국의 불자들과 그리스도인들이 대화를 통해 물질적 풍요와 편이, 쾌락이 줄 수 있는 만족의 일시성과 허망함을 깨닫게 도와주고, 더 깊은 행복의 가능성을 알려서 생태 위기 속에 방황하는 우리 시대에 석가모니 부처님과 나자렛의 예수님이 열어주신 참된 행복의 비전을 전할 수 있게 되길 바랍니다.

2013년 10월
서강대학교 종교학과 명예교수
김승혜 수녀

## 머리말

2009년도에 씨튼연구원에서는 '불교와 그리스도교의 생태 영성'이라는 주제로 종교 강좌를 열었다. 강좌는 세 분의 불교학자와 세 분의 그리스도교 신학자 및 종교학자를 중심으로 9달간에 걸쳐 진행되었고 12월에는 종합토론이 있었다. 3월 강좌에서는 '생태 위기의 관점에서 종래의 자연과 인간 이해에 대한 성찰'이라는 주제로 자본주의와 생태 위기의 상관관계를 다루었다. 생태 문제를 자본주의 시장경제의 부산물로 볼 때, 생태 문제 해법은 자본주의적 가치관의 전환을 요구한다. 그중에서도 먼저 자본주의의 인간관에 대한 성찰이 필요하다. 이와 관련하여 현대 경제학에서는 신고전주의 경제학에서 말해 온 인간의 본성론을 비판하고 있음에 주목할 필요가 있다. 즉 인간의 본성은 신고전주의에서 말하듯이 이기적이고 합리적인 존재라기보다 호혜적 존재라는 것이다. 이러한 현대 경제학의 인간관은 동서양 종교에서 바라보는 인간의 본성론과도 만나고 있다. 이런 관점에서 동양종교의 본성론 안에서 생태적 해법을 발견함은 흥미로운 일이 될 것이다. 이 책은 이를 기본적인 관점으로 하고 있다.

불교의 생태 영성에 대해서는 '초기불교와 상좌부불교에서의 생태 영성'이라는 주제로 김종욱 교수가, '선과 생태 영성'은 서종범 스님이, 그리고 필자가 '도겐(道元)의 생태 영성'을, '화엄과 생태 영성'이라는 주제로 본각 스님이 강의해 주셨다. 김종욱 교수는 고집멸도苦集滅道인 사성제四正諦에 입각하여 생태 문제를 고찰하고 있다. 그는 생태 문제의 근본 원인을 무지와 무명으로 보고 이를 깨치는 구체적인 방법으로 팔정도八正道를 제시한다. 즉 팔정도를 실천하여 사는 것 자체를 생태 문제를 풀어가는 해법으로 본 것이다. 이와 같이 근본불교의 정수가 생태 문제와 맞닿아 있다는 것은 '불교 영성이 곧 생태 영성'임을 말해준다.

 종범 스님의 글은 선문답 같은 깊은 뜻을 담으면서도 쉽게 풀어 설명하고 있다. 곱씹어 마음의 양식으로 삼고픈 글이다. 그 안에는 "제연은 근본아이고 일체는 법원심(諸緣根本我 一切法源心)"이라는 대목이 나온다. 우리는 보통 자아를 다른 사물과 구분하여 독립적인 개체로 생각하며 살아간다. 그러나 우리는 한시도 다른 존재의 도움 없이 살아갈 수 없다는 점에서 근본아는 모든 인연에 의해 이루어졌다고 볼 수 있다. 곧 물이 나이고 태양이 나이고 불이 나이며 나무가 나인 것이다. 토양, 수질, 저 강산이 바로 나이고 저 공기가 바로 나일진대 우리는 이를 망각한 채 자신의 몸을 이리저리 파헤치고 죽이며 살아왔다. 이렇듯 자기 몸인 줄 모르고 생태를 파괴시켜 온 우리에게 무엇보다 선행되어야 할 것은 존재 근원의 마음인 법원심을 회복하는 일일 것이다. 이를 위해 끊임없이 욕망을 불러일으키는 식심識心에서 자유로워질 필요가 있다. 그렇지 않으면 우리의 생태 해결은 모호해질 수 있기 때문이다. 이를 위해 우리의 식심을 선심禪心으로 전환시킬 필요가 있는데, 그러려면 마음을 닦아야 한다. 이런 점에서 불교적 생태 해법의 핵심은 '마음 닦음'에 있다고 하겠다.

본각 스님은 화엄사상을 통해 생태적 해법을 제시하고 있다. 화엄의 존재관은 제석천의 보배구슬 그물망처럼 독립한 개체이면서 전체의 일부분으로 존재한다고 본다. 이러한 인드라망과 같은 세계를 화엄에서는 '중중무진重重無盡'이라고 표현하고 있다. 이 중중무진의 다른 이름은 법계연기法界緣起이다. 법계연기란 존재의 근원을 유기적인 관계성, 곧 공존공생의 이치로 바라봄을 의미한다. 이와 같이 화엄에서는 모든 존재가 끝없는 관계 속에 서로 걸림 없이 상호 의존한다고 하는 원융무애적 존재관을 잘 보여주고 있다.

일본 조동종의 창시자인 도겐 선사는 『정법안장』「산수경」에서 산과 물, 곧 자연 자체가 붓다의 말씀임을 말해준다. 산수山水 안에서 붓다의 모습을 발견하고 산수를 통해 붓다의 가르침을 듣는 것 안에서 도겐의 생태영성의 깊이를 느낄 수 있다. 이와 같이 산수를 부처의 경전으로 바라보며 그 안에서 부처를 발견할 수 있는 시각을 가지려면 무엇보다 '무상'에 대한 자각이 필요하리라. 인간이 지닌 고통의 밑바닥을 들여다보면, 결국 존재의 무상함을 깨닫지 못하고 이것에 집착함에서 비롯된 것이 아닌가?

이러한 도겐의 무상관은 2,500여년 전 붓다의 가르침과 맞닿아 있다. 우리는 이를 도겐이 무상에 대한 자각을 통해 본래 붓다의 가르침으로 되돌아가도록 촉구함에서 발견할 수 있다. 존재의 무상성을 자각할 때 우리는 비로소 자신의 에고에서 자유로워질 수 있지 않을까? 우리가 집착하고 있는 것의 무상함을 자각하고 이를 내려놓을 때 비로소 우리는 존재적 자유를 느낄 수 있을 것이다.

자본주의 사회를 살아가는 현대인들은 더 많은 것들을 소유하도록 재촉 받으며 살아가고 있다. 그러나 이러한 자본주의적 가치관이 우리를 행복에로 이끄는 것이 아님을 우리는 깨달아가고 있다. 진정한 행복은 소유함에 있기보다 소욕지족함에 있음을…… 이를 더 깊이 깨닫게 되면 우리는 소유함에서 맛볼 수 없는 참된 자유를 얻게 될 것이다. 도겐의 생태영성 안에 바로 이 지혜가 숨어 있다.

'성서적 관점에서 생태 영성'을 바라본 조현철 신부는 유대 그리스도교 신앙의 핵심주제인 계약에 대해 말한다. 그는 성서가 말하는 '계약'을 우주적 차원으로 해석하는데, 여기서의 우주적 계약이란 하느님과 인간 간의 계약을 넘어 자연까지도 포괄한다는 것이다. 하느님과 맺은 계약이 이처럼 우주적 차원을 지녔다면 인간과 자연의 긴밀한 관계, 그리고 인간 이외의 피조물들이 지닌 가치를 새롭게 해석할 수 있을 것이다.

조 신부는 하느님과 인간의 계약을 우주적 차원으로 해석함으로써 인간을 하느님으로부터 책임을 부여받은 존재로 보고 있다. 구약성경 안에서 계약 개념을 중심으로 한 생태 영성을 살펴보았다면, 신약에 와서는 예수의 육화신앙으로서 이를 조명해보고 있다. 육화신앙을 어떻게 생태적으로 해석할 수 있을까? 만일 이를 연관지어 생각해 보지 않았다면 그것은 구원의 문제를 인간에 국한시켜 보았음을 의미한다. 이런 점에서 조 신부는 육화신앙과 연관지어 생태 문제를 살펴보고자 한다. 결론적으로 그는 그리스도교의 생태 영성이란 창조, 육화, 부활이라는 예수 그리스도를 통한 하느님의 사건과 행위가 인간만이 아니라 창조 전체와 깊은 관련이 있음을 깨닫고 이 깨달음에 따라 사는 것을 뜻한다고 결론짓고 있다.

이정배 교수는 '생태학적 관점에서 본 진화론'이라는 주제로 그리스도교의 입장에서 진화론을 성찰하고 있다. 그가 붙인 '종種의 기원과 종의 멸종 사이에서'라는 부제에서 느낄 수 있듯이, 그는 진화론에 대한 성찰을 매개로 생태적 위기를 타개할 수 방안을 모색하고자 한다. 종의 기원을 말한 진화론의 시각에서 종의 멸종을 염려할 수밖에 없는 생태계 위기에 대한 지혜를 얻고자 하는 것이 그의 최종 관심사이다. 그는 진화의 궁극 목적에 대한 이해를 통해 생태적 해법을 제시하고자 한다. 이를 위해 그는 우주적 그리스도와 같은 진화론에 대한 신학적 이해가 필요하다고 말한다. 이런 관점에서 이 교수는 다석사상을 통해 우주적 그리스도론의 한국적 이해를 도모하고자 한다.

하느님을 '없이 계신' 존재로 본 다석은 그 '없이 계신 하느님'이 인간의 '밑둥'에 있으며 그것을 '얼나'라 불렀다. '얼나'는 언제나 '몸나'와 짝을 이루고 있어 몸의 욕구로부터 나온 '탐진치'가 '얼나'의 발현을 억제하고 방해한다는 것이다. 다석은 예수의 십자가를, '몸나'를 지닌 예수를 '얼나'로 거듭나게 한 사건으로 본다. 그래서 인간 모두가 저마다의 '밑둥'을 근거로 자기 십자가를 져야 함을 강조하고 있다. 그러려면 무엇보다 '없이 사는' 삶을 지향할 필요가 있다는 것이다. 더욱 있이 살기 위해 애써 온 자본주의 사회는 이런 관점에서 볼 때 결국 '종種의 멸종'의 방향으로 진화되어 가고 있다. 이런 점에서 이 교수는 우리가 사는 이 시대의 생태 영성은 없이 사는 삶을 통해 진화의 방향을 전환해 감에 있음을 역설한다.

구미정 교수는 '사회적 관점에서 그리스도교의 생태 영성'을 조명하고 있다. '베데스다를 넘어서'라는 부제를 통해 구 교수는 신약성경 안에 숨겨져 있는 경쟁의 원리를 발견하도록 우리를 촉구하고 있다. 여기서의 '베데스다'는 요한복음 5장에 나오는 베짜타 연못을 말한다. 거기에 들어가기만 해도 병이 낫는다는 기적의 연못으로 일컬어지는 그 연못가에는 38년 된 병자가 아직 치유되지 못한 채 늘 그 주위를 맴돌고 있었다. 구 교수는 여기에서 그 연못을 둘러싼 경쟁의 원리를 제시하고 있다. 즉 누군가의 도움 없이는 연못에 들어갈 수 없는 앉은뱅이는 경쟁의 원리 안에서 38년간이나 병을 안고 살아갈 수밖에 없음을 지적하고 있는 것이다. 구 교수는 예수가 제시한 '하느님 나라'는 경쟁적으로 단 한 사람에게만 자비를 허용하는 베데스다의 원리와는 다름을 보여준다. 그러면서 오늘날의 생태 회복은 현대자본주의 사회의 경쟁 원리를 어떻게 자비와 연대의 영성으로 변화시킬 것인가에 있음을 강조한다.

지금까지의 강의를 종합해볼 때 '불교와 그리스도교의 생태 영성'은 우리가 어떻게 자기 중심성을 극복할 수 있는가에 달려 있음을 알 수 있다. 이는 결국 인간의 본래성을 다시금 자각함으로써 가능하다. 우리가 호모 심비우스라는 존재론의 자각에 근거한 소욕지족의 삶을 살아갈 때 우리가 당면한 생태 위기는 회복의 길로 접어들지 않을까 생각한다. 지금까지 강의를 해주신 모든 교수님들께 감사드리며 녹취를 풀어 정리해주신 김양희 님께도 감사드린다.

2013. 10. 씨튼연구원에서

최현민

추천의 말 • 5

머리말 • 11

---

**생태 위기 관점에서 종래의 자연과 인간 이해에 대한 성찰      최현민 • 21**

1. 들어가면서 • 21
2. 생태 위기의 원인인 자본주의 시장경제 • 24
   1) 과학기술의 발달과 거대화 문제 • 24
   2) 지속적 경제발전의 비현실성 • 29
   3) 소비문화로 인한 인간성 파괴 • 32
3. 자본주의의 인간관 • 35
   1) 호모 이코노미쿠스와 그 허구성 • 35
   2) 협동을 중심으로 한 인간 본성 • 38
4. 종교와 생태윤리 • 43

---

**초기불교와 상좌부불교에서 생태 영성      김종욱 • 47**

1. 초기불교와 상좌부불교 • 47
2. 사성제, 불교의 기초 • 48
   1) 생태학적 고성제 • 50
   2) 생태학적 집성제 • 63
   3) 생태학적 멸성제 • 68
   4) 생태학적 도성제 • 75

### 선과 생태 영성 　　　　　　　　　　　　　　　서종범 • 79

1. 시작하는 말 • 79
2. 식심識心과 선심禪心 • 80
    1) 의식심 • 80
    2) 선정심 • 81
    3) 반야심 • 88
3. 반야청정 찰토청정 • 89
4. 반야정토의 수용 • 90
5. 마치는 말 • 93


### 도겐의 생태 영성 　　　　　　　　　　　　　　　최현민 • 95

1. 도겐의 문제의식 • 96
2. 종래의 불성론에 대한 도겐의 비판 • 100
3. 도겐의 무상불성 • 104
4. 「산수경」 안에 드러난 도겐의 생태 영성 • 107
5. 결론 • 112


### 화엄과 생태 영성 　　　　　　　　　　　　　　　본각 • 115

1. 시작하는 말: 화엄, 생태, 영성 • 115
2. 개체와 전체와의 관계: 화엄의 생태 • 118
3. 존재와 인식의 관계: 육상원융 • 120

4. 유심과 법계의 관계: 자타원융 • 121

5. 끝맺는 말: 영성의 회복 • 125

---

**생태 영성과 성서**　　　　　　　　　　　　조현철 • 129

1. 문제 제기: 생태 영성의 필요성 • 130

2. 영성과 삶 • 132

3. 생태 영성과 현대세계 • 136

4. 생태 영성과 생태적 세계관 • 142

5. 생태 영성과 성서 • 148

6. 단순과 검약: 생태 영성의 구현 • 167

---

**생태학적 관점에서 본 진화론**　　　　　　　이정배 • 171

1. 들어가는 글 • 171

2. 다윈 진화론의 핵심 내용과 기독교와의 갈등 배경 • 175

3. 진화론에 대한 현대적 논의들 • 181

4. 진화론적 유신론에 대한 신학적 논의들 • 191

5. 창조와 성육의 통합으로서의 우주적 그리스도, 그 한국적 이해 • 200

6. 나가는 글 • 211

### 그리스도교적 생태 영성-사회적 관점     구미정 • 213

1. 삶앎: 더불어 살기 • 213
2. 베데스다의 역설 • 216
3. 사다리 걷어차기 • 219
4. 야곱의 회개 • 222
5. 자비와 연대의 영성 • 225

### 생태 위기 극복을 향한 불교와 그리스도교의 만남     최현민 • 229

1. 생태 위기의 근본 원인은 어디에 있나 • 229
2. 자기중심주의 극복을 위한 불교의 생태 영성 • 233
3. 자기중심주의 극복을 위한 그리스도교의 영성 • 236
   1) 예수와 자연 • 236
   2) 몸과 지체의 관계 • 239
4. 호모 심비우스로서의 인간의 본래성 회복 • 241
5. 나가면서 • 245

### 종합 토론     종범, 구미정, 최현민 • 249

# 생태 위기 관점에서 종래의 자연과 인간 이해에 대한 성찰

최현민(씨튼연구원 원장)

## 1. 들어가면서

우리는 이미 매스컴을 통해 남극 빙하의 해빙, 오존층 파괴, 해수면 상승, 열대우림의 파괴, 많은 생물종의 멸종현상 등에 수없이 접해 왔으며, 그런 점에서 '생태 위기의 심각성'은 이제 상식이 되어 버렸다고 할 수 있습니다. 이렇듯 생태 파괴 문제가 뜨거운 감자로 부상되면서, 그의 심각함을 알고는 있지만 이를 해결하는 것은 결코 쉬운 일이 아닙니다. 물론 그 일 자체가 복합적인 면을 지니고 있기 때문이기도 하지만 우리 자신이 별로 이 문제를 심각하게 여기지 않는 점도 원인일 것입니다.

2007년 스위스에서 개최된 세계 경제포럼 연차총회(WEF)에서 모든 참석자들에게 "향후 세계에 가장 큰 영향을 미칠 것은 무엇이라고 보는가?"라는 질문이 주어졌을 때 기후변화라고 답한 이가 38%, 다국적 세계질서가 32.9%로 나왔습니다. 또 "이 중 가장 준비가 안 된 요소는 무엇인가?"라는 물음에는 기후변화(55.1%)와 심화되는 불평등(12.2%)을 들었습니다.[1]

이와 같이 현재 인류가 직면한 위기의 핵심을 '생태 문제와 사회의 불평등 문제'로 보았으나, 이 둘은 다른 것이 아니라 하나의 문제에 대한 다른 관점일 뿐입니다. 오늘날 부익부 빈익빈이라는 지구적 경제의 양극화는 곧 생태 양극화 현상으로 드러나고 있기 때문입니다. 북반구의 부유한 산업국가들은 자신들의 소비생활을 유지하기 위해 더 많은 자원과 에너지를 개발도상국으로부터 끊임없이 사오는 반면, 남반구의 개발도상국들은 먹고 살기 위해 가진 것의 전부라 할 수 있는 '자연'을 수출하고 있습니다. 이로 인해 생태 파괴는 물론 세계경제의 양극화 현상은 더욱 커져가고 있습니다.[2] 이는 생태 문제와 자본주의가 밀접한 연관성이 있음을 보여주는 실례입니다. 이런 점에서 본고에서는 자본주의와 관련하여 생태적 성찰을 하고자 합니다.

종래에는 생태 위기의 원인을 인간중심주의적 가치관에서 비롯되었다고 보아왔고, 이에 대안책으로 생태중심주의적 가치지향을 말해 왔습니다.[3] 그러나 생태 위기를 책임질 주체 문제가 대두되면서 사회생

---

[1] 전현식, 「에코페미니즘과 창조세계의 회복」(김승혜 외, 『현대생태사상과 그리스도교』, 바오로딸, 2010), p.258.

[2] 한국 천주교 주교회의, 『창조 질서 회복을 위한 우리의 책임과 실천』, 한국천주교중앙협의회, 2010, p.43.

[3] 생태중심주의의 대표적인 학자는 아르네스(A. Naess)이다. 그가 주장한 심층 생태론은 인간중심주의를 극복한다는 점에서 시사하는 바가 크지만, 그것 역시 한계점을

태학자들―특히 머레이 북친(Murray Bookchin, 1921~2006)―은 휴머니즘을 다시 옹호했습니다.[4]

분명한 것은, 인간은 생태 문제를 야기시킨 존재이며 동시에 그 문제를 풀어갈 열쇠를 쥔 존재라는 사실입니다. 생태 문제를 풀어갈 실마리를 쥐고 있는 우리에게 지금 주어진 과제는 생태 문제를 자본주의 경제구조 안에서 재조명해볼 필요가 있습니다.

칼 폴라니(Karl Polanyi, 1886~1964)는 산업혁명이 가져다준 충격이 신석기혁명의 그것보다 결코 작지 않음을 지적한 바 있습니다.[5] 그는 『거대한 변환』에서 인류학과 경제사학의 연구업적을 동원하여, 미개 경제와 고대경제 조직과 산업혁명 이후에 발생한 시장경제를 대비시킵니다. 그는 무엇보다 시장경제가 다른 분야를 경제영역에 종속시켜 버렸음을 지적합니다. 즉 시장경제 이전인 고대경제 시기에는 경제가

---

지니고 있다. 만일 인간을 단지 자연의 일부, 자연을 구성하는 하나의 개체로 본다면 자연을 보호하는 주체와 책임성의 문제가 야기될 수밖에 없기 때문이다.

[4] 심층 생태론은 인간중심주의를 문제 삼고 생태중심주의를 주장했으나 북친은 심층 생태론의 전체주의적 관점이 생태 문제를 풀어갈 주체 문제를 간과했다는 점에서 현실의 생태 위기 극복의 대안이 될 수 없다고 보고 휴머니즘에 희망을 두어야 한다고 주장한다. 그는 생태 문제를 풀어가는 데 있어 핵심이 이성에 있다고 보기 때문에 '이성의 재마법화'가 필요하다고 말한다. 이처럼 북친은 이성을 재마법화시켜 변증법적 이성으로 문제를 해결할 수 있다고 주장하지만 과연 인간 이성이 모든 생태 문제를 해결할 수 있을 만큼 완벽한지 묻지 않을 수 없다.(머레이 북친, 구승회 역, 『휴머니즘의 옹호』, 민음사, 2003 참조)

[5] 이런 점에서 칼 폴라니는 자본주의 시장체계를 윌리엄 블레이크가 말한, 문화를 파괴하는 '악마의 맷돌(Satanic Mills)'이라 비판한다. 이러한 폴라니의 사상은 미개사회나 고대사회를 미화하는 낭만주의에 빠졌다는 평가를 받기도 하지만, 시장경제 체제의 문제점을 일찌감치 간파한 점에서 그의 사상은 의의가 있다고 본다.

다른 사회제도(정치·종교·사회문화)에 종속되어 있었으나 시장경제 체제로 바뀌면서 경제가 그 외 다른 사회제도－정치·종교를 포함하여－를 지배하게 되었다는 것입니다. 이렇듯 시장경제는 인간, 자연, 사회, 민주주의, 공공성, 생명을 형체도 없이 짓이겨서 상품으로 전락시켜 버릴 만큼 총체적 파괴력을 지니고 있습니다. 따라서 이와 같은 시장경제를 중심으로 한 자본주의 사회는 많은 문제를 낳았습니다. 그중 가장 커다란 문제가 바로 전 지구적 생태 문제라 할 수 있을 것입니다. 그럼 자본주의 시장경제가 어떻게 생태 문제를 야기시켜 왔는지 살펴보도록 하겠습니다.

## 2. 생태 위기의 원인인 자본주의 시장경제

### 1) 과학기술의 발달과 거대화 문제

필립 암스트롱Philip Armstrong은 『1945년 이후의 자본주의』에서 1973년 선진 자본주의국들의 생산량이 1950년의 그것보다 거의 두 배가 되었음을 지적한 바 있습니다. 이러한 생산의 급성장은 기업 간 경쟁을 더욱 부추겼고, 기업들은 경쟁에서 살아남기 위해 낡은 설비와 기술을 폐기하고 새로운 설비와 신기술을 도입하기 시작했습니다. 기업 간의 경쟁으로 인해 엄청난 기술혁신이 이루어지면서 고효율의 생산시스템, 곧 표준화와 이동조립을 특징으로 한 테일러-포드 시스템이 자리 잡게 되었습니다. '과학적 관리법(scientific management)'이라고도 불리는 이 시스템은 작업능률을 극대화하기 위해 시간연구와 동작연구를 기초로 노동의 표준량을 정하고 그에 근거하여 차별적으로 임금을 지급하는 노동통제 방법입니다.[6] 즉 테일러(Frederick Winslow Taylor)는 인간노동을 단순한 기계적 동작으로 치환하여 표준화함으로써 생산성을 높이는 대신 인간노동을 파편화시키고 철저히 기계에 종속시키는 생산관리 시스템을 만들어낸 것입니다.

이로써 기계와 인간의 노동 사이의 관계가 뒤바뀌게 되었습니다. 종래에는 인간이 생산 전반에 대한 통제력을 지녔는데 반해, 자동화와 분업화로 이루어진 이 시스템의 도입으로 노동자의 숙련은 쓸모없게 되었고 노동자는 단지 숙련기계의 '노동'을 보조하는 역할로 전락하고 말았습니다. 즉 경제적 과정을 조직하는 원리는 기계의 합리성과 효율성의 극대화에 초점이 맞추어졌고, 인간과 자연은 생산시스템의 부수적 투입요소로 전락하고 만 것입니다. 대량생산된 상품은 대량소비를 기다리게 되면서 상품의 판매를 촉진하기 위한 각종 마케팅 기법과 판매망이 필요해졌습니다. 즉 대량생산이 대량소비로 이어지기 위한 대량판매 시스템이 필요했던 것입니다. 이는 광고혁명을 가져왔고, 광고는 상품을 소개하는 수준을 뛰어넘어 불필요한 소비를 조장하여 '소비사회'를 만드는 데 결정적 역할을 하게 됩니다. 다시 말해 욕망,

---

[6] 노동의 표준량은 최고 숙련공을 대상으로, 세분화되고 단순화된 동작의 분할과 초 단위 시간 측정을 통해 정해지게 된다. 이를 통해 표준 노동량(테일러는 이것을 '정당한 하루의 과업'이라고 불렀다)을 결정하고 소수의 기술자들이 다수의 노동자들을 지시·감독·통제하는 현장 시스템을 구축하였다. 이러한 테일러의 연구에서 엄청난 이윤의 원천을 발견한 사람은 바로 자동차 왕 헨리 포드이다. 그는 테일러의 연구를 자신의 자동차 생산 공정에 접목함으로써 '모델 T'를 대량생산하는 데 성공하게 된다. 모델 T는 컨베이어 벨트로 대량생산한 자동차로서 생산시간과 생산비를 획기적으로 절감시켜, 자동차를 부의 상징이 아니라 누구나 가질 수 있는 대중적인 이동수단으로 만드는 데 커다란 공헌을 하게 된 것이다.

기호(광고), 상품의 연쇄반응은 소비의 욕구를 끊임없이 생산하게 된 것입니다.

오늘날 '규모의 경제'라는 경제학 이론이 있습니다.[7] 이는 생산량이 증가하면 당연히 상품의 단가는 줄어들게 되므로 그만큼 생산자에게 더 많은 이익이 돌아간다는 이론입니다. 이에 따라 생산자, 즉 기업가들은 더 큰 공장, 더 많은 생산을 추구하게 되었습니다. 또한 이러한 사유는 공장만이 아니라 모든 것이 크면 클수록 더 좋다는 거대주의(대형화)를 낳게 되었습니다. 집, 회사, 도시 등 뭐든지 클수록 좋다는 거대주의에 대한 맹신에 브레이크를 건 이가 바로 영국의 경제학자 슈마허(Ernst F. Schumacher)입니다.

슈마허는 현대사회가 안고 있는 치명적인 오류 중 하나는 '생산 문제가 해결되었다는 신념'이라고 말한 바 있습니다.[8] 이 신념은 무엇을 의미할까요? 이는 대량생산으로 인해 모든 것이 풍족해졌고 소유함으로써 행복해질 수 있다는 자본주의적 가치관을 내포하고 있습니다. 그러나 위에서 살펴보았듯이 양적 도약인 대량생산과 이를 뒷받침해준 과학기술의 발달로 인해 오히려 생산 문제의 심각성이 더욱 드러나고 말았지요. 슈마허는 인간과 기계를 다시 본래의 위치로 되돌려 놓으려면 과학과 기술의 근본적인 재편성이 필요함을 강조했습니다. 즉 비인간적 기술이 되어 버린 대량생산 기술로부터 '인간의 얼굴'을 한 기술인 적정기술, 곧 '중간기술'로의 전환이 필요하다는 것입니다.[9] 인간의

---

[7] 규모의 경제(規模의 經濟, economies of scale)는 투입규모가 커질수록 장기평균비용이 줄어드는 현상을 말한다.

[8] E. F. 슈마허, 이상호 역, 『작은 것이 아름답다』, 문예출판사, 2002, p.21.

얼굴을 지닌 기술이란 '대량생산이 아닌 대중에 의한 생산'기술을 의미합니다.[10]

슈마허가 중간기술의 도입을 말한 것은 이를 통해 작은 것, 단순함, 자본의 저렴화, 기술적 비폭력이라는 의식적 작업이 가능하리라고 보았기 때문입니다.[11] 우리가 대기업을 중심으로 한 경제발전에서 벗어나지 못한다면 현대 인류가 안고 있는 문제가 해결될 수 없으며 이를 위해서는 경제적 탈중심화, 즉 소규모 공동체 단위로 경제 규모를 바꾸어야 한다는 것입니다. 현대사회에서 소공동체 운동을 추구하고 있는 것도 현대 자본주의 사회 문제를 해결하기 위한 방안 중 하나라

---

9 같은 책, p.17. 그러나 그가 말한 중간기술의 적용이 얼마나 설득력을 지니고 있는지 의문이 든다. 과연 기업주들은 대량생산의 유혹을 뿌리치고 기존의 생산방식을 전환할 필요성을 느낄 수 있을까? 실제로 중간기술에 관한 발표가 있은 뒤 많은 반대론이 제기되었다. 그중 하나가 왜 최선을 보류하고 열등하면서도 낡은 것을 참고 지내야 하느냐는 것이다. 이에 대해 슈마허는 자본/산출비율을 예로 들어 설명한다. 가령 근대기술 중 최신 것을 사용하면 자본/산출비율은 낮지만 일인당 생산성은 매우 높을 것이다. 한편 아무 도구도 사용치 않고 작업하면 산출비율은 높지만 일인당 생산성을 낮을 것이다. 이와 같이 극단의 경우는 바람직하지 않으므로 '중도中道'를 추구하게 된 것이 중간기술이라는 것이다. 같은 책, p.229 참조.

10 예를 들어 한 개발도상국가가 토착 기술을 갖고 있다고 하자. 그것을 백 원이라고 하고 선진국에서 갖고 있는 기술을 만 원이라고 가정해보자. 이 두 기술 간에는 간극이 너무 크다. 그래서 개발도상국가가 생산량을 증가시킴으로써 선진국으로 나아가고자 한다면 마땅히 만 원짜리 기술을 갖춰야 할 것이다. 그러나 문제는 백 원짜리 기술에서 만 원짜리 기술로 바뀌면 열 사람의 인력으로 돌아가던 공장이 이제는 한 사람만 있으면 가동될 수 있는 것이다. 이렇게 되면 결국 9명이 실업자가 생기고 만다. 이런 점을 보완하기 위해 그는 중간기술제도를 도입하고자 주장한 것이다.

11 E.F. 슈마허, 이승무 역, 『내가 믿는 세상』, 문예출판사, 2003, p.170.

할 수 있을 것입니다.

　공동체가 커지면 서로의 의견이 잘 전달되지 않고 소통도 잘 되지 않아 여러 문제가 발생하기 마련입니다. 공동체 구성원의 수가 적어야 그 안에서 서로의 의견들을 수렴해서 새로운 방향으로 나아가기가 쉽습니다. 그 규모가 커지면 모든 이의 의견을 수렴하는 것은 한계가 있을 수밖에 없습니다. 경제의 탈중심화와 연관지어 볼 때 현대사회에서 퍼지고 있는 지역 중심, 소공동체 운동 등이 주는 메시지는 크다고 생각합니다. 그러나 이러한 슈마허의 주장이 보다 설득력을 가지려면 기존의 자본주의가 지향해 온 '가치관'에 변화가 오지 않으면 안 될 것입니다.

　경제학자 존 메이너드 케인스John Maynard Keynes는 세계적인 경기 침체기인 1930년에 미래의 경제적 가능성을 예상하면서 다음과 같이 말한 바 있습니다. "모든 사람이 풍족해질 시대가 그리 멀지 않았다. 그때가 오면 다시 수단보다 목적을 높이 평가하고, 유용성보다 선(The Good)을 선호할 것이다. 하지만 그렇게 되기 전까지 우리는 상당 기간 탐욕과 고리대금, 그리고 경계심을 신으로 받들어야 한다."[12]

　케인즈가 이 말을 한 지 80년이 지나 그가 예견한 대로 경제적으로 풍족한 시대를 맞이했습니다. 그러나 과연 그의 말대로 목적과 수단이, 선과 탐욕이 각기 제자리로 되돌아갔나요? 케인즈가 말했듯이 근대경제를 이끌어 온 것은 인간의 이기심과 탐욕을 자극한 '경쟁'에 의한 것으로 많은 이들은 이해해 왔습니다. 그러나 과연 인간의 탐욕과

---

[12] 같은 책, pp.34~35.

이기심, 그리고 경쟁이 경제 발전의 주축이었을까요? 이에 대해 현대 경제학자들 중에는 경제를 이끌어 온 것은 '경쟁'이 아니라 '협동'이라는 반론을 제시하는 학자들이 있습니다.(이에 대해서는 2장에서 살펴보기로 하겠습니다.)

자본주의 사회에서는 국가성장을 국민총생산(GNP)과 연간생산율로 측정하고 있습니다. 따라서 지속적인 경제성장을 통해 국민총생산을 높이고자 분투합니다. 이와 같이 자본주의 사회가 성장 중독증에 걸려버리고 만 것은 소유적 가치를 우선시해 왔기 때문입니다. 그러나 이제 '생산 문제는 해결되었다'라는 신념이 간과한 것이 있습니다. 그것은 바로 국내총생산을 증가시키기 위해 '되돌릴 수 없는' 지구총생산의 감소를 가져오고 있다는 사실입니다. 토마스 베리(Thomas Barry, 1914~2009)는 우리의 소비형태가 지구의 지속가능한 생산성 범위를 넘어설 때 지구공동체를 파멸로 몰고 갈 것임을 경고한 바 있습니다.[13] 우리는 이제 지속적인 경제발전이 얼마나 비현실적이고 허구적인지를 깊이 자각할 필요가 있습니다.

### 2) 지속적 경제발전의 비현실성

지속적인 경제성장이 가능하려면 일단 지구상의 자원이 무한해야 합니다. 1972년에 「성장의 한계」라는 제목으로 발표된 로마클럽 보고서는 자본주의 사회에서 무제한으로 경제성장을 추진한다면 자원고갈과 함께 생태계의 파괴를 가져올 것임을 경고한 바 있습니다. 같은 해에

---

[13] 토마스 베리, 브라이언 스윔, 맹영선 역, 『우주이야기』, 대화문화아카데미, 2010, p.397.

중동 발 오일쇼크가 전 세계를 강타했는데 이는 석유고갈에 대한 두려움을 안겨주었고 이후 전 세계는 석유확보를 위한 준전시 상태에 돌입하게 되었습니다. 이와 같이 한정된 자원을 지닌 지구에서 지속적 발전이 불가능함에도 불구하고, 각국의 경제성장은 멈추어지지 않고 있습니다. 오히려 경제성장과 함께 생태를 보존하겠다는 취지하에 '녹색성장'이라는 타이틀로 정책을 펼치고 있습니다. 2009년 1월 한국 정부가 녹색뉴딜사업으로 발표한 4대강 개발 사업은 그 대표적인 사례입니다.[14] 정부는 이 사업이 홍수를 막고 물을 깨끗하게 하며 물 부족을 해결할 세 가지 목적으로 강을 정비하는 공사라고 했습니다. 그러나 4대강 정비의 핵심내용인 강바닥의 준설과 수중 보(堡)의 건설로 인해 물이 갇힘으로써 수질이 악화되어 생태 파괴의 결과가 생길 수밖에 없었습니다.

여기서 우리가 분명히 깨달아야 할 것은, 생태보존과 경제성장은 양립하기 힘들다는 사실입니다. 성장 중시자들은 환경 친화적인 기술과 산업을 새로운 성장 동력으로 끌어들이려 하지만, 4대강 사업은 생태보존을 산업적 측면에서 저울질하는 한계를 우리에게 여실히 보여주고 있습니다. 이제 우리는 두 마리 토끼를 다 잡겠다는 환상에서 깨어나지 않으면 안 됩니다.

지속성장은 지구 자연의 한계를 드러내고 생태 파괴를 가져올 뿐

---

[14] 정부는 이 계획을 통해 9개 핵심사업과 27개 연계사업을 대상으로 2012년까지 총 50조를 투입하여 96만 개의 일자리를 만들어내겠다고 하지만 내년까지 40조 원이 들어갈 핵심 사업비의 절반을 이미 4대강 사업에 쏟아 부은 상태이다.(한겨레신문 2011. 6월 27일, 30면)

아니라, 사회 불평등 문제마저 야기하고 있습니다. 시장경제에서는 전체 부의 증가만을 중시하지 부와 수입의 분배를 고려하지 않기 때문에 빈부격차가 점점 심화될 수밖에 없습니다. 또한 시장경제에서는 개인 이익의 극대화가 인간행복을 결정하기 때문에, 시장의 자유(투자해서 돈 버는 자유)를 곧 인간의 자유와 동일하다고 봅니다. 그러나 거대한 시장경제 체제 안에서 지역농부들은 스스로 농업방식을 결정할 자유를 박탈 당한 지 오래입니다. 그들은 시장경제가 요구하는 것을 할 수밖에 없는 처지가 되어 버린 것입니다.[15] 또한 시장경제는 초국적 기업의 팽창으로 소규모 지역 생산자들은 도산될 수밖에 없는 것이 현실입니다. 이러한 시장경제성장의 허구 속에서 사회 불평등의 문제는 한 사회의 불평등 문제를 넘어, 나라 간의 문제로 확산되어 갑니다. 예를 들어 미국은 지구온난화를 일으키는 가장 큰 주범이지만, 가장 큰 피해를 받는 나라는 해수면이 낮은 제3세계 국가입니다. 이와 같이 지속적 경제발전은 지구적 차원의 생태 정의 문제까지 양산시키고 있기에 지구적 환경회의의 핵심의제도 빈곤 문제의 해결이 우선시되어 오고 있는 것입니다. 이렇듯 생태 정의는 사회 정의와 맞물려 있어 생태 정의 없이는 사회 정의도 실현될 수 없으며, 사회 정의가 배제된 상태에서는 생태 정의도 존재할 수 없습니다.

이상에서 우리는 지속성장이 가져다주는 지구자원의 한계성과 생태 파괴 문제 및 사회적 불평등의 문제에 대해 살펴보았습니다. 그러나 문제의 심각성은 지속적 경제성장 발전이 생태 파괴만이 아니라 인간성

---

[15] 김승혜 외, 『현대생태사상과 그리스도교』, 바오로딸, 2010, pp.292~293.

마저도 파괴시켜가고 있다는 데 있습니다. 그것도 아주 빠른 속도로.

### 3) 소비문화로 인한 인간성 파괴

헬레나 노르베리 호지는 언어학자로서 라다크어를 연구하기 위해 인도 히말라야 산악 지대 고원에 있는 라다크로 갔습니다. 그녀는 열악한 환경 속에서 가난하게 살아 온 라다크인들이 하나같이 행복해 보이는 것을 보고 문화적 충격을 받았습니다. 당시 그녀가 지녔던 서구 자본주의적 가치관으로는 가난과 행복은 상반된 것이었기 때문입니다. 이들을 행복하게 만드는 것이 무엇인지 알고자 그녀는 라다크에서 지내기로 결정했습니다. 그러던 사이에 라다크에 큰 변화가 찾아왔습니다. 인도 정부가 라다크를 인도 경제에 끌어들이려는 정책을 펼치면서 서구의 관광객들에게 라다크를 개방한 것입니다. 서구 문명이 물밀듯이 라다크에 들어오면서 그 사회 전체에 엄청난 변화가 일어나기 시작했습니다. 무엇보다 큰 변화는 서구 문명을 접한 라다크인들 자신이 가난하다고 생각하게 되었다는 것입니다. '저 사람들은 저런 것들을 가졌는데 나는 없구나' 하며 서구인들과 자신들의 생활을 비교하기 시작하면서 그들은 전에 없었던 상대적 빈곤감에 빠졌습니다. 즉 라다크인들은 서구 문명이 들어오면서 자기 문화에 대해 열등감을 갖게 되었던 겁니다. 티베트불교의 문화적 가치 안에 행복하게 살아 온 그들이 서구 소비문화가 들어온 이후 스스로 불행하다고 여기게 되었습니다.[16] 무엇

---

16 라다크인들뿐만이 아니라 티베트인들의 경우도 마찬가지이다. 티베트인들은 지난 40년 넘게 중국의 군사적 점령 통치하에 있으면서도 티베트 문화를 유지해올 수 있었다. 그러나 불과 지난 10년간 소비문화에 노출되었던 그들은 지금 자신의

이 이들의 문화를 뿌리째 흔들어버린 것일까요?

서구의 소비문화는 라다크인들, 특히 그곳 젊은이들에게 엄청난 문화적 열등감, 곧 상대적 빈곤감을 주었습니다. 이것이 그들에게 소비문화에 대한 욕구를 갖게 했습니다. 헬레나는 그들이 이를 극복할 수 있는 길은 다시 자기 문화의 소중함을 되찾는 것이라고 봅니다. 그녀는 젊은이들에게 소비문화에 속하는 것이 결코 우리를 더 행복하게 만들어주지 못한다는 사실을 분명히 가르쳐주어야 한다고 말합니다.

"아이들은 기본적으로 공동체에 소속되고 싶어 하며 그 일부가 되고 싶어 한다. 좋은 옷을 입고 보기 좋은 모양새를 찾는 것이 그들에게 소속감을 줄 거라고 생각하지만, 그것들은 오히려 그들에게 부러움과 경쟁심, 불안감을 갖게 할 뿐이다. 우리는 그들이 진정 자신들이 속한 공동체 안에서 소속감을 느낄 수 있도록 배려해주고 그 안에서 생활공동체를 건설하기 위해 노력해야 한다."[17]

실제로 라다크인들은 세계가 자기 문화에서 배울 게 많다는 사실을 재인식하면서 다시 자기 정체성을 회복하기 시작했습니다. 인간은 어떤 일이 힘들더라도 그 안에서 의미와 가치를 발견하면 그것을 수행하기 마련입니다. 이런 점에서 우리는 문화적 가치를 지켜가고 그 안에서 의미를 되찾는 것이 얼마나 소중한지를 다시금 깨닫게 됩니다.

---

문화가 뿌리째 훼손되고 있다고 말한다. 40년 정치억압 속에서도 무너지지 않던 공동체와 전통문화가 10년 간의 소비주의 문화의 압력 때문에 송두리째 붕괴되어 가고 있다는 이야기는 소비문화의 파괴력이 얼마나 큰지를 보여주는 대목이 아닐 수 없다.(헬레나 노르베리 호지, 「세계화에서 지역화로」, 『녹색평론』 75, 2004 3-4월, p.33)

[17] 같은 논문, p.32.

이러한 문제는 비단 라다크 젊은이들만의 문제는 아닙니다. 슈마허는 현대 자본주의 시대를 살아가는 젊은이들의 문제를 언급한 바 있습니다. 그는 지적하기를, 영국경찰이 집계한 기소대상 범죄가 12년간 40만 건에서 120만 건으로 세 배 증가했고, 연령별로는 14살에서 21살까지가 최고의 증가율을 보이고 있다고 했습니다.[18] 이렇듯 현대의 10대 청년들이 범죄와 반항, 도피, 정신파탄 등의 증세에 심각하게 노출되어 있는 것은 현 자본주의 사회가 조장해 온 경쟁의 분위기와 결코 무관하지 않습니다.

한국 사회에서도 학업과 미래에 대한 불안으로 인해 자살을 택하는 청소년들이 늘어나고 있습니다.[19] 영국 경제주간지 이코노미스트(The Economist)는 "한국의 자살률이 경제협력개발기구(OECD) 국가 중 최고 수준"이라고 보도하면서 그 자살의 원인으로 과도한 경쟁심을 들었습니다.[20] 이 잡지에서는 경쟁심이 한국이 꾸준히 경제성장을 달성하는 데 기여했지만 성공을 향한 끊임없는 압박이 결국 자살의 원인으로 작용한 것으로 분석하고 있습니다. 경제성장을 통해 풍요와 편리함을 얻고자 우리는 그동안 너무 많은 중요한 것들을 잃어버리고 말았던

---

[18] E.F. 슈마허, 이승무 역, 『내가 믿는 세상』, 문예출판사, 2003, pp.142~143.

[19] 몇 해 전 한국과학기술원(KAIST) 학생들 중 4명이 잇따라 자살을 택했다. 전문가들은 이들의 자살원인으로 고등학교 때까지 항상 성적이 우수했던 학생들이 카이스트 입학 후 남들보다 뒤처지면서 느끼게 되는 심리적 충격과 상대적 박탈감, 그리고 공부에만 몰두하던 학생들의 정서적 나약함이 복합적으로 작용했다고 지적하였다. 그러나 이러한 개인적 요인만이 아니라 '징벌적' 등록금제와 전공과목에 대한 전면 영어강의 등 카이스트의 과도한 경쟁구조도 그들이 자살을 택한 원인으로 작용했다는 분석도 있다.

[20] 뷰스앤 뉴스 2010.07.10. http://www.viewsnnews.com.

것입니다. 자본주의 시장경제가 생태 파괴만이 아니라 인간성마저 파괴시키고 있다는 사실은, 우리네 삶의 자리가 얼마나 피폐해지고 있는지를 말해줍니다. 우리가 지속적인 경제성장의 환상에서 깨어나려면 가치관의 전환이 무엇보다 필요합니다. 이를 위해 다시금 인간의 본성에 대한 깊은 성찰이 요청되고 있습니다. 그럼 먼저 자본주의를 이끌어 온 인간관부터 살펴보겠습니다.

## 3. 자본주의의 인간관

### 1) 호모 이코노미쿠스와 그 허구성

현 자본주의의 이론적 근거가 되어 온 신고전주의 경제학에서는 인간을 경제적 인간, 곧 호모 이코노미쿠스Homo economicus로 규정합니다. 이 인간관에서는 인간을 합리적이고 이기적인 존재로 봅니다.[21] 즉 모든 인간의 행위는 결국 자신에게 이득이 되는 방향성을 지니고 있다고 보는 것입니다. 신고전학파 이론의 창시자인 프랜시스 에지워스(Francis Edgeworth, 1845~1926)는 "경제학의 첫 번째 원리는 모든 경제주체는 이기심에 근거해서만 행동한다는 것에 기초하고 있다"고 말한 바 있습니다.[22] 이러한 논리는 경제학의 아버지라 불리는 애덤 스미스가 말한 『국부론』의 다음 내용에서도 잘 드러납니다. "우리가

---

21 여기서 '합리적'이라는 뜻은 어떤 목적을 달성하는 데 가장 적합한 수단을 선택한다는 것이며, '이기적'이라는 것은 다른 모든 것이 주어졌을 때 자신의 이익을 극대화하려는 경향을 뜻한다.
22 새뮤얼 보울스 외, 최정규 외 역, 『자본주의 이해하기』, 후마니타스, 2009, p.75.

저녁식사를 할 수 있는 것은 푸줏간 주인이나 양조장 주인, 빵 제조업자들의 박애심 덕분이 아니다. 오히려 그들의 돈벌이에 대한 관심(이기심) 덕분"이다. 이와 같이 신고전주의 경제학에서 제시한 합리적이고 이기적인 인간관은 '더 빠른 성장이 더 많은 행복을 제공할 수 있다'는 현대 자본주의적 가치관에 걸맞는 것임에 틀림없습니다. 자본주의는 이러한 인간관에 입각하여 지속적인 경제성장을 이끌어왔고 암암리에 사람들은 이 인간상에 자신을 맞추어 살아 온 것이지요. 흥미롭게도 신고전주의적 인간관은 현대사회 생물학자들의 주장과도 일맥상통하는 면이 있습니다.

미국의 동물학자 에드워드 O. 윌슨Edward O. Wilson이 쓴 『사회생물학』(1975)과 영국의 생물학자 리처드 도킨스가 쓴 『이기적 유전자』(1976)는 인간의 본성 문제와 관련하여 현대 서구의 자연과학을 대표하는 책으로 알려져 있습니다. 여기서는 모든 생명체의 존재 이유를 생존경쟁에서 살아남아 최대한 많이 증식하는 데 있다고 봅니다. 즉 자손번식이 바로 유전자의 목표라는 것입니다. 이와 같이 유전자는 지극히 이기적이어서 자기에게 유용할 때에만 협력하며, 생존경쟁을 위해서만 살아간다는 것입니다.[23] 이러한 이기적 유전자에 입각한 사회

---

[23] 최정규는 리처드 도킨스가 말한 "이기적 유전자"라는 표현은 동어반복에 불과하다고 말한다. 유전자는 본래 자기를 복제하는 분자구조를 말한다. 따라서 유전자는 본래 이기적일 수밖에 없다. 유전자가 이기적이지 않으면 소멸되어 버리기 때문이다. 이런 점에서 이기적 유전자라는 말은 동어반복에 지나지 않는다. 따라서 유전자가 이기적이라는 명제가 곧 유전자의 담지체인 인간이 본성상 이기적이라는 말을 의미하는 건 아니다. (피터 싱어, 최정규 역, 『다윈의 대답』, 이음출판사, 2009, p.123)

생물학적 인간관이 신고전주의 경제학의 인간관을 뒷받침해 주는 결과를 낳았습니다. 그러나 그 이후 여러 분야에서 일어난 인간 본성과 관련한 연구들은 이들의 이론이 잘못된 것임을 지적하고 있습니다.

신경생물학자 요아힘 바우어Joachim Bauer는 가장 최근에 얻게 된 신경학적인 자료를 바탕으로 인간성의 원칙이 '협력'을 지향한다는 사실을 보여줍니다. 그는 출산과 함께 엄마의 체내에서는 '옥시토신'이라는 신경전달물질이 급증하는데 이는 아기에 대한 무한한 사랑과 신뢰의 원천이 되며, 산모가 느끼는 충만함과 행복감의 원인이 되기도 한다고 주장합니다. 그는 부자관계만이 아니라 인간관계 속에서도 이 물질의 분비가 촉진되거나 감소되는 사실을 확인했습니다. 즉 다른 사람에게서 인정, 존경, 배려, 사랑을 받을 때 이 물질이 많이 분비되며, 공포감이나 증오심을 느낄 때에는 그 분비가 위축된다는 것입니다.[24] 이에 근거해서 그는 인간에게는 인정·존경·배려·사랑을 추구하는 뚜렷한 정향이 존재하며, 이런 요소들이 인간의 행동을 유발하는 동기 부여 기능을 한다고 주장합니다. 즉 이는 이타적 행동조차 유전자의 위장된 이기심이라고 간주한 리처드 도킨스의 이기적 유전자론에 맞서는 주장입니다.

바우어의 이러한 견해는 인간 본성을 '공정과 정의에 바탕한 이타성'이라고 본 새뮤엘 볼스Samuel Bowles의 주장과도 일맥상통합니다. 볼스는 1990년대 들어 경제학계에서 펼쳐진 인간 행위 실험들과 인간 본성에 대한 그 자신의 연구에 근거하여 '협동'이 현대 인류 경제에

---

[24] 한겨레신문, 2011.4.26. 곽병찬 칼럼, "인간 본성 (1), 옥시토신" 참조.

중심이 되어 왔음을 주장합니다. 즉 그는 주류 경제학을 움직이게 한 동력인 '인간은 이기적'이라는 전제 자체가 틀렸으며, 인류의 살림살이를 이끌어 온 것은 인간의 이기적 본성에 기반한 '경쟁'이 아니라 '협동'이라고 말합니다.[25] 과연 볼스가 말한 것처럼 '협동'을 현대 경제학의 중심으로 삼을 수 있는 근거는 어디에 있을까요?

## 2) 협동을 중심으로 한 인간 본성

앞서 인간의 유전자는 이기적이며, 이에 바탕하여 신고전주의 경제학에서는 인간의 본성을 합리적이고 이기적인 것으로 보았음에 대해 살펴보았습니다. 만일 인간의 본성이 이기적이기만 하다면 인간의 이타적 행위는 어디에 근거한 것일까요? 왜 사람들은 헌혈을 하고 자원봉사를 하며 막대한 기부금을 내놓고 자신과 무관한 사람들을 위해 헌신하고 봉사하는 것일까요? 리처드 도킨스Richard Dawkins는 인간의 이타적 행위도 또한 이기심에서 왔다고 주장합니다. 그러나 과연 자기 이익을 포기하고 타인과 공동체 이익을 위해 움직이는 것이 우리 몸에 새겨진 유전자의 명령 때문일까요? 호모 이코노미쿠스적 인간관의 관점에서는 이를 자신의 심리적 만족감을 얻기 위함이라고 해석할 수 있습니다. 그러나 이는 단지 자신의 심리적 만족감 때문이라고 해석하고 말 문제가 아닙니다. 우리는 왜 타인의 행복에서 심리적 만족감을 얻는지를 다시 물어야 합니다.

　누구나 자기 이익을 위해 살고 합리적으로 산다고 하는데, 왜 어떤

---

**25** 한겨레신문, 같은 글 참조.

이는 "근로기준법을 준수하라"며 자기 몸에 불을 지르는가 하면, 타인을 구하기 위해 자신의 목숨을 서슴없이 바칠까요? 자신에게 이득이 돌아오지 않아도 다른 사람들을 위해 희생하거나, 공평성 내지 형평성을 자신의 행동과 가치판단의 기준으로 삼고 살아가는 이유는 어디에 근거한 것일까요? 실제로 우리가 사는 현실에서 일어나는 이타적 행위들은 신고전주의 경제학에서 말하듯이 인간 본성을 이기적으로 본다면 설명되지 않는 것들이 너무 많습니다.

현대 경제학에서 인간 본성과 관련하여 행해 온 실험 중 최후통첩 게임(Ultimatum Game)이 있습니다.[26] 예를 들어 갑에게 1만 원을 주면서 을과 나눠 갖되, 갑의 제안을 을이 거부하면 둘 다 한 푼도 갖지 못하도록 했다고 가정해 봅시다. 신고전주의 경제학에서 말하듯이 인간이 합리적이고 이기적이라면, 을은 갑이 단돈 1원이라도 주면 받는 게 이익입니다. 1원이라도 생기면 그만큼 이득이고, 그것이 합리적이기 때문이지요. 그러나 이를 실험해본 결과 을은 갑이 평균 30% 이하를 제안할 경우 이를 거부했습니다. 평균적으로 갑은 을에게 37%를 제안했으며, 절반인 50%를 제안한 사람이 가장 많았다고 합니다. 이는 무엇을 말하는 것일까요? 사람들은 이득 여부를 떠나 공정하지 않거나 정의롭지 않은 경우를 거부하거나 피한다는 것입니다.

이번엔 을이 무조건 받아들여야 한다는 전제 아래, 배분 비율을 두 가지(10%와 50%)로 한정했습니다(독재자게임). 여기서도 갑은 50%쪽을 선택한 경우가 압도적 다수(76%)로 나왔습니다. 즉 아무리

---

[26] 피트런, 전소영 역, 『경제학이 숨겨온 6가지 거짓말』, 흐름출판, 2009, pp.141~146 참조.

자신이 우월적 지위에 있더라도 정의나 공정성의 잣대는 변하지 않음이 이 실험을 통해 밝혀졌습니다. 다시 말해 사람들은 기존 경제학에서 말하는 경쟁의 논리보다 정의와 공평성의 논리를 선택한다는 것입니다. 앞에서 언급한 게임들 외에 다른 게임들에서도 그 결과는 일관되게 나타났습니다. 이를 바탕으로 인간은 정의와 공정성이라는 잣대를 우선적으로 선택하는 '호혜적 이타성'을 지닌 존재라는 사실이 드러난 셈입니다.[27]

이상의 실험결과는 자본주의 사회를 이끌어 온 주축이 '경쟁'이라기보다 '협동'일 가능성이 높다는 이론을 뒷받침해 줍니다. 『이타적 인간의 출현』에서 최정규는 자본주의 시장경제가 원활히 작동하는 데 무엇보다 중요한 것은 아이러니하게도 '이타적 인간과 호혜적 인간의 존재'라고 주장합니다.[28] 즉 불확실성으로 가득 찬 시장 상황에서 호혜적 인간이야말로 시장거래가 제대로 이루어지도록 촉진하는 역할을 수행한다는 것입니다. 이는 기존 경제학이 설정했던 '인간은 이기적으로 행동한다'는 가설이 잘못된 것임을 보여줍니다. 즉 호모 이코노미쿠스라는 인간상은 허상이며 따라서 인간 본성을 이기적으로 본 기존의 시장 근본주의 이데올로기에 오류가 있다는 것입니다.

---

[27] 정치학자 로버트 액설로드 교수(미시간대)는 사회나 개인을 위해 경쟁과 협력 중 무엇이 더 이로운지 따지는 실험을 했다. 변형된 '죄수의 딜레마' 게임을 적용한 조사를 통해서 그가 내린 결론은 단연 '협력'이었다. 이러한 조사에 근거하여 그는 다음과 같이 충고하고 있다. 굳이 오래 살 생각이 아니라면 협력하지 말라. 사람을 두 번 다시 보지 않겠다면 배반하라. 그러나 그 밖의 상황이라면 무조건 협력하라. 착한 사람이 결국 이긴다.(한겨레신문, 2011.5.9. 참조)

[28] 최정규, 『이타적 인간의 출현』, 뿌리와이파리, 2009, p.304.

볼스는 "인간 본성의 새로운 발견이야말로 민주주의나 평등주의 정책들이 정치적으로 충분히 실현 가능하다는 근거를 제공한다"고 주장합니다. 인간을 이기적 존재라는 관점이 아닌, 공정과 정의를 추구하는 인간 본성에 기댄 공공정책이 펼쳐질 때, 시간은 오래 걸리겠지만 뿌리 깊은 불평등과 모순이 점차 해소되는 방향으로 나아간다는 것입니다.[29]

앞서 살펴보았듯이 생태 문제는 사회 불평등 문제와 맞물려 있습니다. 따라서 생태 문제를 풀어가려면 사회 불평등 문제를 함께 풀어가야 합니다. 이런 점에서 우리에게 절대적으로 '협력'이라는 동력이 필요합니다. 어떻게 이 동력을 불러일으킬 수 있을까요? 그러려면 호혜적 인간 본성을 더욱 활성화할 수 있도록 해야 할 것입니다.

최정규는 『이타적 인간의 출현』에서 이타적 인간이 어떻게 이기적 인간들 틈바구니 속에서 살아남을 수 있었는지를 보여주고 있습니다.[30] 인류역사를 살펴볼 때 이타적 특성이 진화해 온 과정에 '집단선택'이 큰 영향을 미쳤다고 그는 말합니다. 즉 집단 간 전쟁이 일어날 경우 이타적인 사람들이 자기를 희생하면서 싸웠기 때문에 이타적인 사람들이 많은 집단이 그만큼 유리했다고 합니다. 예를 들어 수렵이나 채취에 있어 그 성공여부는 참가자들이 얼마나 이타적으로 협조하느냐에 달려 있습니다. 현생인류가 마지막 빙하기에 살아남을 수 있었던 것도 수만 년에 걸친 혹독한 환경과 짐승의 습격에서 사람들을 지켜가는 이타적 협조행위 덕분이었을 거라고 봅니다.[31] 이렇듯 진화의 과정상 이타적

---

[29] http://transpoet-textcube.blogspot.com
[30] 최정규, 『이타적 인간의 출현』, 뿌리와이파리, 2009, pp.201~213 참조.

특성을 지닌 집단이 선택되었다고 보는 데는 큰 문제가 없습니다.

그러나 문제는 개인선택에 있어서는 이타적 전략이 이기적 전략에 비해 진화적으로 불안정하다는 사실입니다. 그것은 이타적 성향을 지닌 개인들은 집단 내에서 점차 사라질 위험이 크기 때문입니다. 따라서 개인선택과정과 집단선택과정이 공존할 경우, 집단선택과정의 속도가 개인선택과정의 속도보다 느리기 때문에, 어떻게 개인선택과정의 속도를 낮추고 집단선택과정의 효과를 크게 할 수 있느냐가 관건이 됩니다. 이는 경쟁을 부추겨 온 자본주의 가치관 안에서 어떻게 '이타적 전략'을 강화할 수 있을까 하는 문제와 깊은 연관성이 있습니다.

최정규는 이를 강화할 수 있는 것으로 '법, 규칙, 관습 등의 제도화'를 듭니다.[32] 즉 제도의 존재가 개인선택과정의 속도를 늦추고 집단선택과정의 효과를 증폭시켜 사회의 이타적 행동의 진화에 영향을 줄 수 있다는 것입니다. 예를 들어 소득을 평등하게 재분배하는 정책을 펼친다면, 사회 내 개인들 간의 소득격차를 줄임으로써 집단 내 개인선택의 압력을 줄이는 효과를 가져올 수 있을 것입니다. 집단 내 선택 압력이 줄어든다는 것은 이타적 행위 전략을 가진 사람들이 집단 내에서 사라지는 속도를 줄여준다는 의미가 됩니다.

예를 들어 인류가 수렵채취 생활을 할 때는 자원의 공동소유에 의존하고 있었다는 점을 들 수 있습니다.[33] 이때에 자원의 공동소유, 특히 식량공유는 아주 강력한 소득 재분배의 수단이 되었습니다. 누군가

---

31 같은 책, pp.204~206 참조.
32 같은 책, p.214.
33 같은 책, pp.214~216 참조.

이러한 제도를 깨고 자신이 더 많은 것을 소유하려 할 때, 이를 견제하기 위한 또 다른 사회적 합의로서의 제도를 마련해 왔다는 것입니다. 이런 점에서 그는 개인선택의 압력을 줄이고 집단선택의 효과가 커질 수 있도록 강력한 평등주의적 제재장치를 제도화하는 것이 필요하다고 주장합니다. 이러한 사회제도가 구체적으로 정책상 반영된다면 사회 불평등 문제가 그만큼 해소될 가능성이 있으리라 봅니다. 여기서 필자는 이 문제를 더 깊이 연구하는 것은 사회학자들의 몫으로 돌리고, 개인의 인식과 가치관 전환에 초점을 맞추어 종교적 접근을 해보고자 합니다.

## 4. 종교와 생태윤리

앞서 우리는 생태 위기는 자본주의와 불가분의 관계를 지니고 있고 자본주의가 제시한 인간관인 이기적 본성론과 무관하지 않음에 대해 살펴보았습니다. 즉 신고전주의 인간관에서는 인간의 본성을 이기적인 것으로 보기 때문에, 경쟁을 경제발전의 주요 동인이라고 봅니다.

인간을 이기적인 존재로 보고 이에 바탕하여 경쟁에 기반을 둔 신고전주의 경제학은 볼스를 비롯한 현대 경제학자들에 의해 비판받고 있습니다. 이들은 인간의 본성이 이기적이라기보다 호혜적이라고 주장합니다. 이에 근거하여 현대 경제학에서는 경제발전의 주요동인도 '경쟁'이라기보다 '협동'이라고 보고 있습니다. 즉 그들은 본래 인간 본성이 이기적이 아니라 호혜적이며 실제 자본주의 시장경제는 호혜적인 사람들에 의해서 돌아가고 있다고 말합니다. 이는 종래 신고전주의 경제이론에서 말해 온 호모 이코노미쿠스라는 인간상이 허상임을 일깨워 줍니다.

현대사회 안에서 야기된 생태 문제의 해법도 이와 무관하지 않습니다. 즉 생태 문제를 해결하는 데 있어서도 인간의 본래성을 어떻게 회복할 것인가 하는 보다 근원적인 면을 생각하지 않으면 안 되기 때문입니다. 인간 본성을 둘러싼 이러한 일련의 경제학자들의 사유는 흥미롭습니다. 인간의 본성을 호혜적이라고 본 볼스의 주장은 종교에서 보는 인간 본성론과 일맥상통한 면이 있습니다.

'중생은 본래 부처'라는 대승불교의 인간론이나, 인간은 하느님을 닮은 하느님의 모상으로 창조되었다는 그리스도교의 인간론 모두 인간 본성을 호혜적 존재로 보기 때문입니다. 이와 같이 인간의 본성을 호혜적 존재로 바라보는 종교적 인간됨은 오늘날 벌어지는 생태 위기를 극복하기 위한 근원적 해법을 제시할 수 있지 않을까 생각합니다. 본서는 이런 관점에서 불교와 그리스도교의 인간론에 입각한 생태적 해법을 추구해 보고자 합니다.

흥미로운 것은 생태 위기의 근본 원인을 그리스도교에서 찾고자 했던 린 화이트Lynn White도 「생태학적 위기의 역사적 뿌리」라는 논문에서 생태 문제의 해법 역시 종교에 있다고 주장했다는 점입니다.[34]

---

[34] Lynn White Jr., "The Historical Roots of our Ecologic Crisis", Science 155 (1967), pp.1207. 토마스 베리Thomas Berry도 종교야말로 생태 문제뿐 아니라 교육, 기업, 정부와 함께 세계 변화의 중요한 사회적 원동력 중의 하나로 본다. 안나 피터슨 역시 우리가 윤리적 실천에 있어 다른 세속윤리보다 종교로부터 윤리관을 새롭게 도입해야 한다고 주장한 바 있다. 한스 큉은 지금 우리에게 절실히 필요한 것은 세계윤리이며, 이 세계도덕 없이는 인류의 생존은 불가능함을 강조하면서 우리에게

화이트는 구체적으로 아씨시의 프란치스코 성인 안에서 생태적 혜안을 찾고자 했습니다.[35] 프란치스코는 물질적 가난은 물론 철저한 마음의 가난을 지향하며 살아온 분으로 알려져 있습니다. 그는 예수가 가르친 마음의 가난, 즉 철저한 무소유를 몸소 실천함으로써 진정한 자유를 얻었습니다. 마음의 가난은 마음의 비움, 곧 자기 중심에서 자유로워진 상태를 의미합니다. 마음이 가난해진다는 것은 우리의 본래성을 회복하는 것을 의미합니다.

불교 역시 무소유 정신을 강조하고 있습니다. 슈마허는 커져가는 인간의 탐욕에서 자유로워질 수 있는 방법으로 불교의 무소유 정신을 제시한 바 있습니다. 여기서의 무소유란 어떤 것도 소유하지 않는다는 의미라기보다 소욕지족少欲知足할 줄 알아야 한다는 뜻입니다. 슈마허는 『작은 것이 아름답다』에서 생태 위기에 처한 우리가 가야 할 방향은 '작아지는' 길임을 강조합니다. 작아지는 길은 바로 탐욕을 줄여감으로써 소박하게 사는 길입니다. 이런 점에서 그는 비교적 낮은 수준의 소비로도 만족할 줄 아는 불교의 무소유 정신을 제시한 것입니다.

부처님은 제자들에게 이렇게 말한 바 있습니다. "도법은 족함을 아는 것이요, 만족할 줄 모르면 도가 아니다." 『구사론』에 나오는 이 이야기는 가진 것에 불만을 갖지 말고 가지지 못한 것에 대한 지나친 갈망을 갖지 말라는 의미입니다. 그러나 더 많이 소유하고자 하는 현대인들에게 '작아지라'는 말은, 작아짐으로써 행복해질 수 있다는

---

필요한 세계도덕은 종교에 기반을 둔 도덕이어야 한다고 주장했다.
[35] 이런 점에서 화이트는 성 프란치스코를 생태주의자들의 수호성인으로 제안한 바 있다.

확신이 생기기 전에는 수용하기가 쉽지 않을 것입니다. 다시 말해 탐욕을 줄여가려면 탐욕이 지닌 허망함에 먼저 눈을 떠야 합니다. 그래야 비로소 진정한 행복을 찾아 나서지 않겠습니까? 이를 위해 우리는 먼저 바삐 살아온 우리의 걸음을 늦추고, 지금 내가 어디를 향해 가는지 자신의 내면을 되돌아볼 시간이 필요합니다. 너도 나도 생태에 대해 말하지만, 관념적인 지식에 불과한 경우가 많습니다. 그렇기 때문에 많은 해법이 제시되어도 좀처럼 해결의 실마리를 찾기가 쉽지 않은 것입니다.

'깊이 알아야' 삶이 바뀝니다. 우리 각자의 삶이 바뀌어야 세상이 바뀝니다. 세상이 바뀌기를 요구하기 전에 먼저 바뀌어야 할 세상이 바로 '우리 자신'임을 자각해야 합니다. 그래서 '깊이 아는 것'이 무엇보다 중요한 것입니다. 깊이 안다는 것은 우리의 영성이 깊어져야 함을 뜻합니다. 영성이 깊어지면 적게 가져도 만족하며 살아갈 수 있습니다. 인간의 행복은 결코 소유로 주어지는 것이 아님을 자각하는 것, 그것이 바로 생태 영성이 아닐까 생각합니다.

이런 측면에서 본서는 불교와 그리스도교의 지혜를 통해 우리 삶에 대한 근원적인 성찰을 해보기로 했습니다. 사회가 변하려면 각 개인이 먼저 변해야 하고, 그중 종교적 이상을 지니고 살아가는 신앙인부터 바뀌어야 합니다. 생태적 혜안을 지닌 불교와 그리스도교 신앙공동체의 회심을 기대해보며, 무엇보다 그 안에 몸담고 살아가는 신앙인들 – 제 자신을 포함하여 – 의 회심을 촉구해 봅니다.

# 초기불교와 상좌부불교에서 생태 영성

―사성제에 대한 생태학적 해석을 중심으로―

김종욱(동국대학교 불교학과 교수)

## 1. 초기불교와 상좌부불교

2,500년의 불교 역사에서 초기불교의 시기 이후를 흔히 부파불교라고 한다. 부파불교의 시기는 기원전 1~2세기부터 기원후 1~2세기까지인데, 그 부파불교 후반부쯤에서 대승불교가 나온다. 상좌부불교는 부파불교의 가장 유력한 학파였을 수도 있고, 그 가운데 남방 스리랑카나 미얀마, 태국 쪽의 불교를 가리키기도 한다. 옛날에는 이것을 소승불교라고 불렀지만, 이는 상당히 가치론적 폄하 개념이기 때문에 요사이는 그렇게 말하지 않는다. 소승불교는 흔히 남방 상좌부불교를 말하는데, 이것까지 포함시키면 2,000년 이상 지속되어 온 역사이기 때문에 한 부분을 잘라내기 힘들어서, 일단은 초기불교 쪽에 초점을 맞추어 논의를 진행하고자 한다. 초기불교에서도 중요한 개념은 고苦, 집集,

멸滅, 도道의 사성제四聖諦인데, 오늘의 논의는 이 사성제를 중심으로 불교의 기초적인 것을 살펴보고, 이것이 어떻게 생태학적으로 해석될 수 있는가 하는 방향에서 진행될 것이다.

## 2. 사성제, 불교의 기초

사성제四聖諦는 초기불교뿐만 아니라 불교의 거의 모든 것을 설명할 수 있는 개념이다. 일단 그 용어부터 살펴보면, 제諦라는 글자는 한자어 음가대로 하면 '체'인데, 불교식으로 달리 읽는 방식이 있어서 여기서는 보통 '제'라고 읽는다. 사성제는 '네 가지의 성스러운 진리'라고 옮기지만, 이것은 그리 좋은 번역 같지는 않다. 네 가지는 고집멸도인데, 여기서 특히 중요한 단서가 되는 것은 고苦이다. 이 세상의 삶은 정서적으로 괴로움을 낳을 수밖에 없다는 뜻이다. 괴로움은 부정적인 개념이어서 이를 성스럽다고 하면 좀 이상하게 보일 수 있으므로, 이 성제聖諦는 '성자의 입장에서 보았을 때'라고 전제하고 이해해야 한다. 성자聖者는 깨달은 자, 즉 부처를 가리키는데, 성자의 입장에서 보니까 이 세상에는 누구도 부정할 수 없는 네 가지의 실상이 있고, 그 네 가지가 바로 고집멸도라는 의미이다.

고성제苦聖諦에서 고苦는 당연히 괴로움을 뜻한다. 이때의 괴로움이 무엇인지를 제대로 아는 것이 불교란 무엇인가를 정확히 이해하는 데 있어 매우 중요하다. 불교를 잘 모르는 사람들이 흔히 가지는 오해 중 하나가 불교에서는 세상 모든 것이 괴롭다고 하지만, 하루 24시간을 살면서 즐거울 때도 있고 괴로울 때도 있는데 이를 다 무시하고 괴롭다고만 하면 너무 염세적이지 않으냐 하는 것이다. 나중에 다시 설명을 하겠지만 이 말은 그것과는 상관이 없다. 어쨌든 이 세상 모든 인생사를 일단 정서적 반응으로서는 괴롭다고 인정을 하는 것이 고苦다. 성자의 입장에서 '아, 모든 사람들의 인생이라는 것이 고라는 것이 진상이구나'라는 뜻이다.

집성제集聖諦에서 집은 모을 '집集'자이다. 괴로움을 발생시키는 조건들이 모여 있다는 것이다. 집성제에서는 괴로움의 발생과정이나 원인들을 추적한다. 모을 '집'자를 쓰는 것은 어떤 조건들이 모여서 괴로움이 발생한다는 뜻인데, 불교에서는 그 조건을 12가지로 본다. 이 12가지 조건이 연쇄적 반응에 의해 일어나기 때문에 12연기緣起라고도 한다. 즉 이 12가지 조건들에 의해서 연쇄 작용을 통해 괴로움이 일어난다는 의미이다.

멸성제滅聖諦는 괴로움의 소멸을 뜻한다. 괴로움의 소멸은 열반涅槃이라고 한다. 열반은 인도 말 니르바나nirvana에 대한 음역이다. 이때 니르nir는 '불이 꺼졌다'는 뜻이다. 불은 불교에서의 번뇌를 가리킨다. 번뇌가 완전히 꺼진 상태를 열반이라 하고, 이 경우에는 더 이상 윤회하지 않는다고 보며, 윤회라고 하는 순환의 바퀴에서 이탈했기 때문에 이를 해탈이라고 부른다. 즉 열반과 해탈은 같은 상태에 대한 묘사라고 보면 된다. 괴로움에서 벗어났고 그래서 윤회하는 서클에서 벗어나 이탈했다고 보면 '해탈'의 상태인 것이고, 그 상태가 괴로움이나 번뇌의 소멸이라고 하면 '열반'이라고 하는 것이다. 그리고 열반과 해탈에 도달한 자를 부처라고 하므로 붓다, 열반, 해탈은 거의 같은 경지에 대한 표현이라고 볼 수 있다.

도성제道聖諦에서의 도道는 방법이라는 개념이다. 괴로움의 소멸, 즉 열반에 도달하기 위한 방법에는 8가지가 있다고 하는데 이를 팔정도 八正道라고 한다.

정리하면 사성제는, 성자의 입장에서 봤을 때 세상에는 4가지의 진상과 실상이 있다는 뜻이다. 고집멸도에서 고苦는 괴로움이라는 현상이고, 집集은 그것의 원인의 모임에 대한 설명이다. 멸滅은 괴로움의 소멸이라는 최종적 결과이며, 불교가 추구하는 목표이다. 마치 기독교에서 속죄, 면죄가 최종적 목표가 되듯이 불교에서는 번뇌가 가라앉는 열반의 상태를 최종 목표로 보고, 거기로 가는 방법, 즉 일종의 수행 방법을 도성제라고 한다. 이렇게 보면 이는 '인과-인과'로 이어지는 개념이라고 할 수 있다. 즉 고집멸도에서 집集이라는 12가지의 원인에 의해서 고苦라는 결과가 나왔고, 도道라고 하는 8가지의 수행 방법을 원인으로 하면 좋은 결과인 열반이 온다는 인과의 연쇄 개념이 투영된 것이다.

이를 생태학적으로 해석해보면 고苦는 현재 생태계의 위기라는 난처한 상황이라고 볼 수 있고, 집集은 이러한 위기의 발생 원인을 추적하는 데 적용되어, 12가지의 조건을 생태계 위기의 원인이라고 설명할 수 있다. 멸滅인 열반은 일종의 생태학적 평화 상태라고 할 수 있고, 도道는 그러한 생태학적 평화로 가기 위한 방법이 될 것이며, 그 도달 방법으로 팔정도를 응용할 수 있다.

### 1) 생태학적 고성제

이상으로 총론적인 설명을 하였고, 이제 세부적으로 들어가 살펴보도록 하자. 고성제는 생태학적으로 보면 이 세계가 파괴되어 있는 난처한 상황이다. 이것을 4대四大라는 것을 통해 설명할 수 있다. 4대는 우리가 지수화풍地水火風이라고 부르는 것들인데, 서양 학문 전공자에게는 상당히 익숙한 개념이다. 그리스인들은 물질을 지수화풍으로 분석했고, 그 가운데 특히 아르케arche, 즉 만물의 근원에 대해 탈레스가 '물' 같은 것이라고 했을 때부터 문제가 되기도 했다. 어쨌든 물질을 지수화풍의 4대로 나누는 방식은 고대 그리스인이나 인도인이나 정확히 겹친다. 그러나 중국인과는 겹치지 않는다. 그렇다면 중국인은 어떻게 나눌까? 지수화풍으로 나누지 않는다. 이 대목에서 필자가 보여주고 싶은 것은 고대, 즉 기원전으로 갈수록 그리스인과 인도인은 상당히 겹치는 대목이 많다는 점이다. 사람과 사람이 언뜻 보면 이질적인 것 같은데 유사하다고 할 경우에는 두 가지가 있다. 피와 말만 보면 된다. 인도인과 그리스인은 피는 아리안Ariyan으로 통하고, 말은 인도-유럽어족(Indo-european)으로 겹친다.

오늘날 현대 서양 언어의 아래에는 라틴어가 있고 더 아래에는 그리스어가 있는데, 거기서 더 내려가면 인도 고전어인 산스크리트Sanskrit가 있다. 이들 언어가 어족 상 단일하다는 증거가 되는 많은 단어가 있지만, 대표적으로는 아트만atman을 들 수 있다. 인도의 우파니샤드나 베다에서는 아트만이라고 하는 자아, 즉 내 속에 있는 불멸의 자아를 인정한다. 우파니샤드의 기본목표를 범아일여梵我一如라고 하는데, 우주의 근원에 브라흐만Brahman이 있고 내 속에도 그것과 통할 수 있는 근원이 있다는 뜻으로, 이런 내면의 근원을 아트만이라고 한다. 그리하여 이런 브라만과 아트만이 하나로 일치될 때 완전한 구원이 온다고 본다.

아트만을 자아라고 하지만, 이것의 원래 의미는 호흡이라는 뜻이다. 이는 매우 재미있는 발상이다. 인간 내면의 근원적 자아, 즉 우주와 통하는 그 무엇이 나의 내면에 있다는 사고방식들에는 몇 가지가 있는데, 이런 내면에 있는 자아의 단서를 숨, 호흡에서 찾고 있는 것이다. 오늘날 독일어 동사로 아트멘atmen이 있는데, 이는 '숨 쉰다'는 뜻이다. 이 정도로 인도와 유럽의 어족이 일치하고 말과 피가 통하며, 사물을 볼 때도 지수화풍으로 통한다.

### (1) 사대와 오행

그런데 인도인과 중국인은 피도 안 통하고 어족도 다르다. 중국어는 뜻 중심이고, 성수격의 구분도 없으며 시제도 불분명하다. 이렇게 보면 양자는 피와 말이 다르고, 그래서 사물을 보는 관점도 완전히 다르다. 중국인들은 사물의 근원을 오행五行으로 본다. 사대와 오행이 겹치는 대목도 있다. 오행은 요일에서 일日, 월月만 뺀 화수목금토이다. 사대와 오행 중에서 화火와 수水는 겹치고, 목木·금金·토土는 지(地, 땅)에 속한다고 볼 수 있다. 풍(風, 바람)이 겹치지 않는데, 여기서 이상한 점이 나온다. 같은 사물을 볼 때 어떻게 보면 중국인들이 인도 유럽인들보다 바람에 더 민감했다고 볼 수 있다. 또한 중국인들은 땅에도 더 민감했다고 볼 수 있다. 땅을 목, 금, 토로 더 세분화해서 보았는데, 그만큼 중국이 대륙 중심의 대지의 문명이라는 것을 읽을 수가 있다. 그 작동방식이 행行으로 드러났고, 이것은 제사와 관련이 있다.

중국인들에게도 추수감사절 같은 것이 있다. 중원을 기준으로 동·서

·남·북으로 나눌 때, 이것은 봄·여름·가을·겨울과 겹친다. 중원에서 봄바람이 불면 봄이 되었다고 생각을 하고 그러면 목木이 된다. 밑에서 싹이 올라오기 때문이다. 남풍이 불면 더우니까 화火가 되고, 서풍이 되면 서늘해지므로 금金이 된다. 이 정도로 그치지 않고 모든 것이 여기 다 포함된다. 중화中華라는 말에서 화는 꽃, 만물의 번성을 뜻한다. 중원을 중심으로 동은 동이東夷, 남은 남만南蠻, 서는 서융西戎, 북은 북적北狄으로 되고, 외교관계나 오장육부의 오장, 의학, 정치, 사주관상 등도 다 여기에 포함된다. 즉 중국인들은 서양과 달리 물질을 따지는 데에만 그치지 않고 정치, 외교, 인생사 모두를 다 오행에 적용시켜 나간다. 바람이 없다고 했지만 이 모든 배치의 기준은 바람인 것이다. 그러므로 중국인들은 풍風에 대해 더 민감했다고 볼 수 있다.

또 한 가지, 인도 그리스인들에게 4대는 원소(element) 개념으로 이해되는 반면, 중국인들에게 행行은 유동적이어서 원소 개념 같은 것이 아니다. 물이 $H_2O$라고 보는 것은 원자론적 방식이지만, 중국인들은 물 자체를 보지 않고 물의 인접관계를 더 중요하게 본다. 나무에 물을 주면 잘 자라고, 불에 물이 들어가면 불을 끈다. 즉 상생相生 상극相剋의 관계론인데, 주변에 뭐가 있느냐에 따라 그 역할이 달라진다. 물의 본성은 정해진 것이 없는 것이다. 이런 관계론적 사유를 보여주는 것이 행行이라는 표현이다. 정지가 아닌 것이다. 원래 행行이라는 한자는 왼발과 오른발로 걷는다는 뜻으로 정지가 아닌 것, 즉 상당한 유동성을 가리킨다.

고대 불교인들의 경우에는 세상 모든 것을 설명할 때 육계六界로 본다. 육계에는 사대四大가 우선 들어가고, 여기에 공空과 식識이 추가 되어 여섯이 된다. 공空은 대승불교에서 얘기하는 공空이 아니라 허공이라는 뜻이다. 식識은 의식으로서 마음과 관계된 것이 들어가게 된다. 여기서 불교적인 면모를 찾아볼 수 있는데, 이를 떼어놓고 물질만 보면 인도 유럽적인 것이 반영되어 있다고 볼 수 있다. 한편으로 그리스와도 통하는 점은, 그리스에서는 데모크리토스의 원자론 개념이 나오는데, 불교도 극미極微라는 원자론적인 개념이 등장하게 된다. 양자의 차이는 데모크리토스는 기계론으로 향하지만, 불교에서는 그렇지 않다는 점이다.

지수화풍이 합쳐지면 몸이 되는데, 오늘날의 관점에서는 유기체라는 것이고 불교에서는 이를 색신色身이라고 표현한다. 몸을 체體라 할 때, 체는 인간의 몸을 뜻할 수도 있고 구체화라는 뜻의 체를 가리키기도 한다. 신身자도 인간의 육체로 볼 수 있으며, 색신의 색色은 인도말로 루파rupa라고 한다. 원래 루파는 '부서져가는', '무너져가는'이라는 뜻이다. 이것이 인도인의 특징적인 물질관이다. 그들은 물질을 볼 때 지금은 멀쩡하지만 결국 무너져간다고 본 것이고, 그래서 거기에 루파라는 말을 사용한 것이다. 그러다 보니 이것이 물질을 뜻하기도 하고, 물질에 색깔이 있기 때문에 색이라 하기도 한다. 색은 색깔을 지닌 물질을 뜻하기도 하고, 물질적인 몸을 뜻하기도 한다.

### (2) 생물종 다양성의 감소와 연기

이것은 오늘날의 생물종 다양성 감소 문제와도 연관이 된다. 환경론자들은 생물종 다양성이 감소되면 안 된다고 하는데 생물종이 좀 감소되면 안 되는 것인가? 생명의 역사는 언제나 그래왔다. 지금 공룡은 없고,

진화의 역사에서 보더라도 생물종은 계속 출현했다 사라지고 있다. 어떤 경우에는 학자들에게 보고도 안 되었다가 사라지는 경우도 있다. 그렇게 보면 이것이 생물의 역사인데, 왜 생물종 다양성이 감소되는 것을 가지고 오늘날 문제를 삼느냐고 항변할 수도 있다. 그러나 문제는 그 속도가 너무 빨라진다는 점이다.

우리가 한 번도 보지 못한 아마존 거북이가 멸종되면 왜 안 되는가에 대한 답변을 불교에서 찾는다면, 그 답은 연기緣起이다. 연기는 조건과 조건이 화합했다는 뜻이다. 필자는, 종교는 세계관의 문제라고 본다. 종교는 세계를 설명해야 한다. 종교를 믿는 이유에 관해서는 죽음의 극복 문제가 가장 중요하다. 그래서 이것이 고대사부터 문제가 되었고, 그 극복의 방식으로 각 종교가 출현하는데, 그렇다면 종교는 죽음을 포함한 세계 전체를 설명해 주어야 한다. 이를 어떻게 설명하는가에 따라서 종교마다의 독특한 세계관이 나온다. 기독교에서는 창조를 통해서 세계를 설명하는데, 불교에서는 이 창조 개념에 대응하는 것이 연기 개념이다. 조건과 조건에 의해서 사물이 생겨났다고 하는 것이다. 그렇다면 우리가 한 번도 보지 못한 아마존 강의 거북이를 왜 지켜야 하는가를 불교식으로 보자면, 그것이 수만 년 동안 조건과 조건의 결합으로 존재해 온 역사성을 지니고 있기 때문에 보존해야 한다고 볼 수 있다. 기독교에서는 하느님의 창조의 선물이기 때문이라고 답할 것이다. 이처럼 환경운동을 하기는 어렵지 않지만, 왜 보존해야 하는가에 대해서는 답하기 쉽지 않다.

### (3) 일체개고와 구원

불교에서는 모든 것이 고苦이다. 그래서 일체개고一切皆苦라고 한다. 모든 것이 예외 없이 고라는 것이다. 이를 정확히 표현하면 일체개고라기보다 일체행고一切行苦라고 할 수 있다. 모든 행행이 고라는 것이다. 불교에서는 모든 행동은 의도가 있어서 나온다고 보고, 이를 업業이라고도 한다. 업에는 의도가 있다. 의도는 한자로는 '사思'라고 쓴다. 의도가 있는 행동만 업을 받는다고 하고, 반드시 행위에는 의도라고 하는 마음 작용이 들어갔다고 본다. 인간의 의도는 다른 말로 성향이라고도 볼 수 있다. 재미있는 것은, 불교는 기독교와 달리 시작이 없다고 본다는 점이다. 인간이 태어나서 어떤 행동을 습관적으로 반복하다 보면 일정한 경향성을 띨 수가 있다. 그런데 불교에서 그것은 현생만이 아니라 전생, 전 전생까지 이어지며 특정한 시작을 인정하지 않는다. 그 누적된 생들이 밀려서 그것이 일정한 성향을 띠게 되고, 그것이 의도를 지니고서 행行을 낳는다고 볼 수 있다.

이를 잘못 읽으면 결정론이 될 수 있지만 그것은 아니다. 내가 쌓은 게 누적되어 그 영향에서 벗어날 수 없지만, 그것은 바로 내가 쌓은 것이고 또 내가 달리 행동할 수도 있기 때문이다. 성향화된 마음 작용이 들어간 행동이 업業이 되는데, 그런 게 모두 괴롭다는 것이 일체행고一切行苦의 의미다. 이때의 행은 붓다, 즉 깨달은 자의 경우와는 반대이다. 깨닫지 못한 중생들, 즉 범부 중생들의 행하는 것, 그렇게 지어내는 모든 행위가 결과적으로 보면 괴로움을 양산할 수밖에 없다는 뜻이다. 붓다의 상태가 고라는 게 아니고, 깨닫지 못한 상태의 사람들이 지어낸 모든 행동들이 고가 될 수 있다는 것이다. 이렇게 보면 일체개고는 염세주의와는 다른 것이다. 고를 잘못 이해하기 때문에 불교는 염세주의라는 얘기가 많이 나온다. 고 개념을 제대로 이해하려면 오히려 기독교의 죄 개념을 보면 된다. 기독교인이 보기에 이 세상의 현상은 죄이다. 그러므로 벗어나야 한다. 죄에서 벗어나는 것이 바로 구원이다. 죄악에 빠진 자를 건져주는 것이다. 그렇기 때문에 모든 종교인들은 이 세상의 삶을 물에 빠진 상태라고 보고, 그냥 놔두면 죽는다고 본다. 안 좋은 상태로 계속 침몰한다고 보는 것이다. 종교인의 사명은 건져주는 것이다. 불교에서는 이렇게 물에 빠진 상태를 고라고 본다. 불교에서는 인간을 고의 바다에서 건져주어야 한다고 보고, 기독교에서는 죄의 상태에서 건져주어야 한다고 본다. 이것이 구원이다. 구원이 없다면 종교를 믿을 이유가 없을 것이다.

이렇게 본다면 하나의 공통점이 있다. 내용이 뭐든 간에, 그것을 죄라고 보든 고라도 표현하든, 이 세상의 현상이 바람직하지 않다는 데에서 종교는 출발했다. 이런 부정적인 현상을 그대로 놔두면 문제가 되고, 그렇기에 이것을 어떻게든 긍정적인 상태로 바꿔야 한다. 그렇기 때문에 현상에 대한 묘사가 부정적으로 나온다. 그런 차원에서 본다면, 불교가 이 세상을 고라고 하고 기독교가 죄라고 하는 것을 염세주의라고 할 수 없다. 그것은 당연한 것이고, 종교인이라면 어쩔 수 없는 일이다. 그들은 이 세상을 부정적 상태로 보고, 자신들은 이를 구원할 수 있다는 신념을 갖는다.

### (4) 삼법인과 연기

고苦라는 용어의 개념도 정확히 이해할 필요가 있다. 보통 '괴롭다'라고 번역하는데, 이는 틀린 것은 아니지만 꼭 맞는 것도 아니다. 이 말은 인도의 팔리어로는 '두카dukkha'라고 한다. 두카의 가장 큰 뜻은 '어긋남'이다. 우리가 괴롭다고 하지만, 그것은 어긋나니까 괴롭고, 채워지지 않고 상실감이 든다는 말이다. 어긋난다는 것은 빗나간다는 것이다. 이를 불교적으로 설명하면, 초기불교의 입장에서 봤을 때 세상은 연기緣起하고, 연기하므로 무상無常이라고 본다. 그리고 무상한 것은 괴로움을 낳을 수밖에 없다. 또 더불어서 세상은 무아無我라고 본다. 여기까지가 초기불교의 핵심이다. 이것이 경전에서 끝없이 반복된다. 이 세상이 무상이고 무아이고 고라는 것을 알라는 것이다. 그것을 알게 되면, 세상을 이대로 사는 것이 '싫어지게(厭)' 된다. 불교에서의 수행修行은 수염修厭이다. 염은 세상을 이렇게 사는 것이 싫다는 뜻이다. 수행은 수염이고, 수염은 싫어함을 닦는 것이다. 세상이 무상이고 무아이고 고임을 알면 이 세상에 대해서 집착하지 않는다는 것이다. 집착하지 않는다는 것은 집착해서 사는 것이 싫어진다는 뜻이다. 그렇게 되면 거기에 매이지 않게 된다. 그리하여 열반으로 갈 수 있게 된다. 아주 가끔이나마 이 세상에 집착하고 매달리며 사는 모습들이 싫어질 때가 있다. 싫어지면 떠나고 싶어지고, 다시는 그렇게 살지 않게 된다.

무상·고·무아를 삼법인三法印, 즉 세 가지 중요한 이치의 특징이라고도 하는데, 제행무상諸行無常·제법무아諸法無我·일체개고一切皆苦가 그것이다. 이 모든 것에 대한 설명은 연기에서부터 시작해야 한다.

연기緣起는 산스크리트로 하면 '프라티티야-쌈-우트파다pratītya-sam-utpāda'이다. 이것을 셋으로 끊어보면 쌈sam은 '함께', 우트파다

utpāda는 '일어난다'는 말의 명사형, 즉 '일어남'이고, 프라티티야 pratītya는 무엇에 의해서 일어난다는 것, 즉 철학적으로 보면 '조건' 개념을 가리킨다. 일어남은 발생이라기보다 형성(becoming) 개념에 가깝다. 쌈은 '함께'라는 뜻인데, 여기서 알 수 있는 것은 다수성이다. '함께' 있다는 것은 그것들이 여럿 있다는 것인데, 이는 조건들이 무수하게 많다는 것을 함축한다. 또한 '함께'라는 것은 화합성을 가리키기도 한다. 둘이 싸우고 있는데 '함께' 있다고 하지는 않는다. '함께' 있다는 표현은 조화와 화합을 뜻한다. 이렇게 볼 때 '프라티티야-쌈-우트파다'는 이 세상 모든 것을 대상으로 한다. 여기 있는 사인펜, 지우개, 칠판, 저 밖에 있는 산하대지, 산천초목, 그리고 마음도 포함된다. 물질적으로 형성된 우주 만물 모든 것, 내 마음에 움직이는 그 모든 관념의 내용을 비롯하여 인간이 생각할 수 있는 세상에 존재하는 모든 것들은 무수히 많은 조건들의 화합에 의해서 형성된 것이라는 뜻이다. 이는 언뜻 들으면 너무 당연한 얘기처럼 들리지만, 꼭 그렇게 당연하지만은 않다.

### (5) 인과와 무한소급

우리는 세상을 설명할 때 인과관계로 보는 것에 익숙하다. 과학도 인과를 빼면 설명이 안 되고, 철학과 종교도 마찬가지이다. 기독교적으로 보더라도 세상 모든 것들은 최초의 원인, 즉 창조주가 있어야 한다. 원인의 원인을 소급하다 보면 최고의 최초 원인이 있기 마련이지만, 이 최고 원인 자신은 그 앞에 원인이 있으면 안 된다. 있으면 그것이 최고가 되기 때문이다. 그래서 무한소급하면 안 된다는 것이다. 그러나 이것은 매우 서양적인 발상이다. 무한소급을 하면 도대체 왜 안 되는 것일까? 사실 안 될 이유는 없다. 논리적 가능성에는 두 가지 있고, 이렇게 보면 불교냐 기독교냐의 차이는 무한소급에 대한 선택적 차이라고 볼 수도 있다. 논리적으로는 둘 다 가능한 것이다. 무한소급 되어도 가능하고, 그냥 어느 지점에서 최고 원인이 있다고 해도 된다.

무無에서 유有가 나오는 방식을 창조라고 설명하지만, 불교에서는 최고 원인도 선행 조건이 있어야 하므로 계속 소급해간다. 그러므로 무시無始, 즉 시작이 없고, 그렇기 때문에 논리적으로 끝도 없다. 우리가 끝이라고 보았던 그것이 또 무언가를 낳기 때문에 끝이 없다. 이렇게 시작도 없고(無始) 끝도 없다(無終)고 보는 이유는, 바로 연기緣起이기 때문이다. 조건들의 연쇄가 무한하다고 보는 것이다. 이 대목에서 이것이 허전하게 느껴질 수도 있다. 도대체 무한소급해서 언제까지 계속 갈 것인가? 이 대목은 기독교와 불교가 좀처럼 조화되기 어려운 지점이다. 시작과 끝이 있다는 세계관과 없다는 세계관의 차이는 분명한 것이다.

불교에서는 시작과 끝이 없다고 보는 이유가 연기에 있는데, 조건들의 연쇄는 계속된다고 보기 때문이다. 이것을 인정한다면, 세상 모든 것들은 조건들의 순환에 의한 연쇄적 관계라고 볼 수 있다. 그러니까 영원히 변치 않는 것은 없다, 즉 무상無常이다. 다시 말해 연기이므로 무상인 것이다. 무상이라는 것은 상常이 없다는 뜻이다. 이것은 영원불변성에 대한 부정이다. 변화하지 않고 그대로 있는 것 같아도, 그것에는 무수한 조건들이 이 순간에도 개입하고 있다. 세상은 흔히 물질적인 것과 정신적인 것으로 나누어 볼 수 있다. 물질적인 것은 분자와 원자 차원에서 계속 요동을 친다. 원자핵 주변을 전자가 거의 빛의 속도로 돌고 있는데, 사실 핵과 전자 사이는 비어 있다. 따라서 원자가 모여 분자가 되고, 분자가 입자가 되어 세포가 형성돼 우리가 된다면, 사실 우리는 비어 있다고 할 수 있다. 그럼에도 불구하고 투과가 안 되는 것은 전자의 속도 때문이다. 사인펜이 상당히 견고해 보이지만, 역설적이게도 원자 차원에서는 너무 빨리 움직이기 때문에 그렇게 보이는 것이다. 너무 빨리 돌기 때문에 투과가 안 되는 것이다. 이처럼 물질적으로도 봐도 영원히 변화하지 않는 것은 없고, 정신적으로도 그러하다. 불교에서는 무상을 이야기할 때, 물질보다는 마음을 표현할 때 특히 그 표현을 많이 사용한다. 왜냐하면 우리의 마음이야말로 영원불변한 것이 없이 순간순간 요동치며 흘러가기 때문이다.

### (6) 찰나와 무상

'찰나刹那'라는 말을 많이 하는데, 이 말은 불교 용어이다. 중국인이 과장이 심하지만 인도인에 비하면 수준이 낮다. 인도인들에게 가장 작은 시간 단위가 찰나이다. 중국인들은 '순간瞬間'이라고 하는데, 이것은 눈 깜짝하는 사이를 말한다. 찰나는 가운데 손가락에 힘을 세게 주고 탁 놓으면 꽉 튕길 때, 이를 75분의 1로 나눈 것이다. 0.15초 정도이다. 오늘날의 방식으로 측정하면 이렇지만, 원래는 마음의 한 찰나라고 하여, 찰나를 마음의 단위로 사용한다. 한 찰나라는 개념은 우리가 한 생각을 일관되게 유지하는 최소 시간단위이다. 이렇게 보면 1초에도 약 60~70개의 관념의 내용이 변한다고 볼 수 있다. 불교에서는 이렇게 보기 때문에, 물질적인 것이나 정신적인 것은 모두 다 변화해

간다고 여긴다. 이는 연기하기 때문인데, 매 찰나 여러 조건들에 의해서 계속 변화해 간다는 것이다.

불교에서는 특히 기억을 중요시하는데, 내가 현재 하고 있는 생각은 전 생각이 밀려온 것이라고 본다. 우리는 보통 마음이 답답하다고 할 때 가슴을 친다. 마음은 심장과 통한다. 고대 이집트부터 동서양을 막론하고 마음은 심장과 관련되어 있었다. 그런데 불교에서는 그렇지 않다. 이는 상당히 특이한 관점이다. 불교에서는 모든 인식 작용과 관련된 기관을 '근根'이라고 한다. 눈을 불교에서는 안근眼根이라고 한다. '안이비설신의眼耳鼻舌身意'라고 할 때, 신身은 피부를 말한다. 의근意根은 의식기관인데, 오늘날의 어디일까? 당연히 뇌이다. 그러나 옛날에는 뇌라는 말 대신 전 찰나의 생각들, 이것을 의근이라고 보았다. 불교는 마음을 기관화시키지 않았다. 현 찰나의 마음이 일어나게 하는 기관이나 장場은 그 전에 있었던 관념이 그런 것이라고 보았던 것이다. 그래서 기억이 중요해진다. 이런 식으로 정신적인 것이든 물질적인 것이든 영원히 불변하는 것은 없다고 본다. 그래서 무상하다는 것이고, 여기에는 덧없다는 뜻도 포함되어 있다.

이는 고苦 때문인데, 고는 어긋남을 말한다. 무엇이 어긋나는가? 살아 있는 생명체는 태어났다는 이유 때문에 계속 살고자 한다. 더 살고자 하고, 죽음까지도 극복하고자 한다. 우리는 불사不死의 삶, 즉 죽음의 극복을 꿈꾼다. 우리는 심정적으로는 한 생물로서의 불사나 불멸을 꿈꾸지만, 실제 세상은 무상하기 때문에 어긋난다. 내가 원하는 것은 상常이고 세상은 무상無常하다면, 양자를 맞추면 된다. 일치하는 방식은 두 가지다. 내가 세상에 맞추거나 세상이 나한테 맞추면 된다.

그런데 세상이 나한테 맞춰 줄 수는 없을 것이다. 불교에서 세상이 무상하다는 것에는 예외가 없기 때문이다. 따라서 내가 세상에 맞춰야 하는데, 그것이 바로 무상을 자각하는 것이다. 내가 원하는 상常이 무상한 세계에 어긋나고, 그렇기 때문에 채워지지 않으므로 정서상으로는 충족되지 않음, 즉 불만족으로 귀결될 수밖에 없다. 이렇게 보면 고란 어긋남이 야기하는 불만족의 상태라고 볼 수 있다. 즐거울 때도 있고 슬플 때고 있고 괴로울 때도 있는 그런 차원이 아니라, 불교에서는 태어난 자는 근본적으로 모두 고일 수밖에 없다고 본다. 태어난 자는 더 살기를 갈구하지만, 실제 세상은 언젠가 죽음에 이를 수밖에 없으므로, 이러한 무상과 상의 어긋남에서 나온 불만족의 상태가 바로 고인 것이다.

## 2) 생태학적 집성제

생태학적 고성제는 생태계의 고통 상태를 가리킨다. 불교식으로 보면 고란 어긋남이다. 어긋남이란 이 세상의 실상과의 어긋남이다. 이 세상은 연기하므로 무상하고 무아임에도 불구하고, 이렇게 연기한다는 것을 몰라서 발생하는 정서적인 어긋남을 고라고 보는 것이다. 집성제集聖諦는 고의 발생 원인을 설명하는 것인데, 고를 낳는 원인이 있다는 말이다. 원인이 모여서 일어난다고 해서 집集이라고 한다. 생태계 파괴를 고라고 할 때, 그 원인을 불교에서는 무명無明이라고 본다. 보통 생태계 파괴는 모두들 인정하고 있는데, 이때 그 원인을 주로 산업화에서 찾는다. 그런데 좀 더 깊게 들어가면 산업화를 야기한 인간의 사고방식이 존재한다. 오늘날 생태학 중에 이쪽에 초점을 맞추는 것이 심층 생태학이다. 불교식으로 보면 무명이라는 사고방식이 문제인 것이다.

   무명이란 번뇌로 인한 무지이고, 번뇌는 탐진치貪瞋痴를 가리킨다. 중생의 사고방식을 깨닫지 못한 자의 입장에서는 번뇌煩惱라고도 하고 삼독三毒이라고 할 수도 있는데, 이것을 보통 탐진치로 설명한다. 탐貪은 탐욕을 뜻하고, 진瞋은 분노나 화냄이고, 치痴는 어리석음이나 무지라고 볼 수 있다. 이것은 순서 개념으로 보면 탐진치라고 할 수 있지만, 나의 경우는 치탐진으로 순서를 바꿔 읽기도 한다. 사람이 무지하고 어리석으니까 탐욕이 일어나는데, 탐욕은 많지만 채워지진 않으므로 분노가 나온다. 그렇게 치탐진으로 읽는 방식도 있다. 그렇지만 불교 정통 방식으로는 탐진치로 읽는 것이 맞다. 모든 중생은 탐욕이 많으므로, 채워지지 않거나 뺏어가는 데에서 분노가 생긴다. 그러면 치는 무엇인가? 탐욕으로 인한 분노 때문에 길길이 날뛰는데, 그것을 알아차리지 못하는 것을 말한다. 재미있는 해석 방식이다. 일반인들의 경우 탐욕이 극대화되어서 안 채워지거나 빼앗기면 열 받고 분노하는데, 대부분은 그걸 모른다. 이것이 무지의 어리석음이다.

### (1) 상호 의존성으로서 연기

무지는 무명無明이라고도 하는데 세상의 근본 이치를, 내용상으로는 연기라고 하는 이치를 잘 모른다는 것이다. 더 구체적으로는 연기이므로 무상이고 고이고 무아라는 것을 모름을 뜻한다. 이를 생태학적으로 해석하면 무지는 이치에 대한 무지이고 생태학적 질서에 대한 무지라고 볼 수 있다. 생태계 질서가 어떻게 작동하는지 정확하게 알아야 하는데,

가장 큰 생태 질서는 순환성과 항상성이다. 생산자인 식물과 소비자인 동물, 분해자인 미생물의 순환 과정, 그리고 항상성. 즉 유기체는 자기에게 유리한 상황을 일정하게 유지하는 성향이 있다는 것 등이 그것이다. 항상성의 증거로는 지구의 평균 산소 농도가 21퍼센트로 유지되는 것 등을 들 수 있다. 이렇게 동식물들의 순환성과 주변 환경이 일정하게 유지되는 것 등은 결국 상호 의존성의 산물이라고 볼 수 있는데, 생태계의 질서를 상호 의존성이라고 보는 것은 모든 생태학 교과서에서 공통되는 사항이다.

불교에서 연기緣起를 영어로 번역할 때 interdependence라고 많이 번역한다. 연緣이란 '무엇에 의존해서'라는 뜻이기 때문에 dependent 이고, 기起는 '함께 일어난다'는 뜻이기 때문에 dependent co-arising이 가장 문자적인 번역이 되며, 그 뜻은 상호 의존성이므로 interdependence라고 볼 수 있다. 연기를 interdependence라고 했을 때, 생태계의 기본원리인 상호 의존성과 통하게 된다.

요약하자면, 오늘날 생태계 위기의 원인을 인간의 사고방식 때문이라고 볼 때, 불교에서는 그것은 탐진치로 나누어 설명할 수 있다. 이때의 치痴, 무지는 생태계의 이치인 상호 의존성에 대한 무지이고, 이것 때문에 탐욕은 극대화된다. 탐욕은 아무리 극대화되어도 채워지지 않으므로, 두카(dukkha, 苦), 즉 어긋남일 수밖에 없다. 특히 생산성 극대화라는 이데올로기가 문제이다. 그리고 분노(瞋)라는 방식은 폭력을 낳기에 살생이 문제가 된다. 분노를 제거하면 불살생이 나타날 것이다.

생태계 위기 원인을 세 차원으로 볼 수 있다. 특히 무명으로 인해서 괴로움이 나온다고 보면 12연기이다. 12연기는 12가지 조건에 의해 괴로움이 나온다는 것인데, 그 시작은 무명이다. 무명無明, 행行, 식識, 명색名色, 육입六入, 촉觸, 수受, 애愛, 취取, 유有, 생生, 노사老死로 되어 있다. 무명無明은 무지 작용을 뜻한다. 내용은 세계의 이치에 대해 무지하다는 것이다. 행行은 의지 작용이다. 행이란 행위를 낳는 의지나 성향인데, 이는 그전부터 계속 쌓여 왔던 것이다. 식識은 주관 작용이라고 볼 수 있다. 색色은 물질적 대상, 명名은 관념적 대상으로 보면 된다. 육입六入은 기관, 촉觸은 접촉이라는 뜻인데, 곧 화합을 뜻한다. 주관과 대상과 기관의 화합으로 인식이 형성된다. 네 가지를 합하면 인식 작용이라고 볼 수 있다. 수受는 느낌인데, 오늘날로 보면 정서 작용이다. 애愛는 갈망이다. 일주일 동안 물을 못 마셨을 때의 갈망渴望, 즉 아주 간절히 원하는 것이다. 인식을 하게 되면 정서 반응이 수반된다. 그중 '나에게 좋다'라는 이모션이 야기되는 순간, 간절히 원하게 된다. 취取는 손에 꽉 쥐는 것, 즉 집착을 뜻한다. 갈망은 곧 집착으로 이어진다. 둘이 합쳐져서 탐착의 작용을 낳는다고 볼 수 있다. 유有 개념은 좀 어려운데, 이것은 형성이라고 보면 된다. 불교에서는 육도윤회를 한다고 보는데, 해탈하기 전까지 도는 여섯 개의 정거장을 유有라고 본다. 그중의 하나에 태어나서 생을 마치게 되는데, 어느 정거장에서의 형성과정이라고 볼 수 있다. 불교에서의 고苦는 생로병사인데 결국 고는 무지함으로 인해 생긴다는 것이다. 따라서 무지하지 않으면 괴롭지 않다는 얘기다.

## (2) 인식에 대한 의지의 선행

이는 상당히 독특한 관점이다. 서양 근대철학은 인식론이다. 데카르트로부터 칸트, 헤겔에 이르기까지 인식을 위주로 인간을 탐구한다. 그런데 니체에 와서 이것이 다 무너진다. 니체는 인식보다 의지가 선행한다고 주장했다. 그래서 힘을 향한 의지가 칸트식의 인식보다 선행한다고 보았는데, 불교의 12연기설에도 이것이 반영되어 있다. 이렇게 보면 어떠한 인식에서도 순수 인식은 없다. 그 이전 생부터 자기도 어쩔 수 없는 성향이 있다고 보는 것이다. 지금 방식으로 보자면 투명한 인식은 없다. 즉 보고 싶은 것만 본다는 것이다. 그런데 뭘 보고 싶은가? 그것은 성향의 문제이고, 그것이 쌓여 왔다는 것이다. 우리가 똑같이 인식했다고 하더라도 그 내용은 다 다르다. 그것은 각각의 성향이 다르고 각각의 역사성이 다르기 때문에, 의지에 덮어씌워서 보니까 순수 인식은 없고, 이미 왜곡이 된 상태에서 정서가 발생한다는 것이다. 정서라는 것도 이미 의지에 의해 뒤틀린 자기만의 것이다. 똑같은 것을 보아도 제각기 느끼는 감정이 다르다. 어떤 사람은 쾌감을 느끼는데, 어떤 사람을 불쾌감을 느낄 수도 있다. 일단 쾌감을 느끼면 거기에 집착하게 되고, 그것이 누적되면 거기에 맞는 쪽으로 빠져들어가게 된다.

서양과 비교했을 때 불교에서는 의지의 선행성, 즉 인식 앞에 의지가 선행한다는 관점이 두드러진다. 요사이 심리학에서도 여기에 많이 동의한다. 우리는 생태계 위기의 원인에 대해서 산업화라고 보거나, 심층 생태학에서는 사고방식의 문제라고 보기도 하고, 어떤 사람은 기독교를 공격하기도 하는데, 불교식으로 보면 결국 마음의 문제이다.

마음은 특히 인식이나 정서보다 의지의 문제이다. 인간은 어떤 기억에 편집되어 있어서, 자주 그렇게 정해진 인식과 행위를 낳는다. 또 불교에서는 명상 수행을 하는데, 수受에서 애愛로 가지 않게 하는 것이 명상의 효과라고 한다. 수受는 느낌인데, 부처에게도 느낌은 있다. 그분도 산 사람이었으므로 산 사람으로서의 느낌은 있다고 봐야 한다. 그렇다면 부처와 우리 중생과의 차이는 무엇일까? 깨닫지 못한 자는 느낌에 있어서 좋음을 느끼게 되면 갈망과 집착으로 간다. 나의 정서가 좋음을 느꼈다면 반복적으로 그것을 더 하고 싶어 한다. 이것이 반복되면 집착 수준으로 간다. 약에 중독되는 사람들도 마찬가지다. 어떤 식의 느낌이 있다 하더라도 절대로 애愛와 취取로 가지 않는 것이 명상의 효과이다. 이러한 정서적 반응을 낳는 것들, 마음 작용의 본질을 알아차렸기 때문이다. 그 본질은 무엇인가? 마음은 연기성緣起性이라는 것이다. 마음조차도 서로의 조건들에 의해서 형성되기 때문에 연기하는 것은 실체가 없다는 것, 즉 마음조차도 고정된 실체가 없다는 것이다. 그것을 인정하면 나의 마음상태에 대해 집착할 이유가 없어지게 된다. 그러나 보통의 경우 의지적 성향과 정서는 대단히 오래가며 상당히 일관된다. 생태 문제를 이야기하자면 의지의 문제, 왜 인간이 그렇게 성향화되는가를 탐구해보는 것이 새로운 시도가 아닐까 생각한다.

### 3) 생태학적 멸성제

다음으로 멸성제滅聖諦이다. 멸성제는 소멸의 상태이고, 번뇌의 소멸을 뜻한다. 생태 문제로 보자면 생태계 파괴의 종식과 소멸이라고 볼 수 있다. 멸성제가 열반涅槃을 가리킨다고 보면, 생태계의 파괴를

야기시켰던 마음가짐인 번뇌의 종식이고, 번뇌가 가라앉은 것으로서 일종의 생태학적 평화 상태라고 묘사할 수 있다. 그러나 이는 상당히 이상적인 이야기다. 오히려 이상은 현실에 존재하지 않으므로 이상일 수 있다. 이상은 유토피아utopia인데, 그리스어로 에우토피아eutopia 라 하면 '좋은 곳'이라는 뜻도 되지만, 오우토피아outopi)라고 읽으면 '없는 곳'이 된다. 진짜 '좋은 곳'은 '없는 곳'이다. 그러나 없으면 종교도 성립하지 않으므로, 현재 이 세상에는 없다는 의미이다. 불교적으로 보자면 이 현실의 중생의 삶 속에서는 부처의 열반의 경지는 없다. 초기불교에서는 오직 완전한 열반의 상태에 간 부처라는 분은 딱 한 분이라고 인정했다. 나머지는 아라한阿羅漢이라고 하여 구별했다. 이 분들도 깨달음의 상태에 도달했지만 부처라고 하지는 않는다. 그러나 대승불교로 가면 다불多佛 사상이 나온다. 인도에서 중국으로 불교가 전파되는 것은 부처 숫자의 확대 과정이라고 볼 수도 있다. 부처가 될 수 있는 범위가 처음에는 인간까지 갔지만, 나중에는 동식물 등에까지 갔다가 결국에는 초목, 무정물까지로 확대된다. 그런데 인도 초기불교의 입장에서 보면 매우 난처한 일이다. 부처도 한 분만 인정했고 나머지는 아라한이라고 했는데, 동쪽으로 갈수록 외연이 넓어지는 것이다. 이는 어느 것이 옳고 그른가의 문제가 아니고, 문화적인 차이 때문에 벌어진 일이다.

### (1) 자비와 사랑의 이유

그 다음이 좀 어려운 대목으로 자비慈悲에 관한 것이다. 자비는 사랑이고, 모든 종교는 사랑을 이야기한다. 적어도 사랑에 대한 지침이나 정서적 상태는 기독교적이든 불교적이든 유사한 것 같다. 그러나 왜 사랑해야 하는지에 대한 이유는 모두 다른 것 같다. 나는 개인적으로 사랑같이 힘든 게 없다고 본다. 한 생명은 태어나서 일신의 보존이 기본으로서 신진대사, 즉 먹고 싸고 배출하는 과정을 거치는데 그것은 다 밖에서 온다. 불교에서 보면 생물체가 가지는 생물학적 업보는 어쩔 수 없는 일이다. 먹는다는 것은 타 생명체에 대한 침범이다. 고기를 먹지 않는다고 해도, 식물도 생명체에 속하기 때문이다. 결국 살아 있다는 것은 타 생명체에 대한 침범의 과정이므로, 살아 있는 것 자체가 업보라고 본다. 태어남 자체가 고苦다. 그래서 불교에서는 생일잔치를 하지 않는다. 태어났다고 해서 기뻐할 게 없고 죽었다고 해서 슬퍼할 게 없다. 특히 태어남의 경우, 태어남 자체에 생물학적 업보의 과정이 들어간 것이다. 내가 살기 위해서 누군가를 침범해야 한다. 그렇지 않으면 내가 죽기 때문이다.

그런데 이런 존재들, 이런 생물들이 사랑을 한다고 말한다. 어떻게 보면 가당치 않은 일이다. 상당히 인간적인 방식이다. 개는 사랑을 하지 않는다. 인간은 부모 자식뿐 아니라 남 모르는, 이해가 무관한 사람에게도 사랑의 감정을 확산시키고자 한다. 특히 종교가 사랑을 많이 이야기한다. 이는 상당히 인간적인 것이며 다른 생명체에게 볼 수 없는 것이다. 그러나 생물학적 수준에서 보면 참 주제넘은 짓이 아닌가 한다. 자기 일신을 보존하기도 어렵고, 일신 보존을 위해서 그토록 많은 생명을 침범하는 주제에 어떻게 보면 립싱크 아닌가. 그래서 사랑이 더 어려운 것이고, 거꾸로 종교에서 말하는 사랑이 인간이 할 수 있는 가장 숭고한 일일 수 있게 된다.

그렇다면 여기서 질문이 생긴다. 왜 사랑을 해야 하는가? 한 끼를 먹더라도 누군가를 침범하는 게 생명의 기본이라고 한다면, 왜 사랑을 해야 할까 하는 이유가 분명치 않다. 불교는 의외로 그 이유가 명확하지 않다. 기독교는 명확하다. 내 생각에 그 이유는 창조에 있다. 사람은 창조의 섭리 안에 이루어져 있기 때문에 모두 형제적 관계를 유지해야 하고, 그래서 사랑해야 한다는 답이 간단하게 나온다. 그런데 불교에서는 그 이유가 명확하지 않다. 가장 최초의 경전이 『법구경』인데, 여기서는 그 이유를 동감同感이라고 본다. 더불어 아파한다는 것이다. 살생하지 말아야 할 이유가 너도 그 처지에서 똑같이 아파할 것이기 때문이라고 말한다. 이는 결국 연기緣起이다. 이때의 연기는 상호 의존이라고 했다. 서로 의존해 있는 관계이니까 상호 존중해야 한다는 것이다. 그러나 이를 실제 철학적으로 물고 늘어지면 답변이 만만치 않다. 의존하므로 반드시 존중해야 한다는 것이 논리적으로 필연적 관계는 아닌 것 같다. 불교 내부적으로 말하자면 자비가 불교의 실천적 지침에서 중요한 대목이긴 한데, 왜 자비로워야 하는가는 아직도 많은 연구를 요한다고 볼 수 있다.

사실 내가 그것 때문에 당했던 경험이 있다. 3~4년 전에 하버드에서 불교 생태학 세미나에서 이와 유사한 자비 얘기를 하면서 자비慈悲를 상호 존중의 관계로 보고, 자慈는 기쁨의 공유, 비悲는 슬픔의 공유, 즉 동고동락이라고 할 수 있는데 그 이유를 연기에서 찾았고, 상호 의존하므로 상호 존중이라는 얘기를 했다. 한국에서는 그냥 넘어가는데, 거기에서는 쉽게 넘어가지 않았다. 뒷자리에 앉아 있던 하버드 신학대 학장이 질문하며 말하기를 "당신이 '연기이므로 자비이다'라고 했는데, 그건 다시 말해 상호 의존이니까 상호 존중해야 한다는 애기인데, 이것이 논리적, 필연적이지는 않다"고 지적했다. 나도 그 문제의 심각성을 알고 있었다. 그것이 생태학에서도 쉽지 않다. 포괄적으로 생태주의자, 생태중심주의자들, 즉 생태계를 중심에 놓는 사람들이 있다. 왠지 늑대는 조금 죽여도 되고, 사슴은 선한 눈망울 때문에 왠지 죽이면 안 될 것 같다는 생각들을 한다. 그런데 미국의 국립공원에서 관광객들이 사슴을 좋아하고 늑대는 무서워하니까, 늑대를 죽여버려 사슴 숫자가 점차 늘어나게 되었다. 이 대목에서 동물 해방론자들, 예컨대 호주의 피터 싱어 같은 사람은 할 말이 없다. 싱어는 늑대 애기는 안 하고, 소나 닭 같은 가축 애기만 한다. 또 내재적 가치를 애기하는 사람들이 볼 경우에도 이 사례에서 사슴의 내재적 가치와 늑대의 내재적 가치가 충돌하는데, 이에 대해 할 말이 없다. 그들은 선언만 한 것이다.

### (2) 내재적 가치와 불성

특히 종교인들이 이런 딜레마에 빠지기 쉽다. 종교에서는 생태 문제를 이야기할 때 내재적 가치에 상당히 경도되어 있다. 기독교는 기독교식대로 포장하고, 불교는 불교식대로 포장한다. 그때 불교의 포장지가 불성佛性이다. "산천초목도 불성이 있다", "모든 존재에 영성이 있다"는 애기는 다 좋은데, 영성과 영성이 충돌했을 때는 어떻게 할 것인가? 사슴의 생태 영성과 늑대의 생태 영성이 충돌했을 때 어떻게 해야 할 것인가? 이때 지침이 잘 나오지 않는다. 따라서 종교인들이 생태 문제를 애기할 때 선언적으로 가면 안 되고, 생태계의 시스템을 고려해야 한다. 사슴과 늑대의 내재적 가치가 충돌하는 것은 중요하지 않다. 정말 중요한 것은 생태계의 메커니즘이다. 시스템의 건전성, 즉 시스템만 유지되면 된다. 사슴이 선하고 늑대가 악한 것도 아니고, 사슴보다 늑대가 내재적 가치가 더 있는 것도 아니다. 중요한 것은 생태계 시스템의 유지이다. 생태계의 시스템에서 보면, 늑대들이 죽는 바람에 사슴 100마리가 300마리로 늘어나 사슴 자체도 살기가 피곤해졌다는 것이다. 도처에서 밟히는 게 사슴이니 사슴의 복지에도 안 맞고, 적정수의 늑대가 있어서 적정수가 잡아 먹혀야 오히려 사슴에게도 낫다고 볼 수 있다. 제3자 입장에서 어떻게 그럴 수가 있냐고 할 것이 아니라, 시스템 자체를 보면 선도 없고 악도 없는 것이다. 가치의 문제가 아니라 시스템의 문제이다.

그런데 이러한 설명은 상당히 건조하다. 그래서 접점을 찾기가 어렵다. 영성은 영적인 면에 호소하는 측면이 있는 것은 분명하다. 그러나 이것이 시스템이나 메커니즘으로 들어가면 깨지는 면이 있다. 그렇다고 너무 시스템 얘기만 하면 건조하고 영성이 들어갈 여지가 없다. 더욱이 시스템 위주로 가면 전체론자가 된다. 이게 생태계에서는 봐줄 수 있지만, 정치적으로는 전체주의가 된다. 히틀러 식도 가능해진다. 종을 개량하자는 쪽으로 갈 수도 있고, 전체를 위해서 부분을 희생하자는 주장을 할 수도 있다. 그러나 전체의 선을 누가 알 수 있을까? 이것도 상당한 폭력이 될 수 있다. 그래서 생태 문제를 둘러싼 모든 윤리적인 담론이 순환논법 식의 얘기에 국한될 가능성이 있다.

### (3) 당위와 의사소통

우리는 운동도 하고 선언을 할 수 있지만, 철학적으로 물고 늘어지면 답변이 만만치 않다. 운동 이야기는 당위의 문제이고 윤리의 문제이다. 윤리의 정당성을 묻는 순간 윤리철학이 되어 버리면 답변이 만만치 않은 것이다. 종교인들은 언제나 도망칠 수 있는 마지막 후원자, 하느님, 부처님이 있다. 그러나 이런 분들은 대중 모두에 대해서는 호소력이 떨어질 수도 있다. 그래서 종교인들이 생태 문제에 개입하는 순간, 어느 대목에서 상당히 호소력이 있기도 하지만, 또 어떤 대목에서는 자기들만의 담론이 되기 쉽다. 즉 신념을 공유하는 사람끼리는 그럴 듯하지만, 그 신념을 공유하지 않는 공동체와 공동체가 충돌하면 다른 얘기가 된다. 하버마스 식으로 얘기하면, 도대체 신념을 공유하지 않는 집단들 사이에 의사소통이 될 수 있는가? 어떻게 보면 그게 문제가 아닌가 싶다. 생태에 대해서 관심 있는 사람들이 무식한 개발주의자들을 비난하지만, 어떻게 보면 서로 너무 다른 얘기를 하고 있는 것이다. 우리는 우리 얘기만 한다는 것이다. 가톨릭은 가톨릭끼리 생태 영성에 대해 이야기하고, 불교는 불교끼리, 혹은 둘이 연합할 수도 있다. 둘은 적어도 종교적 생태 영성에 대해서는 공유할 수 있기 때문이다. 이렇게 보면 기본적 세계관을 공유한 집단 내부에서는 대화를 할 수 있는데, 정작 문제가 되는 것은 우리와 세계관이 완전히 다른 사람들이다. 개발이 최고라고 계속 파헤치는 사람들과는 애당초 대화가 안 된다. 이렇게 해서는 세상이 달라지지 않고, 자기들끼리만 얘기하는 것이 된다.

정말 필요한 것은 의사소통이고, 이는 기술의 문제이다. 다른 생각을 하는 사람끼리 모여서 대화의 접점을 찾을 수 있는 소통의 능력, 이것은 테크닉일 수도 있다. 더 들어가면 왜 사람은 다른 생각을 하는가, 왜 내 생각이 옳다고 우기는가 하는 심리학적 차원, 소통 차원의 문제가 디테일하게 해결되지 않으면 모두 자기만의 얘기를 하는 것이다. 우리는 세상의 큰 차원에 기여한다고 뿌듯해하지만, 서로 문법이 다르고 사고방식이 다른 사람들끼리는, 우리가 지켜야 할 지구가 아닌 다른 세계에 대한 얘기를 하는 것 같은 느낌이 들 수도 있다. 자비에 대한 대목도 마찬가지이다. 불교인끼리는 자비에 모두 동의할 것이고, 기독교인도 기독교식으로 동의할 텐데, 철학적으로 계속 탐문하면 당위의 근거가 시비가 될 수 있다.

### 4) 생태학적 도성제

도성제道聖諦는 팔정도를 가리키는데, 8정도에는 여덟 가지 덕목이 있다. 정견正見은 바른 견해, 바른 세계관이 될 수도 있다. 정사正思에서 사思는 생각이라고 했는데, 이때의 생각은 의도이다. 앞에서 업을 설명할 때 사思라고 했는데, 이럴 경우 정사는 바른 생각이라기보다는 바른 의도가 적합하다. 의도가 좋아야 한다. 그런데 불교에서는 의도가 당장 좋게 되지는 않는다고 한다. 성향 차원에서 역사적으로 계속 쌓여 왔기 때문이다. 정언正言은 바른 말이고, 정업正業에서 업은 행위, 즉 좋은 행위를 하는 것이다. 정명正命에서 명命은 직업생활이라고 볼 수 있는데, 좋은 직업생활, 생태학적으로 보면 생태 질서를 깨지 않는 직업이다. 정정진正精進은 바르게 계속 노력해야 한다는 것이다. 그런데 오늘날 많이 부각되고 있는 것은 정념正念이다. 불교에서는 요새 간화선이 좋은가 위빠사나가 좋은가 하는 논쟁이 있는데, 정념은 이런 문제와 연결된다. 남방 상좌부불교에서는 전통적으로 위빠사나를 명상법의 대표로 본다. 사마타는 뜻을 따면 지止라고 하고, 위빠사나는 관觀이라 하여 지관止觀이 된다. 이는 불교명상 수행법으로 초기부터 현재까지 이어지는 것이다. 즉 불교명상법은 크게 지와 관으로 보면 된다.

위빠사나의 주 내용이 정념正念이라고 하는 싸티이다. 싸티는 번역하기가 참 어렵다. 영어로는 mindfulness라고 한다. 요즘은 마음챙김, 알아차림이라고 한다. 사마타는 지止, 중지하는 것이다. 마음이 산란한데 이것을 어디에 집중함으로서 산란함을 가라앉히는 중지 상태인 것이다. 여기서 멈추면 판단 중지나 정지 상태밖에는 안 된다. 그런데 정지하는 이유는 실상을 관하기 위해서이다. 이것은 insight에 가까운 것으로서 내면을 정확히 보는 것이다. 이때 나오는 것이 싸티인데, 마음에서 일어나고 가라앉는 것을 가치의 개입 없이 그냥 보라는 것이다. 예를 들어 저녁 시간이 되어서 배가 고프다고 했을 때, 지금 좋은 강의를 듣고 있는데 그러면 안 된다고 잘라내지 말라는 것이다. 내가 지금 배가 고프다는 생각, 먹고 싶다는 생각이 드는 것을 그냥 보는 것이고, 갑자기 생각이 다른 것으로 이동할 수도 있다. 그리고 먹으면서 맛있다, 맛없다고 하는 일련의 마음 작용이 일어난다. 불교에서는 마음이 생하고 멸하는 것을 그대로 바라보라고 한다. 그렇게 하다 보면, 마음이란 연기하는 것이고 실체가 없다는 점을 관할 수 있다는 것이다. 그러면 최종적으로 어떠한 정서 상태도 그 사람에게 집착을 야기하지는 않게 될 것이다.

그러나 선禪은 이와는 좀 다르다. 선은 양 요소가 다 있다. 초기불교의 싸티에서는 마음이 생하고 멸하는 대로 따라가서 있는 그대로 보라고 하지만, 선에서는 화두를 잡는다. 화두라는 문젯거리, 의심거리를 하나 다잡고, 그것으로 마음의 본체를 꿰뚫어보라고 한다. 방법이 이처럼 좀 다르다. 여기 팔정도에서 나온 정념正念은 명상을 통해 마음을 비롯한 세상의 실상을 정확히 통찰하라는 의미이다.

이상에서 논한 것들이 초기불교의 기본적인 내용인데, 지금까지 살펴보았듯이 생태학적으로 다양하게 변주될 수 있다. 그간 필자는 불교생태철학을 연구해 왔는데, 지금 생각해 보면 핵심에는 많은 허점들이 있는 것 같다. 연기와 자비 사이의 관계에도 허점이 많고, 그게 방어된다 하더라도 이 세상이 진정으로 달라질 것인가 하는 회의가 들기도 한다. 세상이 달라지지 않는 이유를 엉뚱한 데에 가서 찾고 있는 것은 아닌가 하는 의심도 든다. 결국 소통의 문제, 마음의 문제가 아닐까 하는 생각을 하게 된다. 이 점에서 불교의 마음 수행이 도움이 되기를 기대해본다.

# 선과 생태 영성

서종범(통도사 선덕)

## 1. 시작하는 말

선은 마음이고, 생태는 몸입니다. 마음 없는 몸이 없고, 몸 없는 마음이 없습니다. 그러므로 선과 생태는 바로 인간입니다. 몸에도 건강한 몸과 건강하지 못한 몸이 있듯이 마음에도 건강한 마음과 건강하지 못한 마음이 있습니다. 몸의 건강을 마음으로 도울 수도 있고, 마음의 건강을 몸으로 도울 수도 있습니다. 마음에는 욕망에 이끌려가는 의식심意識心, 욕망을 이탈하는 선정심禪定心, 의식심을 지각智覺으로 전환한 반야심般若心 등이 있습니다. 선정심과 반야심을 통칭해서 '선禪'이라 합니다.

생태란 무엇일까요? 학술적으로 많은 이론을 제시할 수 있겠지만 현실적으로 보면 우리 몸이라고 할 수 있습니다. 각자의 몸 안에는 몸을 유지하는 많은 정보들이 흡입되고 축적되어 있습니다. 지금 이 시대의 모든 것들을 떠나서 이 몸이 존재하는 것은 아닙니다. 몸속은 몸 밖에 존재하는 모든 것으로 이루어졌습니다. 그러므로 인간의 몸 하나를 이해하면 우주의 질서와 법칙을 이해할 수 있다 하겠습니다.

## 2. 식심識心과 선심禪心

### 1) 의식심

욕망에 이끌리는 식심에는 눈(眼)·귀(耳)·코(鼻)·혀(舌)·몸(身)의 5감을 통해서 바깥으로 색色·성聲·향香·미味·촉觸의 사물을 감수하는 감수심感受心과 5감이 감수한 사물을 알아서 분별하는 요별심了別心이 있습니다. 5감의 마음을 전5식前五識이라 하고, 요별심을 제6의식第六意識이라 합니다. 제6의식의 영역을 법法이라 하는데, 법은 과거, 현재, 미래의 색·성·향·미·촉에 모두 통합니다. 가장 중요한 것이 제6의식입니다. 제6의식은 "동신발어독위최動身發語獨爲最"라 합니다. 몸을 움직인다든지 말을 하는 데 홀로 중심이 된다는 말로 설명합니다. 눈이 보아도 제6의식이 발동하지 않으면 보는 줄 모릅니다. 귀가 들어도 제6의식이 발동하지 않으면 듣는 줄 모릅니다. 제6의식이 활동하는지의 여부에 달려 있는 것입니다. 그만큼 제6의식이 중요합니다. 이러한 전5식과 제6의식은 기본적으로 자아를 보호하기 위해서 욕망을 좇아가는 속성이 있습니다. 그런데 욕망은 생기고 사라짐이 되풀이되기 때문에 전5식과 제6식의 마음도 생기고 사라짐이 되풀이될 수밖에 없습니다. 그래서 전5식과 제6의식을 합한 6식심을 생사심生死心이라 합니다.

이처럼 우리 마음에는 생겼다 사라지는 생사심이 있습니다. 욕망의 대상이 나타나면 6식심이 생기고, 욕망의 대상이 사라지면 6식심도 사라집니다. 이렇게 계속 되풀이되는 마음이 6식심인데, 그 마음을 좇아가는 것을 생사, 속박, 윤회라고 합니다. 윤회는 되풀이된다는 뜻입니다. 되풀이는 취하고 버리고 또 취하고 또 버리는 행위를 말합니다. 그래서 "종종취사 개시윤회(種種取捨 皆是輪廻, 가지가지 취하고 버림이 다 윤회이다)"라고 했습니다. 그것은 오직 6식심에 끌려가기 때문입니다.

### 2) 선정심

선정은 4선禪, 4정定에다 멸진정滅盡定까지를 합해서 모두 9차제선정九次第禪定을 말합니다. 4선 4정은 『화엄경』 권35, 「십지품」 제3의 발광지發光地(대정장 10, p.188상) 경문을 옮겨보고, 멸진정은 『구사론』 권5, 「분별근품」(대정장 29, p.24중)의 설명을 기록해 보겠습니다.

선에 있어서 9가지 단계를 이야기하는데 제일 처음 단계를 초선初禪이라 합니다. 생명이 존재하는 욕계欲界·색계色界·무색계無色界에서 첫 번째 단계가 욕망의 세계이고, 두 번째 단계가 보는 것으로 만족한 색계의 세계이며, 세 번째가 생각으로만 존재하는 무색계의 세계입니다. 선정은 욕계에서는 들어갈 수가 없고, 색계·무색계에만 있습니다. 그래서 색계 4선, 무색계 4정이라 합니다. 욕망의 세계에서는 선정이 불가능합니다. 욕망은 자꾸 생겼다 사라지는 것이 반복되기 때문에 선정이 되지 않습니다. 그러므로 일단 욕망에서 이탈해야 선정으로 들어가는 일이 가능합니다.

인도 사람들은 즐거움이 무엇이 있겠는가 생각하다가, 첫 번째로 욕망으로 받는 쾌락을 인식했습니다. 욕망이 충족되면 쾌락의 즐거움이 생깁니다. 그런데 쾌락에는 순간성, 허망성이 있기 때문에 오래 지속할 수가 없습니다. 그래서 찾아낸 것이 선정락禪定樂입니다. 그리고 선정에서 이루는 것이 해탈락解脫樂입니다. 선정이 바로 해탈은 아니고, 선정을 통해서 해탈을 얻게 됩니다. 그렇다면 색계 4선과 무색계 4정을 포함한 9차제선정이란 어떤 것일까요?

① 이생희락선
첫 번째 초선은 욕망을 여의므로 생긴다.

　이 발광지에 머물 때에, 욕망과 죄악과 불선법을 여의고, 감각도 있고 관찰이 있으면 여의므로 희락심을 내어 초선에 머문다.[1]

　욕망을 여의었는데 감각은 그대로 있는 기쁨이 이생희락이며, 여의어서 생기는 기쁨의 선정에 드는 것을 이생희락선離生喜樂禪이라 합니다.

② 정생희락선
두 번째는 정定에 들어서 기쁨을 얻는 선입니다. 안정되고 고요한 상태로 기쁨을 얻는 상태입니다. 관찰하는 행위, 느끼는 행위(覺觀)를 다 없애는 것을 정이라고 합니다. 각관覺觀이 계속되면 선에 깊이 들어갈 수가 없습니다. 욕망을 여의었다고 할지라도 관찰이 계속되면

---

[1] 住此發光地時 卽離欲惡不善法 有覺有觀 離生喜樂 住初禪

깊은 선에 못 들어갑니다. 그래서 두 번째부터는 느낌과 관찰을 없애야 하는데 이것을 정생희락定生喜樂이라 합니다.

> 감각과 관찰을 제멸하고 안으로 마음을 청정히 해서, 감각도 없고 관찰도 없으면 정으로 희락심을 내어 제2선에 머문다.[2]

감각도 없고 관찰도 없는 고요한 그 상태로 희락을 느끼는 상태입니다. 그런데 희락이 있는 것이 문제가 됩니다. 희락이 따라다니는 것은 낮은 선입니다. 희락에서 점점 평정을 얻을 때 높은 선이 됩니다.

③ 이희묘락선

세 번째는 희락을 여의는 선입니다. 기쁘고 즐거움을 버리니까 상당히 높은 상태로 올라가는 것입니다. 그런데 희락이 완전히 없는 것은 아닙니다. 완전히 없으면 4선으로 올라가고, 희락을 여의기는 여의지만 여읜 상태에서도 즐거움이 있는 것을 '이희묘락선離喜妙樂禪'이라 합니다. 2선, 3선과 같은 즐거움이 있는 것은 아니지만, 즐거움이 없지도 않은 것을 말합니다.

> 희락심을 여의고 불고불락不苦不樂심에 머물러서, 생각과 바른 지각이 있어서 몸이 희락을 받으면 모든 성인이 말한 것처럼 불고불락의 마음에서 생각과 희락을 받음이 있는 상태로 제3선에 머문다.[3]

---

2 滅覺觀 內淨一心 無覺無觀 定生喜樂 住第二禪
3 離喜住捨 有念正知 身受樂 諸聖所說 能捨有念受樂 住第三禪

불고불락의 마음인데 생각도 있고 즐거움을 받음이 있다는 표현이 중요합니다. 그래서 묘한 생각이고 묘한 즐거움이라 합니다. 여기서 사捨라는 한자가 불고불락이라는 뜻입니다. 체험해보지 않으면 이것이 뭔지 모릅니다. 우리는 욕계에 있으면서 색계 이야기를 하고 있습니다. 왜 선이 되지 않느냐 하면 욕망에 끌려가기 때문입니다. 욕계에 있으면 선에 들어갈 수가 없습니다.

④ 사념청정선

사捨는 앞에서도 말했듯이 불고불락不苦不樂입니다. 고苦는 괴로운 것이며, 낙樂은 즐거운 것입니다. 그리고 사捨는 괴롭지도 않고 즐겁지도 않은 것을 말합니다. 이 불고불락의 사념捨念에는 괴로운 감각과 즐거운 감각이 끼어들지 못합니다. 제4선에서는 불고불락의 선정禪定뿐입니다. 그래서 제4선을 '사념청정선捨念清淨禪'이라 합니다.

> 희락을 끊고, 먼저 괴로움을 제거하면 희락과 근심이 없어진다. 괴롭지도 않고 기쁘지도 않으면 불고불락심이 청정해져서 제4선에 머문다.[4]

이것이 『화엄경』에서 교설한 4선의 내용입니다. 석가모니께서 깨달음을 경험할 때 처음에 이 4선에서 깨달았습니다. 그리고 마지막에 세상의 인연을 접고 열반에 들 때도 이 4선에서 열반하였습니다. 그래서 4선은 선정의 기본이 됩니다. 이것은 불고불락입니다. 괴롭지도 않고 즐겁지도 않은 상태입니다. 괴로움과 즐거움은 침몰하지 않으면 들뜬

---

4 斷樂 先除苦 喜憂滅 不苦不樂 捨念清淨 住第四禪

것입니다. 즐거움은 들뜬 것이고 괴로움은 가라앉는 것입니다. 괴로움은 땅, 흙처럼 가라앉는 것, 슬픔은 물처럼 흘러가는 것, 즐거움은 불처럼 올라가는 것입니다. 그래서 즐겁다고 하면 평정심을 유지하지 못합니다. 괴롭다고 하면 감정이 가라앉아 평정심을 유지하지 못합니다. 선은 평정입니다. 평평하고 안정된 상태입니다. 4선에서 그것을 유지할 수 있습니다.

⑤ 공무변처정

공무변처정空無邊處定은 다음과 같습니다.

> 일체의 색상에 대한 생각을 초과해서 상대가 있다는 생각을 제멸하고, 가지가지 생각에 마음을 일으키지 않으면 무변허공에 들어가서 무변허공처에 머문다.[5]

이처럼 선정 상태가 끝없는 허공에 머무르는 것을 말합니다. 생각하고 즐거워하고 사색하고 하는 것이 아니라 끝없는 허공에 머무는 상태의 선정입니다.

⑥ 식무변처정

식무변처정識無邊處定은 다음과 같습니다.

> 일체 허공의 무변처를 초과하면 무변의 식심에 들어가서 식무변처에

---

5 超一切色想 滅有對想 不念種種想 入無邊虛空 住虛空無邊處

머문다.⁶

일체 허공의 무변처를 초과한다는 것은 올라간다는 것, 초월해서 지나간다는 것입니다. 한 단계 올라간다는 것은 한 단계를 버리는 것입니다. 정신세계라는 것은 그런 것입니다. 버려야 올라갈 수가 있습니다. 버리지 않으면 올라갈 수가 없습니다. 진리를 추구하는 것은 계속 버리는 일입니다. 계속 고집하고 있으면 영원히 그것뿐입니다. 도를 닦아가는 과정은 하나를 버리고, 두 번째 버리고, 세 번째 버리고…… 이런 과정으로 버릴수록 더 높은 세계로 갑니다. 석가모니도 해탈에 이르기까지 수없이 많은 것을 버렸습니다. 모든 것을 버리면 모든 것을 얻습니다. 하나도 버리지 못하면 하나도 얻지 못합니다.

⑦ 무소유처정
무소유처정無所有處定은 다음과 같습니다.

일체식의 무변처를 초과하여, 조금도 있는 바가 없는 데 들어가면 무소유처에 머문다.⁷

식도, 허공도, 무엇도 아무것도 없는 데에 들어가는 것이 무소유처입니다. 아무것도 없는 세계가 있습니다. 그런데 이것이 문제입니다. 아무것도 없다고 해도 없는 그것이 있습니다. 그래서 해탈이 되지

---

6 超一切虛空無邊處 入無邊識 住識無邊處
7 超一切識無邊處 入無少所有 住無所有處

않습니다. 없는 것에 머물러 있으면 해탈이 아닙니다.

⑧ 비상비비상처정
비상비비상처정非想非非想處定은 다음과 같습니다.

> 일체 무소유처를 초과해서, 생각이 있지도 않고 생각이 없지도 않은 곳에 머문다.[8]

생각도 아니고 생각 아닌 것도 아닌 상태에 머무는 것입니다. 여기까지가 『화엄경』에서 말하는 4선 4정입니다.

⑨ 무상정 또는 멸진정
멸진정滅盡定은 멸진이라고도 하고 무상無想이라고도 하는데 생각이 없다는 것입니다. 생각은 감수 작용, 상상 작용, 인식 작용을 말합니다. 수상受想이라 하기도 합니다. 인도 사람들은 이것을 어떻게 이해했는가 하면, 인간은 열명식熱命識으로 구성되어 있다고 생각했습니다. 열熱은 체온, 명命은 호흡, 식識은 감수와 인식입니다. 멸진정에 들어가면 체온과 호흡만 남아 있고 생각과 인식이 다 중지되어 버립니다. 체온도 있고 호흡도 있지만 생각과 인식이 중지되어 버렸기 때문에 그 호흡이 얼마나 가늘고 긴지 그냥 손대봐서는 죽었는지 살았는지 모릅니다. 그런데 따뜻한 기운이 있어서 살았다고 보지만 체온도 왕성한 것이 아닙니다. 이렇게 호흡이 가늘고 길기 때문에 많은 소비를 하지 않아도

---

8 超一切無所有處 住非有想非無想處

됩니다. 그래서 한번 멸진정에 들면 굉장히 오래갑니다. 불상 중에는 새가 머리 위에 앉아 있는 형상이 있습니다. 선정이 오래되면 머리가 길어서 새가 머리 위에 집을 짓고 알을 낳고 새끼를 깐다는 상징입니다. 그만큼 멸진정이 오래 지속된다는 의미입니다.

> 무상이란 무엇인가? 생각이 없고, 생각이 없는 중에 마음과 마음을 따르는 마음 작용들이 중지되어 없어지는 것이다. 사실로는 살아있으나 미래의 마음과 마음 작용들을 막아서 잠시 일어나지 못하게 하는 것이다. 강물을 막는 것과 같다.[9]

마음에도 앞에서 끌고 가는 마음(心王)이 있고, 뒤따라가는 마음(心所)이 있는데, 멸진정에서는 이런 마음들이 모두 움직이지 않고 중지된 상태입니다. 마치 강물을 막아서 잠시 흐르지 못하게 하는 것과 같습니다. 그런데 이런 선정을 대승불교에서는 매우 경계했습니다. 이것은 사람이 구덩이에 빠진 것과 같다고 합니다. 왜냐하면 멸진정에 들어 있을 때는 아무것도 모르지만 깨어나면 평상시와 마찬가지가 되기 때문입니다. 석가모니도 9차제선정을 모두 체험했지만 거기에 머물지 않고 버렸습니다. 불교는 이러한 수정주의修定主義가 아니라 해탈입니다. 해탈로 가는 과정에 선정이 필요할 뿐입니다.

### 3) 반야심

반야심般若心은 깨달은 지혜의 마음(智覺心)이며, 어디에도 집착함이

---

[9] 無想者何 無想無想中 心心所法滅 是實有物 能遮未來 心心所法 令暫不起 如堰江河

없는 마음(無住心)입니다. 깨달아야 합니다. 무엇을 깨달아야 할까요? 색色이 공空하다는 것을 깨달아야 합니다. 공하다는 것은 생기지 않은 것과 같습니다. 왜냐하면 모든 사물은 자체 성질이 없어서 '이것은 이것이 아닌 것으로 이루어졌고, 저것은 저것이 아닌 것으로 이루어졌습니다.' 그러므로 생긴 것은 생기지 않은 것과 같습니다. 이것이 공한 원리입니다.

나는 나 아닌 모든 것으로 이루어졌기 때문에 나는 공합니다. 나뿐만이 아니라 모든 사물의 전체가 그렇습니다. 이렇게 나와 모든 것(諸法)이 공함을 지각智覺하고 관조觀照하는 것이 반야심입니다. 반야심으로 관조하면 모든 형상形相은 형상이 아닙니다. 색이 곧 공인 것입니다(色卽是空). 『금강경』에서는 "모든 형상이 형상(진실상)이 아닌 것을 보면 곧 여래를 본 것이다(若見 諸相非相 卽見如來)"라고 했습니다. 반야심으로 형상이 형상이 아니고, 색이 곧 공임을 보면 어디에도 집착하여 머물지 않습니다(應無所住). 이것이 공함을 보는 반야심이고, 머물지 않는 반야심입니다.

## 3. 반야청정 찰토청정

'반야청정般若淸淨 찰토청정刹土淸淨'에서 찰刹이라는 말은 국토라는 말과 같은 의미입니다. 반야인 지혜가 청정하면 세계가 청정하다는 뜻인데, 여기서 세계라는 것은 마음이 나타난 것입니다. 유심소현唯心所現입니다. 오직 마음이 나타난 것입니다. 『유마경』에 다음과 같은 경문이 있습니다.

보살이 정토를 얻고자 하면, 마땅히 마음을 청정히 해야 합니다. 마음이 청정함을 따라서 불토가 청정해집니다. 중생의 죄과로 여래국토가 장엄하고 청정함을 보지 못합니다. …… 사람이 마음이 청정하면 바로 이 찰토의 공덕장엄을 보게 됩니다.[10]

'과연 좋은 곳이 어디냐'라는 질문에 자기 마음이 깨끗해졌을 때 좋은 곳이라는 얘기입니다. 그러므로 청정한 세계를 얻고자 하면 그 방법으로 흙을 개조하거나, 나무를 개조하거나, 바다를 메워서 육지를 만들거나, 육지를 파서 바다를 만드는 것이 아닙니다. 마음이 정화되었을 때 세계가 정화됩니다(心淸淨 國土淸淨). 이것이 반야가 곧 정토인 반야정토般若淨土입니다.

## 4. 반야정토의 수용

반야정토는 지혜에 의해서 체득하는 정토입니다. 깨달음을 얻은 선지식들은 반야정토를 어떻게 수용했을까요? 이에 대하여 몇 분의 말씀을 기록해 보겠습니다. 신라시대의 의상 스님(義相, 625~702)은 제자들에게 다음과 같은 가르침을 주었습니다.

> 제연근본아諸緣根本我　　제연은 근본아이고
> 일체법원심一切法源心　　일체는 법원심이다.

---

10 若菩薩 欲得淨土 當淨其心 隨其心淨 則佛土淨 衆生罪過 不見如來國土嚴淨 若人心淨 便見此土功德莊嚴(『유마경』 권상, 「불국품」 제1, 대정장 14, p.538하)

어언대요종語言大要宗　어언은 큰 소통의 길이며
진실선지식眞實善知識　진실은 선지식이다.[11]

근본적인 자아는 모든 인연으로 구성되어 있습니다. 모든 인연이라는 것은 모든 사물입니다. 제연이 근본이라는 것은 충격적인 가르침입니다. 근본아는 다른 사물과는 상관없이 독립적인 것이라 생각해서 자기 몸에서만 찾는 경향이 있는데, 그것이 아니라 '근본의 자아는 모든 사물로 이루어진 것이다'라는 말입니다. 물이 나이고 태양이 나이고 불이 나이고 나무가 나입니다. 그래서 태양이 가면 우리 몸도 가고, 공기가 가면 우리 몸도 갑니다. 이것이 환경의 생태입니다. 몸이라는 것이 별게 아니고 토양이 우리 몸이고 수질이 우리 몸이라는 가르침입니다. 아주 무서운 가르침입니다. 저 강산이 바로 나고 저 공기가 바로 나입니다.

법원심은 존재 근원의 마음인데 모든 것이 존재 근원의 마음입니다. 일체가 법원심이라는 것은 모든 것을 떠나서는 존재 근원의 마음이 없다는 것입니다. 또한 말은 서로서로를 이어주는 중요한 길입니다. 요종要宗이란 중요한 길이라는 뜻입니다. 선지식은 깊은 가르침을 주는 분을 말하는데, 선지식에는 다른 것이 없고 진실이 선지식이라는 가르침입니다. 물이 진실하니까 선지식이고, 바람이 진실하니까 선지식이고, 스승이 진실하니까 선지식입니다. 진실하지 않은 것은 선지식일 수가 없습니다.

---

11 『법계도기총수록』 권상, 한국불교전서 제6책, p.775중.

심수만경전心隨萬境轉　마음이 만경을 따라 변화하나
전처실능유轉處實能幽　변화하는 데마다 진실로 그윽하다.
수류인득성隨流認得性　흐름을 따라 본성을 알면
무희역무우無喜亦無憂　기쁨도 없고 또한 근심도 없다.[12]

마음이란 어떤 것일까요? 마음도 특별한 자기 영역을 고수하는 것이 아닙니다. 물이 환경에 따라 여러 모양을 내듯이 마음도 그렇습니다. 같은 마음인데 불교를 믿는 사람은 불교를 믿는 식으로 마음이 이루어지고, 가톨릭이나 개신교를 믿는 사람은 그런 식으로 이루어집니다. 마음이 만경萬境을 따라 변화합니다. 하지만 마음은 변화하는 데마다 진실로 심오합니다. 마음은 거울과 같아서 한 가지 모습을 고집하는 것이 아니고 비추는 데마다 비춰집니다. 그래서 나무를 비출 때는 틀림없는 나무이고, 돌을 비출 때는 틀림없는 돌입니다. 그래서 어른이 됐을 때의 마음은 틀림없는 어른이고, 아이가 됐을 때의 마음은 틀림없는 아이입니다. 흐름을 따라 본성을 안다는 것은 마음의 흐름을 근원적으로 이해하는 것입니다. 그러면 어떻게 될까요? 기쁨과 근심에서 평정심을 갖게 됩니다. 기쁨과 근심은 지각을 놓쳐버린 미혹의 산물입니다. 미혹하면 괴롭습니다. 가형상假形相에 매달리기 때문입니다. 불생불멸不生不滅의 진실상眞實相을 자각智覺하는 것이 반야심입니다.

죽영소계진부동竹影掃階塵不動　대 그림자 뜰을 쓸어도 먼지 일지 않고
월천담저수무흔月穿潭底水無痕　달이 연못 뚫어도 물은 상처가 없다.[13]

---

**12** 『경덕전등록』 권2, 마나라존자摩拏羅尊者 게송偈頌, 대정장 51, p.214상.

대 그림자가 바람결에 왔다 갔다 하면 뜰을 쓰는 것처럼 보이지만 먼지는 일어나지 않습니다. 또한 달이 연못 속을 비추면 연못 속에는 달이 있습니다. 그런데도 물에는 달이 뚫고 지나간 흔적이 없습니다. 이렇게 반야의 청정심을 읊었습니다.

거년초종정전국去年初種庭前菊 지난해에는 뜰 앞에 국화 심고
금년우재함외송今年又栽檻外松 올해에는 또 누각 밖에 소나무 심었다.
산승불시애화초山僧不是愛花草 산승이 화초를 좋아해서가 아니라
요사인지색시공要使人知色是空 사람들에게 색이 공함을 알리기 위해서다.[14]

색이 공함을 알리기 위해서 국화도 심고 화초도 심었습니다. 환경을 통해서 깨달음으로 인도하는 것입니다. 환경운동도 중요합니다. 그러나 환경운동은 궁극적으로 마음의 절대적 평화를 지향하는 운동이 되어야 할 것입니다.

## 5. 마치는 말

생태는 인간의 몸이며 우주입니다. 우주를 법계法界라 칭합니다. 법계는 10법계·4법계 등으로 설명하지만, 원융圓融법계·장엄莊嚴법계·무진無盡법계입니다. 법계란 무엇일까요? 법계는 '일심一心'입니다. 일심

---

13 『금강경오가해』 권하 27장 상, 야보송冶父頌.
14 서산 대사의 『청허집』 권1.

을 떠나서 법계가 없고, 법계를 떠나서 일심이 없습니다.

중생이 허망한 생각을 일으키지 않으면 일심이 청정하고, 일심이 청정하면 법계가 청정합니다. 허망한 생각을 일으키지 않으려면 밖에서 구하지 않고 내가 나를 바로 보는 데서 가능합니다. "나! 나! 이것이 무엇인가?" '나라고 하는 이것이 무엇인가?'라는 말을 줄여서 표현한 것이 '이 뭣고'입니다. 이 뭣고는 한자어로 '시심마是甚麼'라 합니다.

보는 이것이 무엇인가? 듣는 이것이 무엇인가? 말하는 이것이 무엇인가? 움직이는 이것이 무엇인가? 이렇게 수련합니다. 이것이 청정심을 밝히는 선수행禪修行입니다. 청정심을 밝히는 선수행은 밖으로 흐트러지는 마음을 되가져와서 안으로 되돌아보는 수련입니다. '불취외상(不取外相: 밖에 것을 취하지 않고)·섭심내조(攝心內照: 마음을 거두어 안으로 본다)'입니다. 이런 수련으로 일심청정을 이루면 나는 원융성·장엄성의 청정법계입니다. 원융성·장엄성의 청정법계가 몸과 마음과 생활로 구현되는 것이 반야심의 생태적 세계입니다.

# 도겐의 생태 영성

최현민(씨튼연구원 원장)

현대사회가 지닌 속도감을 여실히 느낄 수 있는 곳이 바로 아침 출근길의 지하철이 아닌가 싶습니다. 사람들의 물결에 밀려 타고 내리거나 지하철 환승을 위해 뛰어가는 사람들의 모습은, 그 질주하는 속도감 속으로 들어가지 않으면 세상의 낙오자라도 될까봐 노심초사하며 살아가는 현대인의 삶의 단면을 잘 드러내 줍니다.

현대사회가 통째로 질주하고 있습니다. 물밀듯이 밀려가는 세파 속으로 우리는 자신도 모르게 허둥대며 빠른 걸음을 옮깁니다. 그러나 지금 잠시 멈춰 생각해 봅시다. 질주하는 삶 속에서 우리는 무엇을 얻었던가요? 자본주의 사회는 산업화를 통한 발전이야말로 우리에게 편리와 행복을 보장해준다는 장밋빛 선전을 해왔습니다. 그러나 우리는 살아가면서 그것이 허구라는 사실을 직면하게 됩니다. 산업발전이 안겨주는 생활의 편리함과 풍요로움은 1%의 가진 자에게 해당되는 것이지 99%의 시민들에게 고루 주어지는 것은 아님을 깨달아가기 때문입니다.

자본주의가 지향해 온 성장지상주의의 한계가 이곳저곳에서 여실히 드러나고 있습니다. 지금 우리 사회는 점점 양극화 현상이 극대화되어 가고 있으며 인간 사회만이 아니라 생태계에도 엄청난 파괴가 자행되고 있습니다. 그래서 사람들은 이제 자본주의적 가치관을 넘어설 수 있는 혜안을 찾고자 합니다. 필자는 이러한 현대사회의 제반 문제들과 관련하여 우리 자신이 맺고 있는 인간과 인간, 인간과 자연 간의 관계에 대해 다시금 성찰할 필요성을 느낍니다. 연기사상과 무상관에 기반을 두고 존재를 이해하는 불교적 사유는 자기중심적 개인주의가 판을 치고 있는 이 현대사회에 하나의 혜안이 될 수 있을까요? 본고에서는 이와 관련하여 도겐의 생태 영성을 살펴봄으로써 현재 우리가 당면한 문제의 해법을 찾아보기로 하겠습니다.

## 1. 도겐의 문제의식

도겐 기겐(道元希玄, 1200~1253)은 일본 중세 가마쿠라(鎌倉) 시대 (1185~1333)를 살았던 사람입니다. 혼란한 시기였던 중세 초기인 헤이안(平安) 시대에 일본불교는 쇠퇴했고 새로운 가마쿠라 시대를 맞이하면서 독창적인 사상이 펼쳐졌습니다.[1] 도겐은 가마쿠라 신불교의 한 종파인 조동종曹洞宗의 창시자로 알려져 있습니다. 그러나 도겐

---

1 가마쿠라 시대는 마치 그리스도교에서 종교개혁이 일어났던 시기처럼 새로운 신앙이 부흥했던 시대라 할 수 있다.

자신은 하나의 종파를 세우려 했다기보다 종파를 넘어 본래 부처의 가르침으로 돌아가고자 하는 열망으로 일생을 살았던 선사입니다.

당대 최상급 귀족 출신으로 태어났지만 어렸을 때 부모님을 다 여읜 도겐은 8살에 고아가 되어 결국 세상의 무상함을 느껴 출가하게 됩니다.[2] 일본 천태종의 본산지인 히에이산(比叡山)에서 수행하던 그는 천태본각사상과 관련하여 자신이 지닌 문제를 풀어줄 스승을 만나지 못했습니다. 마침내 1223년에 송나라로 건너간 도겐은 천동산天童山 주지였던 천동여정(天童如淨, 1163~1228)을 만나 자신이 품었던 대의단을 해결할 수 있었습니다.[3] 그럼 도겐이 지녔던 문제의식은 무엇이었고, 그는 이를 어떻게 풀어갔을까요?

그의 문제의식은 천태본각사상天台本覺思想에 관한 것이었습니다. 본각사상은 대승불교의 개론서라고 할 수 있는 『대승기신론』에서 나온 것입니다. 『대승기신론』에서는 모든 중생은 본래 깨달음을 지니고 있다고 봅니다. 이것이 바로 본각本覺입니다. 대부분의 중생들은 이를 모르는 채 불각不覺 상태에서 살아갑니다. 그러다가 어떤 큰 계기(스승)를 만나 수행하게 되면 자신의 본바탕을 깨닫게 되는데 이것이 시각始覺

---

[2] 어릴 때 도겐이 느낀 무상은 삼라만상의 변화나 소멸에서 느끼는 감상적인 것이었으나, 그 후 그의 무상관은 보리심을 일으키는 정도에 그치지 않고 그의 사상의 핵심을 차지하게 되었다.(졸고, 『불성론 연구』, 운주사, 2010, p.147 참조)

[3] 도겐의 자각은 그의 전 저술에 면면히 흐르고 있다. 대개 선사들은 저술을 남기지 않지만 도겐은 많은 저서를 남겼다. 제일 유명한 것은 『정법안장』 95권이다. 그는 『정법안장』 100권을 완성하고자 했으나 병고로 인해 이를 다 못 채우고 말았다. 그 외에도 도겐은 『영평광록』, 『영평청규』, 『학도용심집』, 『보경기』, 『보권좌선의』 등의 저술도 남겼다.

입니다. 곧 시각은 불각에서 본각으로 나아가는 수행과정을 통해 이루어진다고 볼 수 있습니다. 이러한 『대승기신론』의 본각사상이 가마쿠라 시대에 와서 비약적으로 발전한 것이 바로 천태본각사상입니다. 이는 '중생심이 곧 본각진여本覺眞如'라는 의미를 현실에 그대로 적용시킨 것으로, 중생심이 곧 본각이요 진여이고 부처라고 보는 것을 말합니다. 중생의 일거수일투족을 부처의 자태로 보는 이러한 사유를 천태본각사상이라 합니다.[4]

도겐도 출가 당시 히에이산에서 천태본각사상을 접했습니다. 현상계 그대로를 부처의 행동으로 보는 천태본각사상은 '중생이 곧 부처'라는 중생즉불론을 낳습니다. 보통 수행이라 하면 부처가 되기 위해 닦는 행위입니다. 즉 수행을 통해 깨달음으로 나아간다고 보는 것입니다.

그러나 천태본각사상에서는 '중생이 곧 부처'라고 비약시킴으로써 수행의 필요성을 상실케 만들었습니다. 이러한 천태본각사상에 의문을 품은 도겐은 중국에 건너가 여정如淨 밑에서 이 문제를 해결하는 계기를 마련했습니다.[5] 즉 그는 천태본각사상에서 말하듯이 수행이 필요 없는 것이 아니라 수修와 증證은 동전의 양면임을 자각한 것입니다. 다시 말해 수행을 떠나 깨달음이 있을 수 없고 깨달음을 떠난 수행 또한 참된 수행일 수 없음을 깨달은 것입니다. '다만 오로지 성실하게 앉는다'는 의미를 지닌 지관타좌只管打坐라는 도겐의 가르침

---

4 본각에 대한 이러한 해석이 일본 천태종에서 발생하였다고 해서 천태본각사상이라 일컬어져 왔다.
5 도겐은 "좌선이 곧 신심탈락身心脫落이고 신심탈락이 곧 좌선"임을 깨달았다.(졸고, 『불성론연구』, 운주사, 2010, p.53)

은 이러한 수증관을 함축하고 있습니다.[6]

보통 수행은 깨달음을 얻기 위한 수단으로 여겨집니다. 그러나 도겐이 말한 지관타좌는 깨달음을 얻기 위한 수행이 아니라, 좌선 그 자체를 목적으로 삼는 수행을 의미합니다. 다시 말해 깨달음을 얻기 위해 좌선하는 것이 아니라, 앉음 그 자체를 목적으로 삼는 수행입니다. 이는 무엇을 의미할까요? 수행 없이는 깨달음이 있을 수 없으며 수행의 자리가 곧 깨달음의 자리라는 것입니다. 다시 말해 먼 미래의 깨달음을 얻기 위해 '지금 여기'를 수단으로 여기지 말라는 것입니다. 도겐은 깨달음을 얻고자 하는 수행을 오염된 수행(染汚修)으로 봅니다. 그것은 마음이 지금 여기에 있기보다는 미래에 가 있기 때문입니다. 사실 대부분 우리는 자신의 목적을 달성하기 위해 지금 여기를 질주하듯 살아가고 있지 않습니까? 이런 점에서 도겐의 가르침은 우리네 삶에 드리운 그릇된 삶의 태도에 대한 총체적인 교정이 필요함을 말해주고 있습니다.

자본주의 사회는 우리를 경쟁의 논리 속으로 빨려들어가게 만들었고, 이러한 경쟁에 의한 경제발전은 우리가 직면한 생태 위기의 원인이 되고 말았습니다. 더 좋고 큰 것들을 소유하면 할수록 행복해지리라 생각해왔지만 우리 마음은 '소유함'으로 다 채워질 수 없음을 깨닫게

---

[6] 『여정어록如淨語錄』에 의하면 그가 주장한 지관타좌只管打坐의 '지관只管'은 "전일專一, 일도一途(다만, 오로지)"라는 부사이며, '타打'는 동사 '좌坐' 앞에 붙은 접두어로서 실제적인 의미는 없고 강조의 뜻으로 쓰인 것이다. 따라서 지관타좌는 일체의 여행餘行도, 여념餘念도 없이 다만 오로지 좌선함을 의미한다. 이러한 의미의 지관타좌는 무엇보다도 앉음 그 자체를 중시한다. '몸'의 앉음이 없는 좌선은 단지 형이상학의 철리哲理에 불과하기 때문이다.(졸고, 『불성론연구』, 운주사, 2010, p.28)

되었습니다.

　이러한 자본주의의 한계를 느끼게 된 현대인들에게 도겐의 메시지는 어떤 의미를 던져줄까요? 도겐이 말한, '깨달음을 목적 삼아 수행치 말라'는 것은 깨달음이 먼 미래에 있지 않다는 의미를 내포합니다. 깨달음을 목적 삼지 말라 하면 수행할 필요가 없다는 말일까요? 도겐이 말하고자 한 것은, 깨달음은 수행을 거쳐 도달할 그 무엇이 아니라 지금 여기에서 하는 '수행의 자리가 곧 깨침의 자리'라는 것입니다. 미래에 마음 두고 살지 말고 지금 여기를 충실히 살 때 바로 이 자리가 곧 깨달음의 자리라는 것입니다. 이와 같이 깨달음은 지금 여기를 떠나 저 멀리 있는 것이 아니라 '지금 여기(now and here)'에 있다는 그의 가르침은 늘 미래에 행복이 있는 양 허둥대며 살아가는 우리에게 '지금 여기'의 중요함을 일깨워 줍니다. 아직 오지 않은 먼 미래를 위해 현재를 소홀히 여길 것이 아니라 지금 여기에 마음을 두고 살아가라는 것입니다. 지금 어떻게 사느냐가 우리의 미래를 결정해주기에 지금 여기를 충실히 사는 것이 삶의 핵심이라는 것입니다. 현대를 살아가는 우리에게 던져준 도겐의 가르침은 흥미롭게도 도겐 당대의 불성론에 대한 그의 비판과도 깊은 연관성을 지니고 있습니다.

## 2. 종래의 불성론에 대한 도겐의 비판

수행해서 깨달음을 얻는다고 생각하는 것은 우리가 '불성'을 지니고 있음에 근거하고 있습니다. 보통 우리는 불성이 우리 안에 '내재'해 있다고 생각하거나 절대적이고 영원한 실재로 보는 경향이 있는데,

그것이 바로 '불성내재론'과 '심상상멸론心常相滅論'적 불성 이해입니다. 불성내재론은 중생은 부처가 될 수 있는 가능성이나 능력, 혹은 부처가 될 수 있는 원인을 지녔다고 보는 것입니다. 이러한 불성 이해는 『열반경』의 '일체중생一切衆生 실유불성悉有佛性'에 근거하고 있습니다.[7]

종래에는 '일체중생 실유불성'을 "일체중생은 모두 불성이 있다" 혹은 "모든 중생이 불성을 지니고 있다"로 해석해 왔습니다.[8] 불성을 지니고 있기에 수행을 통한 깨달음이 가능하다는 것입니다. 그러나 도겐은 특이하게 '일체중생 실유불성'에서 '실유불성'을 '실유는 불성이다'라고 해석합니다. 이러한 새로운 독법은 종전의 불성 이해에 내포된 왜곡된 측면을 타파하려는 그의 의도가 숨어 있습니다. 즉 '모든 것이 불성을 지니고 있다면 각 존재 안에 불성이 있다는 뜻'이 되므로 불성과 존재 자체는 이원적 관계가 되고 맙니다. 그래서 도겐은 『정법안장』「불성」권에서 불성내재론을 비판한 것이지요.

어떤 부류는 불성은 초목의 종자와 같다고 말한다. 법우法雨가 내려 물기를 머금을 때 눈과 줄기가 자라고 가지와 잎이 나고 과실이 생긴다. 과실에서 또 종자가 생겨난다. 이러한 사고는 범부의 어리석은 생각이다. 이같이 생각한다고 해도 종자와 꽃과 과실 모두 하나하나가 절대의 진실(赤心)[9]임을 참구해야 한다.[10]

---

[7] 불성이 우리 안에 내재하는 실재로 이해해 온 종래의 불성사상을 불성내재론佛性內在論이라 칭한 학자는 야마우치 슌유(山內舜雄)이다. 이러한 불성내재론은 중국불교, 나아가서 그와 맥을 같이 하는 한국불교와 일본불교에서 일반적으로 이해해 온 불성론이라 할 수 있다.

[8] 高崎直道, 『佛性とは何か』(京都: 法藏館, 1997), p.76.

도겐은 불성을 씨와 같은 깨달음의 잠재성으로 보지 않을 뿐 아니라 뿌리, 가지, 잎도 각 불성의 현현顯現이라고 봅니다. 이는 "종자와 꽃과 과실 모두 각각 절대의 진실(赤心)임을 참구해야 한다"는 말에서 잘 드러납니다. 적심赤心이란 존재의 현성 그 자체를 의미합니다. 즉 불성은 씨나 열매 속에 있는 것이 아니라 바로 그 자체가 불성의 현현이라는 것입니다. 이와 같이 종자와 꽃, 과실이 각각 존재의 현성 그 자체라는 것은 무엇을 의미할까요? 불성은 이미 완성된 상태로 우리 안에 내재한다는 뜻입니다. 이와 관련하여 나온 것이 심상상멸론입니다. 심상상멸론은 "일체중생은 불성이 있으며 여래는 상주하며 변이가 없다(一切衆生 悉有佛性 如來常住 有無變異)"는, 『열반경』에 나오는 내용과 관련이 있습니다. 즉 '여래는 상주하고 변화가 없다'는 표현은 우리 심성 안에 상주하며 멸하지 않는 것이 있다는 말인데, 도겐은『정법안장』「즉심시불卽心是佛」권에서 이러한 심상상멸론과 관련된 개념들에 대해 비판하고 있습니다.

인도에는 외도外道가 있으니 선니先尼라 부른다. 그들의 견해에 따르면…… 영지靈知는 환경이나 사물과 달라 역겁歷劫에 상주한다……. 그러나 그것(모든 실체들)은 영지와 같이 상주하지 않는다. 그것은 생멸하기 때문이다……. 또 진아眞我라고도 하고 각원覺元이라고도

---

9 修野彌穗子는 赤心을 절대의 진실이라고 해석함.『正法眼藏』1(修野彌穗子 校註, 東京: 岩波文庫, 1998), p.77.

10 道元,「佛性」『正法眼藏』上(寺田透, 修野彌穗子 校注,『原典 日本佛敎の思想』 7, 東京: 岩波書店, 1990), p.47.

하며 본성이라고도 칭한다.[11]

도겐이 영지사상을 비판한 것은 인도의 외도外道에 대한 비판이지만, 이는 동시에 중국의 불성사상과도 깊은 연관이 있습니다. 영지靈知나 각원覺元과 같은 표현은 종밀이 말한 본각진성이나 본각진심과도 일맥상통합니다. 종밀은 『선원제전집도서禪源諸詮集都序』에서 "근원은 일체중생 본각진성이다. 이를 불성이라 하며 심지心地"라고 하여 일체중생에게는 본각진성 – 다른 말로 불성 – 이 있다고 말합니다. 한편 『도서』의 후반부에서는 이를 '본각진심'이라고도 부릅니다.[12] 이와 같이 종밀은 본각을 본각진성 혹은 본각진심이라 하는가 하면, 불성 혹은 여래장과도 동일시합니다. 즉 이들 모두 불멸하는 무엇으로 생각하는 것이지요.

이상에서 살펴본 영지나 각원, 본각진성이나 본각진심은 중국의 본각사상과 깊은 연관이 있으며 나아가 상주불멸하는 실재를 상정하기에 이르렀습니다. 다시 말해 진여라든가 본각진심, 혹은 원각 등은 연기법에 의해 만들어진 것이 아니라 본래부터 상주불변하는 것으로 보게 된 것입니다.[13] 이러한 중국의 본각사상이 일본의 천태본각사상을 낳는 기반이 되었습니다.[14]

도겐은 본각진심, 영지, 진아眞我, 각원覺元 등으로 표현되는 멸하지

---

11 道元, 「卽心是佛」, 『正法眼藏』 1(玉成康四郞 譯, 東京: 大藏出版, 1995), p.136.
12 圭峰宗密, 『禪源諸詮集都序』, 우리출판사, 1990, p.263. "一謂一切衆生 皆有本覺眞心."
13 신규탁, 「불교의 중국화」, (『백련불교논집』 7집, 백련불교문화재단, 1997), p.297.
14 『圓覺經』은 宋代 禪宗에서도 성하게 연구되었으나 여정과 도겐은 이를 後人이 만든 경전이라고 단정하고 있다. (池田魯參, 『寶慶記』, 大東名著選 1996, pp.26~27)

않는 절대화된 유심론적 사유를 배격했습니다. 이러한 도겐의 심상상 멸론 비판은 천태본각사상과 깊은 연관성이 있습니다. 그것은 천태본각사상에서 나온 수행무용론은 결국 중생즉불이라는 사유에 기반한 것이며, 이는 불성을 상주불변한 것으로 본 것과 깊은 연관이 있기 때문입니다. 그렇다면 도겐은 불성을 어떻게 이해했을까요?

## 3. 도겐의 무상불성

앞서 말했듯이 도겐은 '지금 여기'에서 참된 수행을 하는 이에게 불성이 현현한다고 보았습니다. 이러한 도겐의 불성 이해는 그의 무상불성론無常佛性論에서 더욱 확연히 드러납니다. 도겐의 무상불성을 이해하려면 그의 시간관을 알아야 합니다. 도겐은 "하나의 시간 속에 있는 하나의 유(有, 존재)는 다른 어떤 것과도 바꿀 수 없는 그만의 고유성을 지니고 있다"고 말합니다. 우리는 흔히 시간을 인과관계로 보기 때문에 "숯이 변해 재가 된다"라고 이해합니다. 곧 숯이 원인이 되어 재라는 결과가 생겨났다고 생각합니다. 그러나 도겐은 땔감이 변해 재가 되는 것이 아니라 "땔감은 땔감의 때가 있고, 재는 재의 때가 있다"고 말합니다. 다시 말해 땔감은 땔감의 법위가 있고 재는 재의 법위가 있다는 것입니다. 곧 숯은 숯이고 재는 재일 뿐입니다. 이는 무상을 깊이 자각할 때 이해할 수 있습니다.

  모든 존재가 무상하다는 것은 한시도 변하지 않는 건 없다는 뜻입니다. 이렇듯 모든 것이 찰나생 찰나멸한다는 존재의 실상을 자각할 때 재는 숯에 종속된 존재가 아니라 그 자체로 하나의 독립된 존재임을 알 수 있습니다. 검은 숯이 빨갛게 타올라 점차 변해 재가 되는 것이 아니라 각각이 독립된 존재일 뿐입니다. 이는 비단 숯과 재만이 아니라 모든 존재가 이렇듯 독립적이라는 의미입니다. 이런 시간관에서 볼 때 불도佛道는 정지되어 있는 무엇도, 도착해야 할 무엇도 아님을 알 수 있습니다. 다시 말해 부처의 길은 깨침이라는 하나의 정착지가 있어 그곳을 향해 나아가는 것이 아니라 '지금 여기'를 목적지로 알고 살아가는 데 있다는 뜻입니다. 이것이 바로 도겐이 말한 무상불성의 의미입니다.

이렇듯 무상에 근거한 존재의 실상을 자각할 때 비로소 우리는 존재의 자유를 누릴 수 있습니다. 나라는 존재는 지금 여기 이렇게 존재한다는 사실, '없지 않고 있다'는 사실이야말로 우리 존재의 놀라움을 드러내주고 있지 않습니까? 그래서 도겐은 "모든 존재는 광대한 현상세계 속으로 비쳐 들어온 섬광들"이라고 표현하고 있습니다.

도겐은 혜능과 그의 제자인 행창行娼과의 문답을 들어 무상불성에 대해 말합니다. 행창이 혜능에게 "『열반경』에는 불성상주佛性常住라는 표현이 나오는데 이는 무슨 뜻입니까?"라고 묻자 혜능은 "무상無常이 불성이다"라고 답합니다.[15] 이때 행창은 "『열반경』에서는 불성이 상常이라고 하는데 육조 화상께서는 무상이라 하니 이는 경전의 가르침과

---

15 무상불성설은 초기선종 자료에서는 볼 수 없으며, 『경덕전등록』 5권의 「강서지철장 江西志徹章」에 나오고 있다. 거기에서 제자 지철(행창)이 혜능에게 『열반경』에 나오는 불성상주에 대해 묻는다. 즉 모든 현상은 무상인데, 생멸상무상은 무엇이냐는 것이다. 그러자 혜능은 "무상이 곧 불성이다. 유상有常은 곧 일체선악 제법의 분별심이다"라고 응한다. 행창은 『열반경』에 나오는 "一切衆生 悉有佛性 如來常住 無有變易"를 들어, '如來가 常住하여 變易가 없으니' 불성은 常住하는 것이지 無常이 아니지 않느냐고 반문하고 있다.

다르지 않습니까?"라고 반문합니다.[16] 이러한 행창의 질문에는 다음과 같은 의도가 숨겨져 있습니다. 『열반경』에는 '불성이 우리 안에 있다'고 전제하고 있는데, 그렇다면 불성은 불변한 것이 아니냐는 것입니다. 이와 같이 상常으로서의 불성관을 지닌 행창에게 육조는 불성을 영원불변한(常) 것으로 보는 불성관이야말로 선을 배우려는 자들이 부수어야 할 과제임을 가르친 것입니다.[17]

도겐은 혜능과 행창의 대화를 풀이하면서 불법은 '무상'의 진리를 통해 전수되어 왔음을 강조합니다. 즉 종래 불성을 마치 '영원불변함(常)'으로 이해해 온 것은 부처와 조사를 통해 전수되어 온 진리가 아니라는 말입니다. 도겐은 혜능이 말한 '무상불성'이야말로 부처에서 부처에로, 조사에서 조사로 내려온 정전불법正傳佛法임을 주장합니다.

이렇듯 도겐에 있어 무상의 의미는 그의 수증관 전체와 밀접한 관련을 지니고 있습니다. 즉 도겐에 있어 수증 문제는 '무상을 관함'과 직결된 것이라 할 수 있습니다. '무상을 관한다'는 것은 무상의 관점에서 모든 것을 바라봄을 의미합니다. 이와 같이 무상불성론의 입장에서 볼 때 생은 찰나생 찰나멸임을 깨닫게 됩니다. 이를 자각한다면 우리는 찰나생 찰나멸하는 세상 것들에 얼마나 집착하며 살아가는지 알게 될 것입니다. 집착을 버리는 것, 그것이 바로 무상을 자각하는 것입니다. 우리의 아집과 아만我慢을 내려놓을 때 비로소 우리는 진정 자유로워질 수

---

**16** 행창은 『열반경』에 나오는 "일체중생은 불성이 있으며 여래가 상주하여 변이가 없다(一切衆生 悉有佛性 如來常住 無有變易)"를 들어 불성은 상주한다고 생각한 것이다.

**17** 도겐이 『육조단경』의 견성을 비판하면서도 혜능을 고불古佛이라고 칭송한 것은 바로 그가 무상불성론을 말했기 때문이다.

있으며 그것이야말로 참 행복의 길임을 도겐은 가르치고 있습니다.

## 4. 「산수경」 안에 드러난 도겐의 생태 영성

「산수경山水經」은 도겐의 『정법안장』 중 한 권입니다. '산수경'이란 말 그대로 산과 물이 부처의 말씀을 담은 경전이라는 뜻입니다. 산과 물로부터 부처의 설법을 듣는다는 의미입니다. 도겐은 「산수경」 서두에서 부용도해(芙蓉道楷, 1043~1118) 선사가 이야기한 '청산상운보靑山常運步'와 운문 선사가 말한 '동산수상행(東山水上行, 동산이 물위를 간다)'을 언급합니다. '청산상운보', 즉 '푸른 산이 늘 걷는다'는 표현은 기존에 우리가 지닌 산에 대한 견해를 깨트려버립니다. 우리는 보통 '산이 걷는다'고 생각하지 않기 때문입니다. 그러나 도겐은 산의 걸음이 사람의 걸음과 같지 않다고 해서 산의 걸음을 의심해서는 안 된다고 말합니다. 청산의 걸음은 바람보다 빠르지만 사람들은 이를 깨닫지 못한다는 것입니다. '산이 걷는다'는 표현에는 어떤 숨은 뜻이 담겨 있을까요?

틱낫한 스님은 산은 산 아닌 것으로 되어 있다고 말한 바 있습니다. 우리는 산들을 북한산이나 도봉산 등으로 이름 지어 부르지만 실상 산이라는 실체는 없습니다. 산은 땅, 바람, 공기, 나무, 새 등 산을 구성하는 모든 것이 어우러져 비로소 '산'이라 이름 붙여졌기 때문입니다. 따라서 산을 구성하는 모든 요소들이 흩어지면 산도 사라지고 맙니다. 그런데 산을 구성하는 그 모든 것들은 어느 것 하나 변하지 않는 것이 없습니다. 모든 것은 끊임없이 변하기에 산도 쉼 없이 변하는 것입니다. 이것이 산이 갖고 있는 존재의 실상이며 붓다가 말한 무상無常의 진리입니다.

산의 실상을 깨닫는 것은 곧 산의 무상함을 자각하는 것입니다. 도겐은 이것을 '산의 걸음'이라고 말하고 있습니다. 부용도해가 말한 '청산상운보'가 산이 걷는다는 의미라면, 운문 선사가 이야기한 '동산수상행'은 무슨 뜻일까요? 동산이란 산을 통칭한 표현입니다. 일체의 동산이 물 위를 간다는 의미입니다. 이와 같이 물 위를 움직인다는 것은 '청산상운보'의 의미처럼 산의 움직임, 산의 변화를 표현한 것입니다.

이와 같이 무상은 불교를 이해하는 데 있어 핵심적인 개념일 뿐 아니라 우리의 삶을 이해하는 데에도 중요한 표현입니다. 어느 검찰총장이 27년 공직생활 끝내고 나니 '한바탕 꿈과 같다'고 퇴직서에 썼다고 합니다. '삶과 죽음이 모두 자연의 한 조각 아니겠는가'라는 노무현 전 대통령이 유서에 쓴 말에도 무상이 짙게 깔려 있습니다. 이처럼 우리들은 살면서 무상하다고 느낄 때가 있습니다. 그러나 붓다가 가르친 무상은 감상적인 무상함을 의미하는 것이 아니라 존재의 실상을 뜻한다는 점에서 다릅니다.

어제 맺힌 목련꽃 봉오리가 오늘 잎을 떨구는 것을 보면서 우린 무상하다고 생각합니다. 그러나 그건 감상적으로 느끼는 무상감일 뿐입니다. 인간의 눈에는 잠시 피었다가 져버리는 듯이 보일지 몰라도, 목련은 꽃을 떨구면서 잎에 자신의 에너지를 건넵니다. 이렇듯 꽃은 떨어지지만 잎을 견인해내고 잎은 죽어 마침내 열매를 견인해냅니다. 꽃은 죽은 게 아니라 새로운 형태, 곧 잎과 열매로 모습을 바꾼 것입니다. 보이는 것만으로 죽고 사는 것을 가늠하는 인간의 시선을 거두어 자연으로 바라볼 때 비로소 우리는 보이는 것 뒤에 숨어 있는 보이지 않는 것들에 마음의 눈을 뜨게 됩니다. 자연은 그래서 두고두고 우리를 새롭게 부활케 하는 진리가 아닌가 싶습니다. 꽃이 지는 것이 죽음이 아니라 새로운 삶에로 옮아가는 것임을 가르치는 불교의 무상의 진리는 죽음 후의 부활을 말하는 예수의 생사관과도 만납니다.

앞서 말한 청산상운보, 동산수상행은 보통 선문답을 통해 전해져 왔지만, 도겐은 이 표현 안에서 고불古佛의 현성現成을 봅니다. 고불이라 함은 옛 부처를 말하니, 이는 바로 부처께서 산수山水 안에 계시고 산수를 통해 당신의 가르침을 펼치고 있다는 뜻이 됩니다. 이와 같이 도겐은 「산수경」을 통해 산수 안에서 부처의 경전을 읽는 눈을 갖도록 우리를 초대합니다. 이러한 눈이 생기려면 먼저 어떻게 해야 할까요?

도겐에게 있어 참된 불도佛道는 깨침이라는 하나의 정착지가 있어 그곳을 향해 나아가는 것이 아니라, '지금 여기'를 목적지로 알고 살아가는 데 있습니다. 등산할 때 빨리 정상에 도달할 목표만을 지니고 등반하는 사람은 산에 오르는 중에 주변 사물들과의 교감을 통해 느끼는 행복을 놓치기 쉽습니다. 정상에 도달하고자 하는 목표만을 갖고 등반한다면 가는 과정 중에 만나게 될 기쁨들을 놓치고 말 것입니다. 이것은 수행의 측면에서도 그대로 드러납니다. 우리가 깨달음만을 추구한다면 깨달음의 정상을 향해가는 과정은 고苦의 연속일 뿐이고 궁극적인 깨달음의 경지는 아직 도달하지 못한 미래의 무엇으로 여겨질 것입니다. 그러나 도겐은 깨달음이란 정상에 도달하는 데 있는 것이 아니라고 말합니다. 『정법안장』 첫 번째 권인 「현성공안現成公案」에서 도겐은 깨달음에 대해 다음과 같이 말하고 있습니다.

자기를 움직여 자기 활동으로 만법을 수증하는 것을 미혹이라 하며, 만법에 나아가 자기를 수증하는 것을 깨침(證)이라 한다. 미혹을 크게 깨닫는 것을 제불諸佛이라 하고, 깨달음에 크게 미혹한 것이 중생이다. 미혹을 깨닫는 것이 부처이고, 깨달음에 미혹되는 것이 중생이다.

이러한 도겐의 시각으로 볼 때 미혹과 깨달음은 나와 존재하는 모든 것들과의 관계에서 드러남을 알 수 있습니다. 즉 나와 만법이 어떤 관계를 맺느냐가 미혹과 깨달음의 척도인 것입니다. 미혹됨이란 자기를 세상의 중심에 두고 사는 삶의 방식을 말합니다. 즉 나를 중심으로 다른 존재들과 관계를 맺고 살아가는 것입니다.

우리의 의식은 양면적인 구조를 지니고 있습니다. 하나는 자기를 드러내고 주장하는 측면이요, 다른 하나는 자기를 버리고 잊으려는 것입니다. 우리는 지금 자신의 업적을 앞 다투어 남에게 알리려고 발버둥치는 자기 PR의 시대를 살아가고 있습니다. 그러나 스스로를 드러내려 하면 할수록 자신을 잃어갈 뿐임을 체험하게 됩니다. 그래서 우리는 참 자기를 찾는 길은 우리를 드러냄에 있지 않다는 것을, 오히려 자기를 잊고 비움에 있다는 사실을 발견하게 됩니다. 장구한 역사를 지닌 대종교들은 하나같이 자기를 잊음을 강조하고 있습니다. 자아를 잊는다는 것은 자아탐구 과정이며 깨달음의 과정이지 자아파괴가 아닙니다.

깨달음이란 자기가 중심이 되어 살아가는 것이 아니라 만법, 곧 삼라만상과 더불어 자기를 움직여감에 있기 때문입니다. 그래서 도겐은 미궁에서 깨달음으로 나아감이란 자기중심에서 만법중심에로의 방향전환이라고 말한 것입니다. 도겐은 깨달음을 신심탈락身心脫落이라고도 표현합니다. 신심탈락에서의 신심身心이란 아만我慢에 차 있는 에고를 말합니다. 에고에서 자유로워지는 것이야말로 불교만이 아니라 모든 종교 영성의 핵심이 아니던가요? 「현성공안」의 다음 표현은 이를 잘 보여줍니다.

불도를 배운다는 것은 자기를 배우는 것이다. 자기를 배운다는 것은 자기를 잊는 것이다. 자기를 잊는다는 것은 만법으로 실증되는 것이다.[18]

불교에 귀의한다는 것은 부처님의 가르침에 따라 살겠다는 의지의 표출입니다. 도겐은 바로 이 불도佛道를 배우는 것은 바로 자기를 배우는 것이라고 말합니다. 다시 말해 경전이나 교리 혹은 수행 방법을 배우는 것을 넘어, 자기를 배우는 데 있다는 것입니다. 그리고 그 배움이란 자기를 잊는 일에 다름없습니다. 이러한 도겐의 가르침은 배움의 의미에 대해 다시금 숙고하게 만들어줍니다. 배움이란 자신이 무엇인가를 달성하거나 성취하고 실현해가는 데 있는 것이 아니라 자신의 아집과 집착, 애욕과 교만을 버림으로써 자신을 잊는 데 있습니다. 그리고 자기를 잊는 길은 자기중심으로 살아감이 아니라, 만법을 통해 자기를 배워감에 있습니다. 다시 말해 자기의 신심을 비우고 탈락시키고 자신과 만법의 상호 연관성을 자각하여 만법, 곧 세상만물의 지혜로부터 배워 자기를 닦아감에 있다는 것입니다. 도겐은 이를 『학도용심집學道用心集』에서 다음과 같이 말합니다.

---

[18] 道元,「現成公案」『正法眼藏』上, p.36.

내가 능히 법을 움직일 때 나는 강하게 되고 법은 약하게 된다. 법이 들어와서 나를 움직일 때 법은 강하게 되고 나는 약하게 된다.[19]

도겐은 『정법안장수문기正法眼藏隨聞記』에서도 배우는 자가 지녀야 할 첫째 마음으로 아견我見을 버리는 것을 강조합니다.[20] 아무리 옛 스승들의 어록이나 일화를 잘 알고 철석같이 좌선을 한다 해도 아견我見을 버리지 못한다면, 천만 번 태어나도 부처와 조사들의 도를 얻을 수 없다는 것이지요.[21] 그렇습니다! 문제는 다른 데 있지 않고 바로 우리 안에 있고 내가 무언가를 집착하는 데 있습니다. 진정 자유로워지려면 자기 자신으로부터 자유로워져야 함을 우리는 도겐의 가르침을 통해 배우게 됩니다.

## 5. 결론

불교는 '모든 존재는 무상하다'는 제행무상諸行無常의 가르침을 기반으로 하고 있어 모든 자연, 산하대지, 인간의 심신 모두 찰나생멸하면서 흘러간다고 봅니다. 붓다는 인간이 지닌 고통의 근본 원인은 바로 이 무상함을 깨닫지 못하고 이것들에 집착함에서 비롯된다고 지적한 바 있습니다. 도겐은 당대의 수증관과 관련한 자신의 문제의식 속에서 새롭게 그 해답을 붓다의 무상관에서 재발견했고 이를 통해 우리에게도

---

19 道元, 『學道用心集』(大東出版社, 1999), p.272.
20 道元, 『正法眼藏隨聞記』(篠原壽雄 譯, 大東名著選, 1993), p.258.
21 같은 책, p.258.

붓다의 가르침으로 되돌아가도록 촉구하고 있는 것입니다. 흥미롭게도 저는 1200년대를 산 도겐의 문제의식이 자본주의를 살아가는 우리에게도 적용됨을 발견합니다. 그건 바로 현대자본주의가 지향하는 소비지향성이 지닌 허상을 보여주고 있다는 점에서입니다. 많이 소유함으로서 행복해지는 양 우리에게 소비를 촉구해온 자본주의의 가치관이 지닌 헛된 망상 말입니다.

소유한 만큼 행복해지는 것이 아님을 우리는 가진 이들의 삶을 통해 깨닫게 됩니다. 우리를 행복으로 이끄는 것은 많이 소유함이 아니라 오히려 소욕지족少欲知足할 줄 아는 지혜를 터득함에 있습니다. 이를 위해 우리는 무엇보다 무상함에 대한 깊은 자각이 필요합니다. 세상 것들에 대한 집착은 우리 자신뿐만 아니라 삼라만상에까지 깊은 영향을 미치고 있음을 우리는 생태 문제의 심각성을 통해 잘 알고 있습니다. 어떤 사람들은 자본주의가 사라지지 않는 한, 생태 문제는 결코 해결될 수 없을 것이라는 비관론을 말하기도 합니다. 그러나 지금은 이러한 비관론에 빠져 자포자기할 때가 아니라 어떻게 이 난국을 헤쳐나갈 수 있는지 함께 힘과 지혜를 모아야 할 때입니다. 도겐의 사상을 통해 우리가 지금 겪고 있는 생태 문제의 해법은 결국 우리 각자에게 달려 있으며, 그것은 다름 아닌 우리 자신이 집착하고 있는 것을 놓는 일에서 비롯된다는 것입니다. 생태 문제가 우리의 욕망이 낳은 결과물이라고 볼 때 그 해결책은 우리가 욕망을 줄여가고 소욕지족함에 있음을 말입니다.

그러나 단지 의식하는 것만으로는 문제가 해결될 수 없습니다. 생태적 해법은 머리가 아닌 마음에서부터 깊은 회심이 선행되어야 합니다.

산하대지와의 관계를 회복하기 위해 도겐이 우리 자신의 참회가 필요함을 강조한 것도 이 맥락에서 이해해야 할 것입니다. 생태 위기에 직면한 지금이야말로 참회가 절실히 필요한 때입니다. 진정한 참회는 생태 위기의 현실이 '너'가 아닌 바로 '나'로 인해 생겨났음을 깨닫는 데서 비롯됩니다. 지구를 살리고 생태를 되살림이 곧 나를 살리는 길임을 자각하고 이러한 자각을 통해 우리 자신의 생활 방식을 바꾸어야 합니다. 편리하게 살아온 삶에서 불편함을 감수하며 살 필요가 있습니다. 물론 불편함을 감수하는 것이 쉬운 일은 아닐 것입니다. 그러나 우리가 '선택한' 불편함을 통해 우리는 더 근원적인 행복감을 맛보게 될 것입니다. 집착으로부터 자유로워짐에서 느끼게 되는 홀가분함 말입니다.

# 화엄과 생태 영성

본각(중앙승가대학교 교수)

## 1. 시작하는 말: 화엄, 생태, 영성

화엄(華嚴, Avataṃsaka)은 '온갖 꽃으로 장엄되어진 것'을 의미합니다. 그리고 그 온갖 꽃이란 화엄행자華嚴行者의 모든 착한 행위를 말한다고 해석합니다. 꽃은 아름다울 뿐만 아니라 귀한 열매를 맺는 원인이 됩니다. 꽃이 가져다주는 열매는 보리Boddhi, 곧 깨달음의 열매로서 결실을 의미합니다. 그리하여 화엄 수행을 실천하는 보살이 몸소 행한 모든 선행은 결과적으로 깨달음의 결과를 가져오는 만행萬行의 공덕장엄功德莊嚴이 된다는 것입니다. 만행이란 우리가 일상에서 행위를 하는 모든 것을 말하며, 공덕장엄이란 모두에게 이익 되는 선善한 결과를 맺게 하는 일들을 의미합니다.

다음으로 생태란, 사전에 의하면 '생물이 자연계에서 생활하고 있는 모습'이며, '특정한 단위 공간 내에 있는 모든 생물체와 그들의 물리적 환경, 그리고 그들 간의 모든 상호관계를 포함하는 총체적인 개념'이라고 설명합니다. 이러한 생태의 유기적인 관계인 생태계(生態系, ecosystem)는 '상호작용하는 유기체들과 또 그들과 서로 영향을 주고받는 주변의 무생물 환경을 묶어서 부르는 말'이라고도 합니다.(인터넷 사전) '생태'는 불교적으로 환언하면, 모든 생물체의 공생共生을 전제로 하여 상호 의존하는 연기緣起적 관계를 근본으로 한다고 부언할 수 있을 것입니다.

영성靈性이란 용어 자체는 역사적으로 별로 오래되지 않았다고 합니다. 통상 '영성'이란 단어는 17세기에 프랑스에서 쓰기 시작하였고, 그 당시에는 "하느님의 눈에 완전해지는 것만을 추구하기 위하여 감각을 벗어나는 영혼의 내적 수련들과 관련되는 모든 것(Littré)"을 지칭하였습니다. 이 용어가 프랑스어로부터 다른 언어들로 번역되면서 오늘날 우리가 이해하고 있는 포괄적 내용들을 더 많이 담게 되었다고 설명합니다.[1]

여기에서 영성과 비슷한 말을 불교의 선어록禪語錄에서 유추해 보겠습니다. 중국의 백장 선사(百丈禪師, 720~814) 밑에 신찬 선사神贊禪師라는 제자가 있었습니다. 계현戒賢 강백의 제자였습니다. 신찬 선사가 스승인 계현 스님이 마음 닦는 참선공부는 하지 않고 경전 연구에만 힘쓰는 것을 보고 백장 선사를 찾아 참선공부를 하고 돌아와서 스승인 계현 스님에게 설한 법문이 있습니다.

신령한 광명이 홀로 드러나서 육근 육진의 모든 분별을 벗어났네.

---

[1] 샤를 앙드레 베르나르, 『영성신학』, 정제천·박일 역, 가톨릭출판사, 2007, p.44.

그 자체가 항상 참됨을 드러내어 언어문자에 걸리지 않네.
진성은 더럽혀지지 않고 본래부터 원만히 성취되어 있네.
다만 거짓된 인연만 떨쳐 버린다면 곧 그대로가 부처이네.²

위의 글에서 영광독로, 체로진상, 진성무염, 즉여여불이 영성과 근사近似한 맥락에서 이해될 수 있을 것 같습니다. 또한 중국 원元나라 때 고봉원묘(高峰原妙, 1238~1295)의 제자로 고승인 중봉명본(中峯明本, 1263~1323)의 「신광송神光頌」이 있습니다. 게송은 이렇습니다.

신묘한 불성광명 어둡지 않고 만고에 오히려 장엄하나니
불법의 문안으로 들어오려면 아는 체하는 분별심을 두지 말라.³

신광불매神光不昧란 신비롭고 영생불멸하는 광명이 조금도 어둡지 않아서, 만고萬古라고 하는 영원한 시간에 오히려 더 아름답고 장엄하게 빛난다는 뜻입니다. 신령스럽고 참다운 부처님의 순수한 불성광명의 빛은 조금도 어둠이 없이 만고에 오히려 아름다우니 부처님 법을 순수하게 닦는 이 문중에 들어와서는 얄팍한 지해知解로 헤아리는 분별심을 내지 말라는 말입니다. 그래서 나중에는 이 게송을 사찰

---

2 영광독로靈光獨露  형탈근진逈脫根塵
  체로진상體露眞常  불구문자不拘文字
  진성무염眞性無染  본자원성本自圓成
  단리망연但離妄緣  즉여여불卽如如佛
3 신광불매神光不昧  만고휘유萬古徽猷
  입차문래入此門內  막존지해莫存知解

출입문의 기둥에 써서 붙이기도 하였습니다.

영성靈性과 영광靈光, 그리고 신광神光도 신성神聖의 경지를 나타내는 언어라고 봅니다. 그 신성이 절대자의 편에 있기도 하고, 때로는 신성을 감지하는 우리들의 편에 있기도 합니다. 무엇보다도 중요한 것은 그러한 신성의 기운을 분명하게 감지하는 각자의 주관적인 분명한 인식일 것이며, 이를 영성으로 표현하는 것은 아닐까요?

## 2. 개체와 전체와의 관계: 화엄의 생태

화엄은 『화엄경』의 가르침을 근본으로 하여 펼쳐지는 사상을 의미합니다. 『화엄경』에는 초기 대승불교의 중요하고 다양한 사상들을 찾을 수 있지만, 화엄사상을 대표하는 몇 가지를 제시하여 본 주제가 요구하고 있는 생태와 영성과의 관련을 논해보고자 합니다.

화엄의 첫 번째 생태적 관점은 개체와 전체와의 문제입니다. 이는 화엄에서뿐만 아니라 불교 교의의 근본이 되는 연기緣起사상을 의미하는 것입니다. 석가모니가 6년간의 고행 끝에 새벽 동녘의 샛별을 보고 깨달음을 얻었다고 하는 것은 단순히 일순간에 반짝이는 샛별을 본 것이 아닙니다. 샛별이 순간에 반짝이는 그 자체가 이미 과거의 무수한 시간과 공간을 통과하여 현재에 보이고, 그리고 그 순간 이미 과거로 향하고 있음을 석가모니는 깨달았던 것입니다. 이를 '석가모니가 연기의 법을 깨달았다'고 말합니다.

여기에서 석가모니와 일순간의 반짝임을 개체적이라고 한다면, 시공을 초월한 진리성은 전체적이라고 말할 수 있습니다. 이와 같이 우주의 진리는 개체와 전체 간의 다함없는 소통 속에 펼쳐지고 있으며 이 이치를 간파한 것이 석가모니의 깨달음인 것입니다. 그리고 이를 연기의 법칙이라고 말합니다. 이 개체와 전체의 관계를 우주적인 관점에서 인식하는 것이 화엄의 생태이며, 이를 정확히 진리로서 인식하는 것이 곧 화엄 생태의 영성에 다가서는 일이라고 봅니다.

보통 화엄의 이러한 연기의 법칙을 '인드라망'이라는 비유로 설명합니다. '인드라Indra'는 본래 인도의 수많은 천신 가운데 하나인데, 한역하여 제석천帝釋天이라고 합니다. 바로 이 제석천의 궁전에는 무수한 보배구슬로 만들어진 그물이 쳐져 있습니다. 그 그물은 이음새마다 구슬이 달려 있고 구슬들은 서로를 반사하여 비춤으로써 무한한 세계를 연출하고 있습니다. 그리고 그 구슬그물은 그물눈이 서로 연결되어져 무한히 펼쳐져 있는 것이 마치 우리가 살아가는 인간 세상의 서로 얽힌 모습과도 같다는 것입니다. 우리는 마치 개체로서 혼자서 살아가는 것 같지만 실제로는 서로가 연결되어져 전체의 일부분으로 존재하고 있다는 비유입니다. 우리는 서로를 비추면서 제석천의 보배구슬 그물망처럼 독립한 개체이면서 전체의 일부분으로 존재합니다. 이 이치를 간파하면 생물의 생태에 대해서 영감靈感을 얻게 될 것입니다. 이러한 인드라망과 같은 세계를 화엄에서는 '중중무진重重無盡'이라고 표현하고 있습니다. 생태의 세계 역시 한마디로 설명되지 않는 중중무진의 세계임은 말할 것도 없습니다. 이 중중무진의 다른 이름은 법계연기法界緣起입니다. 모든 존재의 일체 현상 그대로가 바로 진리 그 자체라고 보고 이 진리의 현상이 끝없는 관계 속에 이루어지고 있음을 말하는 용어입니다.

## 3. 존재와 인식의 관계: 육상원융

화엄의 존재와 인식의 관계는 곧 존재론에서 관계론으로 중점이 옮겨짐을 의미합니다. 이러한 관계론을 설명하는 화엄의 술어로는 육상원융六相圓融이라는 용어가 있습니다. 이 육상원융은 『화엄경』의 「십지품」에 나오는 것으로 총상總相, 별상別相, 동상同相, 이상異相, 성상成相, 괴상壞相을 말합니다. 하나의 존재에 여섯 모양으로서의 관계성을 나타낸 것입니다. 이는 총별總別, 동이同異, 성괴成壞라는 세 쌍의 대립되는 개념이 서로 걸림 없는 관계를 유지하면서 하나가 다른 다섯을 포함하고, 또한 여섯이 고유의 모습을 잃지 않음으로써 법계연기가 성립한다는 이론입니다. 모든 존재는 이러한 육상六相을 갖추고 있어서 서로 다른 상을 방해하지 않으면서 전체와 부분이 관계 속에 원만하게 융화되어 있다는 것입니다. 연기로써 이루어진 모든 존재는 반드시 여러 가지 연緣이 모여 성립됩니다. 그러므로 거기에 성립된 총상은 부분을 총괄하여 전체를 만들고 있습니다. 또 별상은 전체를 구성하고 있는 부분과 부분을 말하는데 이것이 총상에 의지하여 원만하고 완전하게 만들고 있는 것입니다. 총상이 없으면 별상이 없고, 따라서 총상 밖에 별상이 있는 것이 아니므로 서로 유기적인 관계에 있음을 나타냅니다. 동상이란 별상의 하나하나가 서로 조화되어 모순되지 않고 성립되는 힘을 균등하게 하고 있는 모양입니다. 이상이란 별상이 서로 혼동되지 않고 있으면서 제각기 상을 잃지 않고 조화되어 있는 모양입니다. 성상이란 별상이 각각 다르기 때문에 총상을 이루는 것입니다. 이는 부분이 다만 집합해 있는 것이 아니고 유기적인 관계성을 가지고 모여서 하나의 전체를 성립시키고 있는 모습입니다. 괴상은 별상이 총상을 성립시키면서도 별상 각각의 자격을 갖추고 있으면서 총상의 모양으로 섞여서 융합되지 않는 것을 가리킵니다.

하나의 사물을 바라볼 때 이 육상의 법칙을 적용하면 단절된 존재의 현상을 유기적인 관계의 모습으로 인식할 수 있을 것입니다. 이러한 인식의 전환은 존재의 근원을 유기적인 관계성으로 바라봄으로써 공존 공생의 이치를 쉽게 이해하게 만듭니다. 공존 공생의 이치는 생태의 근본법칙이며, 화엄의 육상원융은 이 법칙을 단적으로 표현한 것입니다.

### 4. 유심과 법계의 관계: 자타원융

『화엄경』의 핵심 교의 중의 다른 하나로 유심唯心사상이 있습니다. 화엄의 유심론은 진망眞妄과 미오迷悟를 총섭總攝하기 때문에 부처과 중생이 동일의 근원이라고 보는 것입니다. 화엄 유심론의 근저가 되는 것은 「야마천궁보살설게품」의 여래림보살의 게송입니다. 즉 "마음은 솜씨 좋은 화가와 같아서 이 세상 모든 것을 다 그려내는데, 이 마음으로부터 부처도 중생도 차별 없이 다 그려져 나온다"는 경문입니다. 『법화경』의 일불승一佛乘이 유일唯一과 통일統一의 의미가 강조된 것에 비하여, 『화엄경』의 유심은 일체를 포괄하는 전일全一의 의미가 강하다고 할 수 있습니다. 이러한 유심에 의해서 유일이 전체가 되고 전체가 유일이 되는 원리가 성립합니다. 이 유심의 원리는 다음 단계인 원융의 원리를 이미 내포하고 있다고 말할 수 있습니다. 유심사상은 「십지품」

제6현전지에서 더욱 강조됩니다. 「십지품」 초환희지에서 12연기를 설한 목적은 괴로움의 집합인 12연기의 모든 상相이 전부 공空하다는 것을 깨닫게 하고 괴로움의 덩어리(苦聚)로부터 벗어남(出離)을 얻게 하려는 데에 있었습니다. 그리고 이 12연기는 제6현전지에서 다시 거론되며, 보살의 수순관찰연기隨順觀察緣起의 상으로서 설해지고 있습니다. 또한 이 12연기의 현상을 포함하여 이른바 "삼계에 있는 모든 것은 오직 이 일심에 의한다(三界所有 唯是一心)"는 경문이 이어집니다.

이 제6현전지의 '삼계유심三界唯心'에 의해서 불교사상은 커다란 전환을 맞게 됩니다. 근본불교 이래의 연기의 의미를 새롭게 다시 묻는 계기가 된 것이지요. 이는 12연기의 공空, 무아無我적인 파악으로부터 연기를 유심唯心, 혹은 일심一心에서 파악했기 때문입니다. 연기를 유심 및 일심 상에서 파악한다고 하는 것은 실체적인 심성心性을 고집하는 것이 아니라, 변화무쌍하게 연기하는 현상을 유심으로서의 일심에서 구하는 것입니다. 화엄의 일심, 곧 유심관은 다多에 대한 일一인 일성一性을 구하는 것입니다. 따라서 일심 상에서 전개되는 연기는 공도 무아도 아니고, 다성多性과 일성一性과의 생동하는 조화가 '삼계유심三界所有 유시일심唯是一心' 속에 응축되어 있다고 말할 수 있을 것입니다. 그러므로 이 유심을 체득하기 위해서는 연기의 현상을 공, 무아로서 철저하게 추구해가지 않으면 안 됩니다. 이러한 공과 무아의 체득에서 비로소 연기의 다多로부터 유심의 일一을 관하는 것이 가능해집니다. 그것을 『화엄경』에서는 "이 열두 가지 갈래는(十二有支)는 모두 일심에 의한다"라고 표현하고 있습니다. 그리고 이러한 다성과 일성을 연기법으로서 파악하는 것이 바로 법계연기法界緣起로 발전해 나아갔습니다.

이 같은 12연기와의 관련 상에서 나타난 삼계유심은 연기와 유심이라고 하는 양극을 연동連動하는 하나의 진리 현상으로 파악하는 데에 의의가 있습니다. 그리고 이에 대한 해답으로 화엄사상가들은 이 삼계유심을 염정2문染淨二門에 의해서 주석하면서도 새로운 연기의 세계를 구축하는 화엄 독자의 법계연기사상을 이루어냈습니다. 법계연기를 펼치는 우리의 한마음은 생태계 전체를 잘 보전하여 지속시킬 수도 있으며, 동시에 생태계를 파괴하여 무한한 욕망의 추구에 내달릴 수도 있습니다. 우리의 오직 이 한마음이 육상의 원융으로서의 관계 속에 모든 존재의 존재성을 인식하게 되는 것입니다.

신라의 의상(625~702)은 그의 『화엄일승법계도』에서

법의 성품은 원융하여 두 모습이 아니며
모든 법은 움직임 없이 본래 고요하다.
이름도 없고 모습도 없이 일체를 다 끊었으니
지혜로써 증명할 뿐 그 밖의 경지가 아니다.
참다운 성품이란 깊고 깊어 아주 미묘한 것이며
그 본래성을 지키는 일 없이 오직 인연 따라 일체를 이루어간다.[4]

라고 노래하고 있습니다. 여기서 법은 진리이며, 제법은 세상에 전개되어 있는 모든 객관물질을 의미합니다. 이 오묘한 경지는 오직 깨달은

---

[4] 법성원융무이상法性圓融無二相  제법부동본래적諸法不動本來寂
　　무명무상절일체無名無相絶一切  증지소지비여경證智所知非餘境
　　진성심심극미묘眞性甚深極微妙  불수자성수연성不守自性隨緣成

이의 안목으로 관조된 경지일 뿐입니다. 또한 이 오묘한 이치는

> 하나 가운데에 모든 것이 있고 여럿 가운데에 하나가 있어
> 하나가 곧 여럿이며 여럿이 곧 하나이다.
> 하나의 미세한 티끌은 시방세계를 모두 포함하고
> 이 세상 모든 티끌 또한 그와 같다.
> 헤아릴 수 없는 오랜 시간이 곧 한 생각이요
> 한 생각이 곧 헤아릴 수 없는 오랜 시간과 동일하다.[5]

라고도 하여, 화엄의 눈으로 세상을 바라보면 상즉상입相卽相入과 주반중중主伴重重의 세계를 연출한다고 게송으로 표현하고 있습니다. 의상의 우주관 속에 순간과 영원이 승화되어 있는 것이며 눈앞에 펼쳐져 있는 법계, 곧 생태 전반을 그의 영성으로서 노래한 것이라고 해석해도 무방할 것입니다. 의상은 처음에 법성法性이라는 용어를 가져옴으로써 객관적인 존재 일반을 미묘한 영성의 세계로 인식하는 첫출발을 하고 있습니다. 그리고 모든 존재, 생태 일반은 중중무진으로 서로 관계되어 있음을 노래하고 있습니다. 지혜로 관조하는 깨달음의 경지에서는 주관과 객관이 서로 상즉상입하는 관계 속에 우주적 생태가 전체 하나로서 존재하고 있음을 보게 되는 것입니다.

---

5 일중일체다중일一中一切多中一  일즉일체다즉일一卽一切多卽一
　일미진중함시방一微塵中含十方  일체진중역여시一切塵中亦如是
　무량원겁즉일념無量遠劫卽一念  일념즉시무량겁一念卽是無量劫

## 5. 끝맺는 말: 영성의 회복

불교만큼 각자의 마음의 힘을 강조하는 종교도 없을 것입니다. 그리고 화엄만큼 이 마음과 모든 존재가 끝없는 관계 속에 서로 걸림 없이 상호 의존한다고 하는 원융무애를 주장하는 이론도 없을 것입니다.

석가모니가 일생을 통하여 강조한 가르침은, 세상에 그 무엇보다도 자신이 현재 하고 있는 행위를 면밀히 관찰하라는 말씀입니다. 미신이나 맹신이 아니라, 깨어 있는 분명한 정신으로 자신의 몸이 하는 일을 살피고, 입이 하는 말을 다시 듣고, 마음이 하고 있는 일을 알아차리라고 타이르셨습니다. 잔잔히 흐르고 있는 강둑에 올라앉아서 강이 흐르는 모습을 바라보듯이, 자신의 마음이 흐르고 있는 현재의 상태를 깊이 살펴보라고 늘 우리를 깨우쳐 주시는 것입니다.

마음이 혼탁하고 악행을 일삼으면 흐린 물을 맑히려고 애를 쓰듯이 혼탁한 원인을 제거해 주어야 합니다. 맑은 물이 도도히 흐르는 강물을 발견했다면 강을 오염시키지 않도록 강 주위를 잘 보호해야 될 것입니다. 우리의 마음이 악에 물들어 있음을 알아차린다면 곧바로 악으로부터 멀어지려는 노력을 해야 합니다. 마음이 비옥한 대지처럼 공덕의 종자를 품고 있음을 알아차렸다면 곧바로 북을 돋우고 뿌리가 흔들리지 않도록 지켜갈 일입니다. 이 두 가지를 결단하고 바로 실천에 나아간다면 세상의 공기는 맑고 무척 살기 편한 나날이 이어질 것입니다. 신의 나라 이스라엘에 전쟁이 난무하고 부처의 고향 인도에 차별이 만연한 것은, 인간이 자신의 어리석음을 알아차리지 못한 데서 비롯하고 있습니다. 이에 깨어 있어야 하고 마음의 힘으로 스스로를 가다듬어야 하는 것입니다.

이렇게 가다듬는 마음의 힘이 존재의 단절이 아닌, 관계의 유기적인 가치를 인식하고 유심의 투영으로서 객관적인 법계를 바라보려고 할 때, 생태의 유기체적 존재가 '관계 지어짐' 속에 가치를 발견하게 될 것입니다. 『금강경』에 "응당히 머무는 바 없이 그 마음을 내라(應無所住 而生其心)"는 경문이 있습니다. 마음이 머물러 있음은 곧 하나의 사물에 정체되어 있음이며, 이는 온 우주에 시시각각으로 살아 움직이는 진리의 참 모습을 등지는 것이 됩니다. 어느 한 순간, 어느 한 곳에, 그 어떠한 개체에도 제한되거나 집착하는 바 없이 이 마음을 두루 운용할 수 있을 때, 우주의 감각으로 매 순간을 살아가는 것이 됩니다. 이러한 마음이 지속적으로 이어질 때 '지혜의 완성'이라고 말하는 것입니다. 석가모니는 새벽 샛별을 본 그 순간부터 온 우주의 지고지순한 진리에 합일되어 일생을 사신 분입니다. 그리고 그 이치를 우주생명의 연기법緣 起法이라고 깨달으셨던 것입니다. 이 우주생명의 연기의 이치를 깨닫고 우리의 일상 속에 연출해내는 것이, 곧 지혜자가 그 마음을 내는 매 순간이 됩니다. 계곡의 물이 강을 따라서 바다에 이르고 태어난 삶이 흘러서 죽음에 이르듯, 우주생명은 잠시도 머물지 않고서 변화무쌍하게 진리를 연출하고 있기 때문입니다. 이 이치를 알아차리고 다시는 어리석 거나 놓치지 않는 삶을 지혜자의 삶이라고 찬탄하는 것입니다.

우리의 마음이 어느 하나에 고정될 때 전체를 보지 못하고 어리석게 되고 맙니다. 이루어진 것은 무너져 가고, 태어난 자는 사멸死滅해 갑니다. 어느 하나를 붙잡고 집착을 키워서는 안 되는 이치가 여기에 있습니다. 봄의 꽃은 가을의 결실을 예견하게 하며, 강물은 바다에 이르고 다시 기류를 타고 하늘에 오릅니다. 순간은 영원에 이어지고 만겁萬劫은 한 찰나刹那도 놓치지 않고서 비로소 영원을 이루어 간다는 이치입니다. 석가모니는 순간에 반짝이는 새벽 샛별을 보고서 영원의 이어짐을 깨달았던 것입니다. 영원의 이어짐 속에는 우주의 생성과 소멸이 함께 소용돌이치고 있음도 분명히 보셨을 것입니다. 오늘날 종교의 생명은 이 진리를 우리 모두가 일상 속에서 깨닫고, 단절 없이 놓치지 않고 살아가는 일입니다. 생명, 환경, 생태, 시공, 빈부, 자타 등등의 모든 대립 개념 속에서 석가모니가 깨달은 절대평등의 가치를 발견해내는 것이 불교에서 강조하는 중도中道의 삶이며 평화로 나아가는 첫 관문이 됩니다.

우리 주위에 펼쳐져 있는 진리를 영성으로 인식하고 사는 사람들은 언제나 깨어 있고 모든 대립을 통하여 절대평등을 직관하는 마음가짐을 잃지 않습니다. 생태의 현상을 영성으로 깨달은 사람은 모든 생명을 동일한 가치로 보고(天地同根) 함께 어우러지는 동체대비同體大悲의 실마리를 가슴에 간직하게 됩니다. 이는 우주의 진리를 직관하는 마음의 힘이며 화엄의 진리를 통하여 생태의 영성을 회복하는 길이라고 말할 수 있을 것입니다. 모든 생물이 약육강식의 법칙으로 살아간다고 한다면, 화엄 생태 영성의 인식은 그 반대로 생명 평등 연기의 관계를 직관하는 것이며, 자신의 행위 속에 생명 평화를 구현해 가는 삶이라고 정의할 수 있을 것입니다.

# 생태 영성과 성서[1]

조현철(서강대학교 신학대학원 교수)

본고에서 말하고 싶은 것은 세 가지이다. 영성이 무엇인가를 짚어보고, 영성에서 생태 영성으로 좀 더 구체화를 시켜보고, 조금 더 구체적으로 그리스도교가 생태 영성과 어떻게 접목이 될 수 있는지 살펴보려고 한다. 그래서 그 의미나 의의 등 구체적인 부분을 가지고 오늘날 우리에게 왜 영성이 필요하고, 왜 생태 영성을 이야기해야 하고, 왜 그리스도교에서 영성을 이야기해야 하는지를 성찰해 보도록 하겠다.

---

[1] 본 논문은 「그리스도교 생태영성을 찾아서-성서의 생태적 이해」라는 제목으로 『신학사상』 149집(한국신학연구소, 2010년 여름호)에 실린 논문을 수정 보완한 것으로서, 한국신학연구소의 양해를 받아 싣는 것임을 밝힙니다.

## 1. 문제 제기: 생태 영성의 필요성

왜 생태 영성이 필요한가. 아무 근거 없이 생태 영성이 필요하다고 하는 것보다는 생태적인 문제가 우리로 하여금 영성 중에서 생태적인 측면을 부각시키게 하는 것이 아닐까 하는 생각이 든다. 생태 위기라는 것은 더 이상 우리에게 낯선 말이 아니다. 논란이 있기는 하지만 지구 온난화도 관점에 따라서는 인간의 책임이 아니라는 주장도 많다. 거대한 지구 역사에서 보면 큰 흐름에서 빙하기가 오곤 하는, 그런 지질학적 사이클의 하나라고 주장하는 사람도 있다.

그러나 IPCC라는 기후 변화에 관한 유엔 산하에 있는 국제기구에서 작년에 4차 보고서가 나왔다. 이 보고서의 결론이 나오기까지 관여한 과학자들이 몇천 명인데, 여기에는 생태 문제에 관한 진보적인 사람부터 아주 보수적인 사람들을 다 망라하고 있다. 거기서 나온 마지막 4차 보고서의 결론은 20세기 중반 이후의 지구 온난화는 인위적인 온실가스의 농도 증가로 발생했을 가능성이 매우 높다고 되어 있다. 한마디로 얘기하면 우리가 지금 목격하고 있는 지구 온난화는 인간 탓이라는 것이다. 다만 가능성이 매우 높다고 하는 것은 과학자들이 흔히 쓰는 표현이다. 과학은 항상 오류의 가능성을 염두에 두기 때문에 절대적인 표현은 사용하지 않는다. 거의 결론이 그렇게 난 것이다.

그렇다면 생태 위기에 우리는 어떻게 대응해야 할 것인가. 문제에 대응하기 위해서는 문제의 원인을 알아야 하는데, 그 원인이 인간에서 비롯되었다고 한다. 부연 설명을 해보면, 근대 이후에 이런 문제들이 부각되기 시작하였다. 눈부신 자연과학, 힘 있는 기술, 거기에서 생산

수단이 비약적으로 강화되었고 시장에 바탕을 둔 자본주의 경제가 전 세계를 지배하고 있다. 나아가 물질의 풍요, 생활의 편리함을 추구하는 사람들. 이런 것들이 지구에 과도한 부담을 주었다.

생태 원리 중에 '세상에 공짜 점심은 없다'는 말이 있다. 우리가 무엇인가를 취하면 어딘가에서 무엇인가가 일어난다는 뜻이다. 우리가 당장 느끼지 못할 뿐이다. 그래서 오늘날 우리가 목격하고 체험하고 있는 다양한 생태 문제는 바로 그 결과이다. 경제, 효율, 성장, 풍요, 소유, 지나친 경쟁 등 우리가 추구하는 가치들로 인해 전체적인 부는 증가하지만 빈부 격차의 증가와 함께 자연생태계의 파괴라는 불행한 상황을 초래했다고 하면, 사실 자연에서 일어나는 문제는 인간 내면의 문제이다. 우리 인간 내면의 마음가짐의 문제이다. 그렇기 때문에 이 문제를 해결하기 위해서 우리 인간의 내면의 문제를 가만히 놔둔 채, 현재의 생활양식을 그대로 지속하면서 생태 문제를 극복하려고 하면 결코 성공할 수가 없다. 근본 뿌리가 우리 안에 있기 때문이다. 인간 내면의 변화가 없으면 생태 문제의 근본적 해결은 가능하지 않다. 여기서 바로 영성과 생태 문제가 깊은 관련이 있다고 주장할 수 있는 것이다.

영성이라고 하는 것은 인간의 심원한 내면, 깊은 곳에 있는 영역과 관련되어 있는 것이기 때문이다. 그래서 생태 문제라고 하는 것도 현대에 일어나고 있는 많은 중요한 현상 중의 하나라고 생각한다. 그리고 이를 극복하기 위해서는 인간 내면의 변화가 필요하다. 생태 영성이 그 하나가 될 수 있다. 그리고 그리스도인으로서는 우리 안의 생태 영성을 뒷받침해낼 수 있는 부분이 무엇이 있는가를 끄집어내는 것이 굉장히 중요하다. 성서 안의 어떤 생태 영성이라는 무엇인가를 정의, 설명하고 사람들에게 얘기할 때, 그리스도인에게 성서가 차지하는 비중을 생각할 때, 성서 안에서 생태 영성을 뒷받침해주는 자원이 무엇인가를 캐내는 것이 중요한다. 이 두꺼운 책 안에 생태 영성이라는 단어는 없다. 감추어져 있다. 그것을 발굴하는 것이 우리의 과제이다.

## 2. 영성과 삶

생태 영성을 말하려면 먼저 영성에 대해 살펴보아야 할 것이다. 영성이란 용어는 그 의미나 용법이 애매하고 다양해서 명확하게 정의하기가 쉽지 않다.[1] 현대에 가장 유행하는 용어가 영성이라고 한다. 어떤 분이 아마존이라는 인터넷 서점에 가서 검색어로 영성(spirituality)을 치니 책이 수없이 쏟아지더라고 했다. 비즈니스부터 온 영역에 다 있다고 한다. 가장 잘 팔리는 말 중의 하나라는 뜻이다. 그런데 과연 그것이 무엇인가? 각양각색이라는 말이다. 영성이라는 똑같은 말을 가지고 뜻하는 것이 각양각색이라는 것이다. 그중 중요한 것이 S. M. 슈나이더Schneider의 말이다. 그에 따르면, '영성(spirituality)'의 어원이 되는 '영적(spiritual)'이란 형용사는 사도 바오로가 고안하였다고 한다. 영적이라는 것은 성령에 속하는 어떤 것을 가리켰다(1 코린 2: 14-15).[2] 이렇게 '영성'은 그리스도교에 그 기원을 두고 있으며,

---

[1] M. 다우니, 안성근 옮김, 『오늘의 기독교 영성』, 은성, 2001, pp.30~31.
[2] "현세적 인간은 하느님의 영에게서 오는 것을 받아들이지 않습니다. 그러한 사람에게는 그것이 어리석음이기 때문입니다. 그것은 영적으로만 판단할 수 있기에 그러한

근본적으로 성령의 현존과 영향을 가리켰다.[3] 19세기까지 '영성'은 거의 전적으로 로마 가톨릭의 용어였으며, 시기에 따라 다양하게 이해되었지만, 언제나 '성령에 따른 삶'이라는 원래의 의미를 지니고 있었다.[4] 즉 굉장히 실천적인 측면을 가지고 있었다. 우리는 보통 영성, 기도, 내면을 연결해서 생각하는 것에 그치지 않고 밖으로 표현되는 면이 있으며, 이는 곧 성령에 따른 삶, 삶의 양식을 말하는 것이다.

그런데 20세기 이후에 새로운 상황이 도래했다. 이제 영성은 결코 로마 가톨릭이나 그리스도교의 전유물이 아니게 되었으며, 성령은 물론 하느님이라는 신적 실체와도 관련이 없을 수 있는 비-종교적 또는 반-종교적 영역에서도 영성을 말하게 되었다.[5] 이러한 새로운

---

사람은 그것을 깨닫지 못합니다. 영적인 사람은 모든 것을 판단할 수 있지만 그 자신은 아무에게도 판단 받지 않습니다."

[3] Sandra M. Schneider, "Theology and Spirituality: Strangers, Rivals, or Partners", *Horizons* 13/2 1986, p.258.

[4] Schneider, "Theology and Spirituality", p.260. 교부시대를 거쳐 11세기까지 영성의 의미에는 커다란 변화가 없이 상당히 일관되게 성령에 따른 삶과 그 삶의 모든 활동을 가리켰다. 12세기 들어 중요한 변화 하나가 철학의 영향으로 신학 안에서 일어났다. 이때에 처음으로 영적인 것을 물질적인 것과 대조하여 이해하기 시작하였으니, 영적이란 말은 이성을 지니지 않은 피조물과 비교하여 이성적 피조물을 지칭하게 되었다. 13세기에는 영성의 이러한 철학적 의미가 이전의 종교적 의미와 함께 존재하게 되었다(Ibid., 258).

[5] 특히 2차 바티칸 공의회 이후, 영성은 가톨릭교회를 넘어서 개신교, 유대교, 동양의 종교, 특히 불교에서도 사용되기 시작했다. 또한 여성주의 영성(feminist spirituality), 흑인 영성(black spirituality), 맑시스트 영성(Marxist spirituality) 등에서 보는 것과 같이, 영성은 비-종교적 또는 반-종교적인 영역에서도 사용되고 있다. Schneider, "Theology and Spirituality", p.255.

상황에서 영성이란 무엇인가를 이해하기 위해서는, 성령에 따른 삶이라는 이해보다는 영적인 것과 물질적인 것의 구분에 기초한 영성의 철학적 의미를 생각하는 것이 도움이 될 것이다. 인간학적 관점에서, 영적이라는 말은 인간을 하나의 인격체로 특징짓는 인간 고유의 특성인 인식과 사랑을 통한 자기 초월의 능력을 뜻한다고 할 때, 즉 인간은 가만히 있으려고 하지 않고 계속 자신을 뛰어넘어서 무엇엔가 도달하려고 하는 경향이 있다. 이 책을 읽는 독자들도 지식을 통해서 지금의 자신을 뛰어넘으려고 하는 것이다. 영적이라는 말을 이렇게 이해할 때 모든 인간은 본질적으로 영적이며, 영성은 이런 작용, 능력을 통해서 인격적 관계의 확립을 통한 자기 초월(self-transcendence)의 능력의 실현으로 볼 수 있다. 그렇다면 이러한 자기 초월로 무엇에 도달하려고 하는가. 그것은 각자가 인식하는 삶의 궁극적 가치나 목적이 될 것이다. 그렇다면, 영성은 "고립이나 자기 몰입이 아닌, 특히 사랑 같은 것과 관련이 있는데, 사랑은 자신을 개방하는 일과 관련이 있다. 즉 영성은 자신을 개방시키면서 각자가 인식하는 궁극적 가치를 향한 자기 초월로 자신의 삶을 통합하려는 의식적 노력의 체험"을 가리킨다.[6]

영성의 실천적 측면은 P. 틸리히Tillich의 영靈의 이해에서 뚜렷하게 드러난다. 틸리히는 영성의 어간인 영(spirit)을 '능력과 의미의 통합(the unity of power and meaning)'으로 이해한다.[7] 의미의 지성적인 측면을

---

[6] Schneider, "Theology and Spirituality", 266 ; 또한 Roger Haight, "Sin and Grace", in *Systematic Theology: Roman Catholic Perspectives*, ed. Francis Schüssler Fiorenza and John P. Galvin Minneapolis: Fortress Press, 1991, vol.2, p.135 참조.

[7] Paul Tillich, *Systematic Theology* Chicago: The University of Chicago Press, 1963, vol. 3, p.24.

생각한다면 그것만이 아니라 능력, 실행하는 것을 강조하는 것 같다. 이렇게 전제한다면, 여기에 바탕을 둔 영성이란 궁극적 의미나 가치에 관한 인식만이 아니라 그렇게 인식한 의미나 가치를 실현하며 살도록 해주는 내적 역동성으로 이해해야 한다. 삶의 의미가 무엇인지를 깨닫는 것에 그치지 않고 그것을 표현해서 나가도록 하는 내적 역동성으로 이해해야 한다. 참된 내적 역동성은 밖으로 표현되기 마련이다. 그것이 참된 내면의 움직임이라고 한다면 그것이 우리를 변화시킨다. 따라서 영성은 우리가 궁극적 의미, 가치, 목적을 향해서 나아가도록 하는 실천적 힘의 원천이다.[8] 안에 있지만 밖으로 뻗쳐 나오는 것이다. 영성은 삶의 근본적 의미와 목적과 관련한 각자의 삶의 방식(a way of living)이며, 이런 삶의 체험이다. 영성은 이런 체험을 잘 정리하여 학문의 영역까지 이르게 되는데, 1차적으로는 안의 내면의 인식, 그것이 밖으로 드러난 실천, 그 실천한 삶을 거리를 두고 성찰하여 정리하는 것이 영성의 학문적 영역이라고 할 수 있다.

이것이 영성 일반에 대한 이해라고 생각하면 종교 영성이라는 것은 무엇일까? 영성이 추구하는 궁극적 가치와 의미가 초월적 실체, 예를 들어 신적인 것과 관련될 때 종교적 영성이라 할 수 있다. 그리스도교 영성의 경우는 조금 더 구체적으로 얘기할 수 있을 것이다. 인간의 궁극적 가치와 의미는 무엇인가? 그것은 다름 아닌 사람이 되신 하느님, 곧 예수 그리스도 안에서 드러난다는 것이다. 우리 삶의 원형, 모델이 예수 그리스도인데 이를 인식하고 구현하는 것은 예수 그리스도가

---

[8] Walter B. Gulick, "The Bible and Ecological Spirituality", *Theology Today*, 48, no. 2 1991, p.185.

우리에게 보내주신 성령을 따르는 것이라고 생각하고 실천하는 것이 그리스도교적 영성이라고 할 수 있다. 앞에서 언급하였듯이, 그리스도교 영성은 "성령을 따르는 삶"[9]에 다름 아닌 것이다.

원론적인 영성, 그 궁극적인 의미와 가치를 신적인 것에 둘 때 종교적인 영성으로 넘어갈 수 있고 그것을 일반적인 하느님, 그리스도교는 거기서 더 나아가 예수 그리스도와 관련하여 하나의 구체적인 얘기를 한다. 그리고 우리가 현재 신적인 실체를 체험할 수 있는 것은 예수 그리스도가 보내준 우리와 항상 함께하는 성령에 의해서 가능하다. 그리스도교 영성이 예전에는 여러 용도로 사용되었지만 언제나 근본적인 의미로는 성령을 따르는 삶이라고 했듯이, 우리가 논의하는 영성도 다시 정의하면 성령을 따르는 삶이라고 할 수 있을 것이다.

## 3. 생태 영성과 현대세계

영성은 인간이 처한 구체적 상황, 곧 역사 안에서 이루어진다. 그래서 영성 일반, 일반적 영성이라고 말은 할 수 있지만 실제로 일어난 것은 언제나 구체적인 영성이며, 이런 의미에서 일반적 영성(generic spirituality)이란 존재하지 않는다.[10] 영성은 역사 안에서 일어나는 것이다. 인간이 역사적인 존재이기 때문이다. 내가 생각하는 삶의 궁극적인 가치나 목적이 무엇인가? 이것은 내가 처한 역사적 상황을 배제하고는

---

[9] Jon Sobrino, *Spirituality of Liberation: Toward Political Holiness*, trans. Robert R. Barr Maryknoll, N.Y.: Orbis Books, 1988, p.124.

[10] Schneider, "Theology and Spirituality", p.267.

말할 수 없다. 할 수 있다 하더라도 의미가 없는 것이다. 나는 지금 2009년 한국의 남한, 여기서 살고 있다. 이런 역사적 맥락을 뺀 영성이라는 것은 말할 수는 있겠지만 상당히 공허할 수밖에 없다. 그래서 영성은 언제나 구체적인 영성이다. 우리 개인은 언제나 자신이 속한 구체적 상황과 그 영향 속에서 삶의 궁극적 가치나 목적을 인식하기 마련이다.

어떤 사람들이 해방이야말로 우리 삶의 궁극적인 가치라고 말한다면 거기에는 그 사람이 처해 있는 맥락(context)이 구체적으로 작용하는 것이다. 해방의 영성, 해방신학도 마찬가지다. 압제라는 상황 아래에서는 해방이라는 것이 인간 삶의 지상 목표가 될 수 있다. 오늘날의 한국 상황에서는 어떤지 잘 모르겠다.

그렇다고 해서 이것이 우리가 생각할 수 있는 누구에게나 다 통용될 수 있는 보편적, 궁극적인 가치나 목적이 없다는 것은 아니다. 그러나 그 보편성이 언제나 구체적으로 표현된다는 말이다. 보편적인 궁극적 가치나 목적은 언제나 특정한 맥락 속에서 다양하게 표현된다.

그래서 궁극적 가치나 목적이 초월적인 종교적 영성, 더 구체적으로 그리스도교 영성 또한 역사적 상황의 영향을 받는다. 우리가 궁극적 목표로 생각하는 하느님, 신적인 존재도 세상 안에서 우리가 체험하는 것이기 때문이다. 그러므로 한국과 미국이 다르고 21세기와 19세기가 다르다. 하느님과 인간의 관계는 언제나 세상 속의 구체적 체험을 통해서 일어나기 때문이다.[11]

현대를 특징짓는 가장 큰 것 중의 하나는 과학이다. 과학을 통해서

---

11 Rahner, *Foundations of Christian Faith*, p.140.

물질주의, 소비주의 시대가 도래했고 점점 더 그 세력을 키워가고 있다. 그런데 역설적으로 이때 영성에 대한 관심이 부쩍 늘어난다. 근대 이후의 특징을 보면 '확대(expansion)'와 '진보(progress)'라는 단어로 말할 수 있다. 인간이 미래에 대해 낙관을 가질 수 있는 것들이다. 그래서 개인적으로나 집단적으로 지식과 힘과 물질적 부의 확대를 지향해 왔으며, 추구해 왔다. 그리고 일부는 성공하기도 했다. 그래서 이것을 진보다, 발전이다라고 여겨왔다. 그 아래에는 과학기술이 있었다. 그래서 인류의 미래에 장밋빛 전망이 도래한다. 하지만 인류는 바로 자신이 획득한 엄청난 힘 때문에 커다란 당혹과 좌절을 겪어야만 했다.[12]

서양인들은 홀로코스트, 유태인 학살을 많이 예로 든다. 20세기 들어서 두 번의 커다란 세계대전이 사람들에게, 특히 서구의 지식인들에게 큰 당혹감을 준다. 그 전까지는 승승장구해서 인간이 이룩해 온 과학기술에 기초한 발전에 대해 낙관적인 전망을 가졌다고 한다면 아우슈비츠, 히로시마, 베트남이라는 지명들이 상징하는 것들은 — 아우슈비츠에서는 수백만 명의 유태인이 학살되었고, 히로시마에서는 한순간에 사람들이 죽었고 지금까지도 피해를 보고 있으며, 베트남 전쟁도 마찬가지다 — 많은 사람들에게 실망과 당혹감을 주었다. 과학기술이 한편으로는 인류에게 엄청나게 풍요로운 전망을 약속하고 그 결실을 맛보게 해주었

---

[12] 다우니,, pp.32~35. M. 다우니는 영성에 대한 관심 고조의 배경으로 아우슈비츠와 히로시마와 베트남이라는 역사적 사건을 지목한다. 이 지명들은 인간이 저지른, 저지를 수 있는 엄청난 폭력과 악을 상징하며, 여기에서 일어난 일은 수많은 사람들에게 엄청난 절망과 공포, 좌절을 안겨주었다. 이 사건들은 과학기술을 통해 인간이 획득한 엄청난 힘 때문에 가능했다.

지만 그 대가는 엄청나다는 것이다. 아우슈비츠, 히로시마, 베트남은 다우니라는 분이 『오늘의 기독교 영성』에서 현대에 왜 영성이 부각되었는가를 역설적으로 얘기하면서 설명하는 지명들이다.

현재도 마찬가지이다. 우리가 추구해 온 인간의 놀라운 능력 바로 그것 때문에 생겨나고 있는 문제점들, 흔히 부의 양극화로 표현되는 물질적 풍요 속에서 지속되는 가난의 확산, 인종갈등의 지속 또는 악화, 지역과 개인 간의 갈등과 폭력의 심화, 생태 문제의 악화와 확산 등을 대표적인 보기로 들 수 있다. 또한 급속한 산업화와 정보화 등으로 전통 사회가 해체되면서 가정과 지역 공동체가 해체되고 개인주의가 심화됨에 따라, 개인들은 삶의 의미나 가치를 찾기 힘들게 되었으며, 비인간화, 소외, 불안 등으로 고통을 호소하는 사람들이 늘어가고 있다. 미래에 대한 낙관적 전망에 짙은 어둠이 드리워진 것이다.

이런 것들은 현대에 들어서 그 도가 급속도로 심해졌다. 작년 통계청 통계를 보면 우리나라 사람들에게 죽음의 원인 중 자살이 3위이다. 특히 청년들은 그 첫 번째가 자살이다. 이런 상황에서 영성이 떠오른다. 이렇게 영성이 급부상하는 것은 우리가 살고 있는 상황이 그만큼 반영성적이라는 얘기이다. 본질적으로 인간은 모두 영적이며, 영성이란 궁극적인 가치에 자신의 삶을 통합, 도달하려는 노력이라고 할 때, 인간의 영적인 본질에 도달하기 힘들게 만드는 반영성적 상황이 지속되면, 인간은 본질적으로 영성적인 존재이기 때문에 이를 갈망할 수밖에 없게 된다. 그렇기에 영성이 더 급부상하게 된 것이다.

L. 보프Boff도 비슷한 얘기를 한다. 그는 영성은 그 시대정신의 표현이라고 말한다. 아까 우리 시대에 영성이 자꾸 이야기되는 것은

우리 상황이 반영성적이라고 했는데, 마찬가지로 생태 영성이 그만큼 많이 표현된다는 것은 우리가 사는 시대가 그만큼 생태적으로 문제가 있다는 것이다. 그만큼 그 상황을 초래한 시대정신이 있다는 것이다. 영성은 언제나 구체적인 맥락 하에서 드러난다고 했는데, 시대마다 시대가 추구해 온 주류의 정신들이 다르다. 그래서 해방의 영성, 여성주의 영성, 흑인 영성 등 다양한 종류의 영성이 나타난다. 생태 영성이라는 것도 그런 맥락에서 이해하면 좋지 않을까 한다.

생태 문제는 인간의 내면의 문제이다. 그렇다면 도대체 인간의 내면의 문제에 무엇이 있는가? 생태 문제는 근본적으로 자연이 아닌 인간의 문제, 특히 인간의 내면의 문제라고 할 때, 그 중심에는 자연에 대한 과도한 인간중심주의(anthropocentrism)가 있다.[13] 인간이 자연을 얘기할 때 인간이 인간중심주의를 탈피할 재간이 있는가라는 철학적인 질문을 던질 수도 있다. 그래서 '과도한', '지나친'이라는 형용사를 붙인다. 나도 찬동하고 많은 이들도 동의하는 부분이다. 생태여성주의에서는 이것은 너무 추상적이고 인간중심주의가 문제가 아니며, 역사적으로 여성을 홀대해 온 남성주의가 문제이며, 그러므로 남성에 의한 여성과 자연은 동일한 피해자라고 주장한다. 두 그룹 사이에서 굉장히

---

**13** 심층 생태주의(deep ecology)가 이런 인식의 대표적인 보기라 할 수 있다. 여기에 대해, 생태여성주의(ecofeminism)는 단순한 인간중심주의가 아니라 남성주의(androcentrism)가 문제의 원인이라고 주장한다. Pamela Smith, *What Are They Saying About Environmental Ethics?* New York: Paulist Press, 1997, pp.19~21. 하지만 이들의 논란 속에서도 인간과 자연을 분리하고, 인간에 우월한 가치 부여, 인간의 착취에 정당성을 부여한다는 하나의 공통점을 찾을 수 있다. 필자는 이 글에서 이 공통점을 인간중심주의로 지칭할 것이다.

많은 논의가 오고간 것으로 아는데 공통점도 있다는 생각이 든다. 여기서는 그 부분이 초점은 아니므로 넘어가도록 하겠다.

인간중심주의 아래에는 근대적인 세계관이 깔려 있는데, 이를 기계적인 세계관이라고 한다. R. 데카르트Descartes와 I. 뉴턴Newton은 각각 세계를, 이 세상을 하나의 정교한 기계로 파악하는 기계적 세계관의 기초를 놓았고 완성시켰다.[14] 물론 이들은 우리가 이 세상을 파악하는 데에 기여한 부분이 많다. 이 기계적 세계관에서 세상은 균일한 공간을 차지하는 물질이다. 여기에는 자연은 물론이고 사회와 인간의 몸도 다 들어간다. 이제 자연은 수리하거나 교체할 수 있는 원자화된 부분으로 구성된 하나의 기계로 인식되었다. 이러한 자연에 대한 기계론적 인식은 자연에 대한 조작과 혹사를 합리화해 줄 가능성을 이미 강하게 함축하고 있다.[15] 기계는 인간에게 봉사해야 한다. 과도하게 작동하다가 고장 나면 그 안의 부품들을 갈아치울 수 있다. 인간은 이제 자연에 대해서도 그런 시각을 갖게 되었다는 것이다. 자연은 인간에게 봉사하기 위해서 있는 것이고, 인간의 과제는 기계인 자연이 우리 인간에게 잘 봉사할 수 있게 하는 것, 그 도구가 근대 이후 발달한 자연과학이다. 프란시스 베이컨이 '아는 것이 힘'이라고 했을 때 그것은 정말로 힘이다. 자연을 제어할 수 있는 힘이다. 말을 듣지 않는 자연을 파악하여 자연과학적 지식으로 인간에게 잘 봉사할 수 있도록 끌어내리는 것이다.

---

[14] Ian G. Barbour, Religion and Science: Historical and Contemporary Issues New York: HarperCollins, 1997, pp.12~13, 18~19; Fritjof Capra, The Turning Point: Science, Society, and the Rising Culture NewYork: Bantam, 1983, 5961, pp.65~67.

[15] Carolyn Merchant, *Radical Ecology: The Search for a Livable World* New York: Routledge, 1992, p.48.

사실 현대 과학이 우리에게 오늘날 보여주는 세계의 모습은 이것과는 조금 다르다. 오히려 세계는 그것보다는 하나의 유기적인, 모든 것이 전체적으로 연결되어 있는 유기적인 전체라는 것이 오늘날 우주론이나 진화론이 우리에게 제시해 주는 세계상이다. 기계처럼 내적인 관계로만 연결되어 있는 것이 아니라는 것이다. 그만큼 모든 세상 안의 모든 존재의 관계가 중요해진다.

그런데 하나 짚고 넘어가고 싶은 것이 있다. 지식으로는 많이 바뀌었는데, 예를 들면 우주에는 하나의 기원이 있고, 그 이후에 우주가 폭발하는 가운데 지구가 생겼고, 지구는 40억 년 이후부터 꾸준히 진화의 과정을 거쳐 오늘날 살고 있는 우리 세상이 되었다고 하는 우주이야기는 대부분의 과학자들이 인정하고 있는 바이다. 그런데 우리가 움직이는 것은, 자연을 대하는 것은 여전히 기계적인 세계관에 의해 좌우된다. 왜 그런가? 우리가 무엇을 안다고 해서 우리 몸이, 우리 생활습관이, 우리 의식이 금방 바뀌지 않는다는 것이다. 이것이 바뀌려면 내면의 회심같은 것이 필요한데, 이런 부분에 영성이 기여할 수 있는 부분이 있지 않을까 한다. 영성이라는 것은 우리 인간 내면의 깊은 부분과 관련이 되는 것이기 때문이다.


## 4. 생태 영성과 생태적 세계관

지금까지 근대 이후 인간의 자연에 대한 행동양식을 지배해 온 것으로 기계적인 세계관을 얘기했지만, 현대 과학이 우리에게 제시해 주는 것은 어찌 보면 생태적인 세계관이라고 이름 붙일 수 있는 어떤 것이다.

앞에서 영성을 인간을 파악하는 궁극적인 의미, 가치와 이를 인식하고 실천하는 것까지를 포함한다고 말했다. 그렇다면 영성의 기초에는 특정한 인간관, 세계관이 깔려 있지 않을까? 다시 말하면 영성에는 인간과 세계에 대한 특정한 이해가 전제되고 있지 않은가 하는 것이다. 왜 그런가? 내가 어떤 것을 나의 삶의 의미와 가치로 인식하고 추구할 것인가? 거기에 따라서 어떤 방식의 삶을 사느냐 하는 것은, 인간이 어떤 존재인가, 세상이 어떻게 생겼는가에 대한 이해에 따라 많이 달라진다는 것이다. 2,000년 전의 사람이 생각하는 삶의 궁극적인 의미와 가치와 현대인이 생각하는 의미와 가치는 같을 수도 있고 다를 수도 있다. 그 기점에 무엇이 있는가? 그것은 인간이 인간을 어떻게 이해하는가와 깊은 관련이 있다는 것이다.

세상을 철저히 기계로만 파악하면 세상 자체, 자연 자체에 궁극적인 의미나 가치를 둘 필요는 없을 것이다. 기계로 파악한 자연과 인간은 철저히 다르다. 그렇다면 이쪽에서는 궁극적인 가치나 의미를 찾으려 하지 않을 것이다. 기계는 우리에게 도움이 되는 한 쓰는 것이기 때문이다. 그러나 만약 현대 과학이 알려주는 것들, 보프의 표현에 의하면 비온 다음 날 내 집 앞에 있는 지렁이 한 마리와 나는, 내가 의식하지 못하지만, 현대 과학이 알려주는 우주 이야기에 따르면 그 근원에서는 하나라는 것이다. 그것을 정말로 심각하게 고려한다면 내가 인식하는 삶의 의미나 가치에서는 저 자연을 완전히 제어하기 힘들다. 즉 영성의 뿌리, 밑바닥에는 특정한 인간관, 세계관이 더 깔려 있다는 것이다. 그것이 전제되어 있다는 것이다. 그 세계관이 영성이 추구하는 의미나 가치를 더 변화시킬 수 있다는 것이다. 그래서 영성과 인간관, 세계관은 비슷한 얘기이다. 인간이라는 것은 세계 내 존재이기 때문이다. 그러므로 영성에는 인간과 세계에 대한 특정한 이해가 전제된다고 말할 수 있다.

그래서 기계론적인 세계관 대신에 현대 과학이 얘기해주는 것은, 그것이 좀 더 세상에 대한 정확한 이해라고 한다면, 기계론적인 세계관과는 상당히 다르다. 그것을 무엇으로 표현할 수 있겠는가? 이것을 생태적인 세계관이라고 말하기 위해서 기계적 세계관과 생태적 세계관 두 가지를 비교해보자.

세상을 기계로 보았을 때는 어떨까? 사회는 본질적으로는 서로 아무런 관련이 없는 파편화된 개인들로 구성된 집합체이다.[16] 이에 따르면 여러 부품들이 하나의 기계를 구성하듯, 인간 사회는 내적 관계가 없는 개인들의 집합일 뿐이다. 이러한 인간 이해의 모형에서는 개인들의 협력이나 조화보다 경쟁, 그리고 개인의 효율과 이익과 성장이 강조된다.[17] 타인은 함께 살아갈 공동체의 구성원이라기보다는 일차적으로 내가 겨루고 이겨야 할 경쟁 상대이며 나의 목표 달성을 위한 수단으로 인식된다. 그런 판에서 자연을 어떻게 이해할지는 자명한 것이다.

생태적 세계관은 다르다. 생태적 세계관이 무엇을 의미하는가를 알려주는 단어는 '생태'라는 말이다. 생태는 영어로는 에코eco이며

---

[16] 인간의 몸도 예외가 아니다. 이 관점에 따르면, 인간의 몸은 하나의 유기체라기보다는 매우 복잡한 기계다.

[17] Sallie McFague, *Life Abundant: Rethinking Theology and Economy for a Planet in Peril* Minneapolis: Fortress Press, 2001, pp.77~79.

그 희랍어 뿌리는 오이코스 $oîκος$이다. 오이코스는 '집', 건축물이 아닌 사는 장소이며 영어로는 하우스홀드household라는 표현을 많이 쓴다. 다시 말해 하나의 세대라는 뜻이다. 생태적 세계관은 세상을 오이코스로 본다고 보면 된다. 그렇다면 한 집안, 가족의 구성원들을 어떻게 볼 것인가? 결코 파편화된, 원자화된 개인들이 아니다. 각자 개별성을 갖고 있지만 내적으로 깊이 연결되어 있다. 내가 잘 살기 위해서는 상대방이 잘 살아야 한다. 아무리 집안에서 비리비리한 사람같이 보여도 그 사람이 불행하면 전체가 제대로 안 된다. 집안 구성원 중 다른 사람이 다 잘나간다고 해도, 한 사람이 사회성도 약하고 집안에 처박혀 있다고 하더라도 그 사람을 없앨 수 없다. 기계적으로 세상을 보면 없앨 수 있다. 그러나 그 사람을 진정한 가족으로 본다면 그럴 수 없을 것이다. 관계, 그 사람의 겉으로 보이는 가치와 상관없이 고유한 가치를 인정해주는 것을 오이코스가 함의하고 있는 것이다. 요컨대 세상을 생태계로 본다는 것은 이미 그 안의 모든 존재가 내적으로 깊이 연관되어 있다는 것을 인정하는 것이다. 또한 그것이 아무리 내 눈에는 별 볼일 없이 보인다고 하더라도 그 나름의 가치를 가지고 있다고 할 수 있다. 이것이 생태적 세계관의 두 요소이다.

생태적 세계관을 통해서 인간과 세계를 이해하게 되면 거기에 따라서 우리가 추구해야 할 삶의 궁극적인 가치나 목적이 달라질 수 있다. 기계적인 세계관으로 세상을 바라볼 때와는 다른 것을 얻게 되는 것이다. 생태적 세계관을 통해서 세상의 사물, 자연에 대해서 생태적 감수성(ecological sensitivity)을 키워내는 것, 여기서부터 생태 영성의 출발점이 될 것이다. 그리고 거꾸로 생태 영성이 함양될수록 우리의 생태적인 감수성이 더 강화되지 않을까?

이제 생태적 세계관으로 표현한 생태 영성을 정리해보도록 하겠다. 모든 영성에는 세계관이나 인간관이 전제되어 있다고 한다면 생태 영성에는 생태적 세계관이 전제되어 있다. 거꾸로 표현하면 생태 영성이 무엇이냐 했을 때, 영성 일반을 생태적 세계관의 영성으로 구체적으로 표현해낼 수가 있는 것이다. 앞서 언급하였듯이 영성은 궁극적 의미나 가치에 관한 인식이며, 이렇게 인식된 의미나 가치를 구현하려는 내적 역동성, 실천적 힘의 원천이라고 한다면 생태 영성은 영적 존재인 인간의 근본 의미와 가치를 인간만이 아니라, 인간이 한 부분으로 존재하는 유기적 전체에서 찾는다. 이렇듯 우주 전체의 맥락에서 인식된 인간의 궁극적 의미와 가치를 구현하려는 내적 역동성은 우주의 다른 모든 존재들의 고유한 존재 의의와 가치를 인정하고 수용하는 것을 이미 내포하는 것으로 볼 수 있다.

이런 식으로 생태 영성이 무엇인가를 생태적 세계관이라는 빛으로 조명했을 때 좀 더 구체적으로 이해할 수 있겠다. 영적 존재인 인간의 궁극적인 의미나 가치는 인간의 내면에만 있지 않고 자연과 떨어질 수 없다는 것이다. 거기에는 생태적인 세계관이 전제되어 있기 때문이다. 너, 나, 자연은 다른 것이 아니라는 것이다. 그러므로 이를 단절시켜 놓고 궁극적인 의미, 관계를 찾는 것이 잘못되었다는 것이다.

이렇게 이해한 생태 영성은 존재의 측면에서는 세상 속의 관계의 중요성과 가치에 초점을 맞춘다. 생태 영성의 관점에서, 관계는 개별성만큼이나 중요하거나 개체는 관계가 없으면 존재할 수 없다는 의미에서, 심지어 관계는 개체보다 더 큰 비중을 지닌다고 말할 수 있다.

개체는 언제나 관계 속의 개체인 것이다. 실천의 측면에서, 생태 영성은 세상의 다른 모든 존재 그 자체의 소중함을 의식하며 세상에서 행동하도록 초대한다. 생태 영성은 인간이 자신의 행동이 자연에 미칠 수 있는 결과와 영향에 깊은 관심을 갖고 행동하도록 촉구하고 이끌어 준다.[18] 남은 과제는 어떻게 하면 우리가 생태적 세계관에 기초한 생태 영성을 진지하게 받아들일 수 있는가의 문제다.

그리스도인들의 경우, 다음과 같은 질문들에 대한 고찰이 생태 영성의 내면화와 함양에 하나의 중요한 변수가 될 것이다. 그리스도교 가르침의 근본인 성서에서 생태 영성의 원천을 찾을 수 있는가? 성서는 생태 영성의 바탕인 생태적 세계관을 뒷받침하는가? 만약 그리스도교의 가르침의 근본인 성서가 생태적 가르침에 별로 관심이 없다거나 혹은 반 생태적이라고 하면 상당히 곤란한 얘기다. 그래서 이하에서는 성서에서 생태 영성에 대해 뭐라고 얘기할 수 있을까, 우리가 그것을 어떻게 끄집어낼 수 있을까 하는 것에 초점을 맞추어 진행하도록 하겠다.

---

[18] Gulick, "Bible and Ecological Spirituality", p.185. Gulick은 생태 영성의 4개 핵심 요소로 "a recognition of the interconnectedness and interdependence of things in the world", "a commitment to protect the natural world", "an appreciative affirmation of the richness of the web of life and indeed the grandeur of the whole cosmos", "a resolve that issues in actions on behalf of those aspects of the natural world"를 들고 있다(ibid., pp.185~187). 이 4개의 요소들 중 실천적인 마지막 요소를 제외한 나머지 3개 요소는 이미 언급한 생태적 세계관의 내용을 말하고 있다.

## 5. 생태 영성과 성서

이제 논의를 생태 영성과 성서로 초점을 맞추어 보도록 하겠다. 성서는 생태 영성의 중요한 하나의 원천이 될 수 있는가? 또는 생태 영성의 바탕인 생태적 세계관을 뒷받침하는가? 이러한 것들이 우리가 제기할 수 있는 질문들이다.

신학적으로 보았을 때, 그리스도교의 핵심적인 교리에는 창조신앙과 육화신앙 등이 있다. 창조신앙은 유대 그리스도교가 공유하는 부분으로 세상 만물 모든 것은 한 분 하느님이 지으셨다는 것이다. 육화신앙은 그리스도교에 고유한 것으로 그 한 분 하느님이 세상을 사랑하신 나머지 이 창조의 일부를 취하셔서 인간이 되셨다, 말씀이 사람이 되셨다는 것이다. 이 둘은 생태적 세계관을 뒷받침한다고 할 수 있다. 세상의 모든 것, 보이는 것과 보이지 않는 것을 한 분 하느님이 창조했다고 한다면 이미 세상에 대한 어떤 관점을 내포하고 있는 것이다. 세상 만물의 궁극적 원천이 유일한 하느님이라는 믿음은 물질과 영, 자연과 인간이 아무리 이질적으로 보일지라도 근본적인 공통점을 지니고 있음을 암시한다. 출발이 하느님이며 기원이 하느님이라는 말이다.

그리스도교에서는 인간이 자꾸 무엇인가를 추구하는데, '언제 더 이상 추구하는 것을 멈추겠는가'라는 질문에 '하느님에 도달하기 전까지는 멈추지 않는다'라고 답한다. 아우구스티누스 성인은 '하느님께 안착하기 전까지 나는 끊임없이 안식할 수 없다'고 했다. 만약 인간이 그렇다고 한다면 우리의 인식 여부와는 상관없이, 자연의 다른 모든 존재들 또한 자신들의 기원인 이 창조주 하느님을 지향하고 있다.

원론적으로는 그렇다는 것이다. 물질과 영, 자연과 인간은 그 기원과 목표가 모두 동일한 창조주 하느님이라는 점에서 깊은 내적인 관련을 맺고 있다.[19] 이를 더욱 강화해주는 것은 육화신앙이다.

하느님이신 말씀이 사람이 되셨다는 육화신앙에는 물론 창조신앙에 기초한 세상 만물의 내적 유대관계를 우리가 깊이 인식한다는 전제하에서, 하느님이 인간이 되었다는 파급효과는 단지 인간에게만 영향을 미치는 것이 아니라 모든 피조물에게 영향을 미친다. 그러므로 신학적으로 보았을 때 원론적으로 창조신앙과 육화신앙은 생태적 영성을 뒷받침한다고 볼 수 있지만, 역사적으로 보았을 때 과연 그랬는가, 현실에서 어떻게 드러냈는가 하는 것은 다른 문제이다. 이는 동양종교도 마찬가지이다. 교의가 어땠는가와 현실에서 어떻게 구현되었는가는 상당히 차이가 있다.

불교나 도교에서는 연기설 하나를 강조하지만 그것이 부정적인 면을 가져올 수도 있다. 하나라고 했을 때는 그게 그거라는 식으로 관심이 없을 수도 있다. 그러므로 교의가 원론적으로 이야기하는 것도 중요하지만 현실적으로 어떻게, 무엇이 일어났는가를 냉철하게 파악하는 것도 중요하다. 그리스도교 역사에서 그리스도교와 생태 영성의 관계는 그렇게 명료하지 않다. 일방적이지 않다는 것이다. 생태 영성과 관련해서 인간과 자연의 관계는, 간단히 얘기하면 인간과 자연의 관계를 어떻게 얘기하는가와 깊은 관련이 있는데, 인간과 자연의 관계에 대해 그리스도교는 일관된 인식의 흐름을 보여주고 있지 않다.

---

19 조현철, 「생태 위기를 어떻게 극복할 것인가: 생태 영성의 필요성」, 『영성생활』 36, 2008), p.39.

루터교 신학자 P. 샌트마이어Santmire에 따르면, 그리스도교의 신학 전통은 생태적으로 파산했다고 비판하는 사람이 많지만, 그에 따르면 그것은 너무 일방적인 견해이다. 그리스도교 2000년 전통은 생태적으로 파산한 것은 아니지만,[20] 바로 생태적으로 사용할 수 있는 생태적 자산이 풍부하지도 않은, "모호한 생태적 전망(ambiguous ecological promise)"을 보이고 있다.[21] 즉 애매모호하다는 것이다. 그러나 인간과 자연의 밀접한 유대와 자연의 가치를 긍정하는 전통이 그리스도교에도 분명 존재한다. 아우구스티누스 성인의 경우에도 후기 쪽으로 가면 상당히 생태적으로 전망을 보여주지만, 초기는 그렇지 않았다. 인간의 성, 즉 몸에 대해 부정적인 관점을 가졌듯이 자연에도 호의적이지 않았다. 그러므로 우리의 몫은 이를 비판적으로 검토해서 생태적인 잠재적 자원을 끌어내는 것이며 이것이 중요하다.

성서의 경우에도 이 생태적 모호함이 존재한다. 자연이 하느님의 피조물임은 분명하지만, 직접적으로 생태적 관심을 보이거나 촉구하는 성서 구절을 찾기는 어렵다.[22] 사실 찾는다는 것 자체가 난센스이다.

---

[20] L. 화이트는 역사상 가장 인간중심적인 종교인 그리스도교는 인간과 자연에 대한 이원론적 관점을 확립했을 뿐 아니라 인간의 목적을 위해서 자연을 마음껏 이용하는 것이 하느님의 뜻이라고 가르쳤기 때문에 생태 문제에 대해 커다란 책임이 있다고 주장했다. White, "The Historical Roots of Our Ecologic Crisis", pp.1205~1206.

[21] H. Paul Santmire, *The Travail of Nature: The Ambiguous Ecological Promise of Christian Theology* Minneapolis: Fortress Press, 1985, 1-12; Gulick, "The Bible and Ecological Spirituality", pp.183~184.

[22] 보기를 들어, "너희의 어머니인 땅을 사랑하라"는 표현은 성서에 존재하지 않는다 (Gulick, "Bible and Ecological Spirituality", 183). 성서 또한 구체적인 상황 속에서 형성된 역사의 산물이라면, 당시에 오늘날과 같은 생태적 위기의식이나 관심을

어떤 분은 이렇게 얘기하기도 한다. 예를 들면 인디언 토착민들처럼 '너희 어머니 자연을 사랑하라, 존경하라'는 식의 표현은 성서에 존재하지 않는다는 것이다. 그리고 성서의 관심은 우리가 지금 갖고 있는 관심과는 다른 데에 있는 경우가 많을 것이다. 성서에 들어 있는 몇십 권의 책들이 쓰인 역사적 맥락은 다 다르다. 당연하게도 오늘날과 같은 생태적 위기의식이나 관심을 성서에서 찾아볼 수는 없다. 그러나 오늘날의 위기의식에 도움을 줄 수 있는 부분을 성서에서 찾아내는 것, 견강부회해서 끌어내는 것은 안 되지만 일관성 있게 끌어내는 것은 의미 있는 작업이다.

사실 성서에는 자연에 대한 일관된 하나의 견해, 즉 자연에 대한 완전한 긍정 혹은 완전한 부정이 아니라 다양한 견해들이 존재한다. 언뜻 떠올려 보아도 그리스도교 신자들이 익히 아는 것대로 하느님이 세상을 창조한 뒤 보시니 참 좋더라고 이야기하지만, 다른 많은 부분에서 자연은 인간에게 겁을 주고, 공포를 주고, 그러므로 다스려져야 하는 존재라는 그런 부정적인 측면도 있다는 것을 쉽게 생각해볼 수 있다. 성서에는 인간과 자연의 차이점이 부각되기도 하고, 공통점이 강조되기도 한다.[23] 따라서 우리는 성서를 생태적으로 읽고 이해해야 한다.[24] 성서의 비판적 독서를 통해서 성서 안에 잠재해 있는 생태적

---

성서에서 찾아볼 수 없는 것은 당연하다고 하겠다.

[23] John Austin Baker, "Biblical Views of Nature", in *Liberating Life: Contemporary Approaches to Ecological Theology*, ed. Charles Birch, William Eakin, and Jay B. McDaniel Maryknoll, N.Y.: Orbis Books, 1990, pp.9~10.

[24] Santmire, *Travail of Nature*, pp.189~218.

자원을 사용할 수 있도록 끌어내야 한다는 것이다. 먼저 생각해볼 잠재 자원은 "계약"이라는 주제이다.

계약은 유대 그리스도교 신앙의 핵심 주제라고 할 수 있다. 메시아 대망, 육화, 종말의 구원에 대한 희망 등은 모두 이 계약을 근거로 하고 있다. 그리고 이스라엘 민족은 이 계약에 담긴 하느님의 약속을 믿었기 때문에 때로는 도저히 이해할 수 없는 고통스러운 상황을 견뎌낼 수 있었다. 그리스도인들은 구약성서의 계약이 마침내 예수 그리스도 안에서 이루어졌다고 믿는다.

문제는 이 계약이 지나치게 인간중심적으로 이해되었고 자연은 제외되어 왔다는 것이다. 이런 인간중심의 인식 경향은 많은 사람들이 동의한다. 그것이 그렇게 큰 대수인가라고 하는 사람도 있다. G. 카우프만Kaufman은 죄, 참회, 용서, 구원 등의 중요한 신학적 주제, 즉 죄를 짓고 참회하고, 용서받고 구원받는 도식은 자연과 관련된 것이 아니라 인간과 관련된 것이므로 그리스도교 신학이 인간중심적인 것은 당연하다고 말한다. 그리스도교 신학이 자연에 대해 관심을 갖고 있다고 주장하는 것은 억지이며, 기본적으로는 인간중심주의적이라는 것이다. 이 주제들은 모두 계약의 주요 내용이기 때문이다.[25] 계약의 내용은 주로 이러하다. '나는 신실한 하느님이다, 죄를 지은 너희는 모두 나에게 돌아오라, 새로운 계약을 맺자.' 모두 인간중심이다. 그런데 이렇게

---

[25] Gordon Kaufman, "The Concept of Nature: A Problem for Theology", *Harvard Theological Review* 65, 1972, pp.350~353. 성서와 그리스도교 신학이 본질적으로 인간중심적이라는 대표적인 견해는 Thomas S. Derr, *Ecology and Human Need* Philadelphia: Westminster Press, 1975, p.17, 23에서도 찾아볼 수 있다.

이해된 계약, 그 계약에 기초한 하느님의 구원은 인간에게만 해당되는 것이며, 자연세계는 인간에 대한 하느님의 구원의 역사, 드라마가 펼쳐지는 무대이다. 무대의 막이 내리면 무대는 더 이상 필요가 없어진다. 자연은 구원의 드라마가 종결되면 더 이상 존재할 필요가 없어지는 그런 배경 정도로 생각되었다.[26]

멀리 다른 책을 찾아볼 필요 없이, 그리스도교를 믿고 신앙생활을 하면서 교회 안팎으로 듣는 내용을 생각해 보면 공감이 가는 부분이 많을 것이다. 자연에 대해서 이야기하는 부분이 그리 많지 않다. 즉 인간 이외의 피조물들은 하느님의 구원과 관계가 없게 된다. 창조와 구원이 이렇게 분리되면, 즉 인간도 자연의 일부로 창조되었지만 마지막에 가서 구원되는 것은 인간이고 자연은 스러지는 것이라고 한다면, 이런 구도에서 자연에 어떤 영속적이고 고유한 가치를 인식하거나 보장해 주기는 쉽지 않다.

그러나 구약의 계약은 인간에만 국한되지 않는, 우주적 차원을 분명히 지니고 있다고 주장하는 분들도 있다.[27] 그것이 단지 현재의 문제

---

[26] Richard Clifford, *Creation Accounts in the Ancient Near East and in the Bible* Washington D. C.: The Catholic Biblical Association of America, 1994, 163-169; Anne M. Clifford, "Foundations for a Catholic Ecological Theology of God", in *And God Saw That It Was Good: Catholic Theology and the Environment*, ed. Drew Christiansen and Walter Grazer Washington D.C.: USCC, 1996, 21-22; Granberg-Michaelson, "Covenant and Creation", p.27. 이렇듯 지나친 인간중심의 계약 이해가 그리스도교 교회가 자연의 훼손에 둔감했던 이유의 하나라고 볼 수 있다.

[27] Robert Murray, *The Cosmic Covenant: Biblical Themes of Justice, Peace and the Integrity of Creation* London: Sheed & Ward, 1992.

때문이 아니라, 성서 자체가 그렇지 않으며 단지 그것이 묻혀 있었을 뿐이라고 주장한다. 어떤 분은 이를 우주적 계약이라고 이야기한다. 우주적 계약을 맺었을 때는 인간만이 이를 인식할 수 있기 때문에 인간을 상대자로 하지만, 그 계약의 내용은 자연을 다 포괄한다고 주장한다.

특히 아브라함 이전의 하느님이 노아와 맺은 계약, 홍수 이야기에서 이러한 점이 잘 드러난다(창세 9:1-17). 하느님은 인간들이 너무 한심하여 세상을 창조한 것을 후회하시고 세상을 다 쓸어버려야 되겠다고 마음을 먹고 홍수를 만든다. 그래서 노아와 방주에 실은 피조물들이 그 홍수에서 살아남은 뒤 계약을 맺게 된다. 홍수 이후 맺은 계약은 노아만이 아니라 모든 피조물과 맺은 계약이다. 이 내용이 나오는 창세기 9장은 하느님과의 계약 대상이 인간만이 아니라 생명을 지닌 모든 피조물이라는 점을 무려 다섯 번이나 반복함으로써 계약의 우주적 차원을 강조하고 있다. 또한 이 계약은 하느님과 인간 사이에 맺어진 계약이 아니라 하느님과 "땅" 사이의 계약(9:13)[28]이라고 말한다. 땅이라는 것은 굉장히 상징적이다. 모든 피조물이 살고 있는 집이며 모든 생명체를 이야기한다. 따라서 노아와의 계약은 사실 우주적 계약이며 우주 전체와 맺는 계약이다.

노아의 계약뿐만이 아니라 구약의 다른 계약에서도 땅은 중요한 위치를 차지한다. 땅이 모든 피조물을 포함하는 은유로 생각한다면 구약의 다른 계약에서 땅이 중요한 의미를 차지하는 것은 의미심장하

---

[28] Baker, "Biblical Views of Nature", p.16.

다. 예를 들어, 아브라함과 맺은 계약에서도 너의 후손에게 땅을 주겠다고 말하며(창세 15, 17장), 안식년과 희년 규정은 땅의 적절한 취급을 강조하고 있다(레위 25장).[29] 땅은 일차적으로 인간을 위한 것으로 볼 수 있지만, 안식년은 "땅을 위한 안식의 해, 곧 주님의 안식년"(레위 25:4)이라고 이야기한다. 이는 모든 것은 인간이 아니라 나(하느님)의 것이라는 이야기이다. 이를 통해 땅에 대한 하느님의 관심과 배려 또한 강조하고 있음을 알 수 있다. 그럼에도 우리가 하느님과의 계약에서 땅으로 표현되는 자연을 쉽게 배제할 수가 있는가? 이는 문제가 있는 생각이다.

하느님이 인간과 맺은 계약에서 우주적 차원이 이처럼 본질적인 것이라고 한다면 우주적 차원은 인간과 자연의 긴밀한 관계, 그리고 인간 이외의 피조물들 자체의 영속적 가치, 본질적 가치를 전제한다고 해석할 수 있다. 이 우주적 차원의 의미를 두 가지 정도로 생각할 수 있다. 곧 인간과 자연의 긴밀한 관계, 그리고 인간 이외의 피조물들의 영속적 가치를 전제로 한다고 해석할 수 있다.

인간과 하느님이 맺은 계약에 인간 이외의 창조계가 모두 포함된다는 것은 인간과 자연의 관계가 그만큼 밀접함을 뜻한다. "땅은 나의 것"이라는 선언은(이때 나는 하느님이다) 땅의 가치는 일차적으로 인간의 유용성이 아니라 하느님과의 관계 속에서 파악되어야 함을 알려준다. 또한 인간의 반응에 관계없이, 하느님이 계약에 충실하다는 것은 인간과 자연을 포함한 창조 전체가 하느님에게 가치가 있으며, 인간도 하느님

---

[29] Wesley Granberg-Michaelson, "Covenant and Creation", in *Liberating Life*, p.30.

과의 계약에 충실하려면 이 가치를 존중해야 함을 암시한다고 볼 수 있다.

즉 시작점으로 계약이라는 것을 잡았을 때 인간과 자연의 긴밀한 관계, 인간 이외의 다른 모든 존재들에 대한 고유한 가치를 인정한다고 해석할 수 있는 여지가 많다. 이를 보다 구체적으로 이야기해볼 수 있는 부분이 창세기의 창조 이야기이다. 창세기에는 잘 알고 있듯이 두 개의 창조 이야기가 나온다. 이를 가지고 인간과 자연의 관계, 인간 이외의 존재들의 가치들을 살펴볼까 한다.

사실 창세기의 창조 이야기에서는 두 가지 모두 다 강조되고 있다. 그것이 다른 종교와 다르다. 인간은 아주 특수하고 고유하다. 그러나 동시에 자연과 뗄 수 있는 관계에 있다. 이 둘이 다 들어 있다. 그런데 어느 하나를 일방적으로 강조하면 문제가 생긴다.

첫째 창조 이야기, 6일에 걸쳐 하느님께서 창조하신 이야기를 살펴보면 인간의 고유성, 자연과 다름을 강조하는 부분이 많다는 것이다. 하느님은 여러 가지를 창조하시는데, 하느님은 인간 이외의 피조물인 식물이나 동물을 창조할 때는 매개의 방식을 사용한다. 직접 창조하지 않는다는 것이다. 즉 하느님은 물과 땅으로 하여금 온갖 생명체들을 만들어 내도록 한다. 예를 들어 풀을 창조하는 창세기 1장 11절을 보면, 먼저 땅을 만들어놓고 "땅은 푸른 싹을 돋게 하여라. 씨를 맺는 풀과 씨 있는 과일나무를 제 종류대로 땅 위에 돋게 하여라"고 하였다. 땅으로 하여금 생산하게 한다. 이것이 매개의 방식이다. "물에는 생물이 우글거리고, 새들은 땅 위 하늘 궁창 아래를 날아다녀라."(창세 1:20), "땅은 생물을 제 종류대로, 곧 집짐승과 기어 다니는 것과 들짐승을 제 종류대로 내어라."(창세 1:24) 이처럼 매개의 방식으로 땅이 내도록 한다.

인간의 경우는 그렇지 않다. '우리를 닮은 생명체를 만들자'고 하여 직접 창조한다. 하느님의 말씀만으로 직접 창조한다. 이러한 창조의 방식만 보더라도 상당히 대조적이다. 분명히 다름을 볼 수 있다. 다른 것은 땅으로 하여금 매개하도록 인간은 하느님이 직접 만들어낸다. 이것만을 강조하게 되면 인간과 자연의 공통점은 모두가 하느님의 피조물이라는 점 외에는 없게 된다.[30]

또한 인간의 고유성은 인간은 하느님의 모상이라고 많이 이야기된다. "우리를 닮은 존재를 만들어내자"라는 말은 첫 번째 창조 이야기에서 생태와 관련된 이야기를 할 때 많이 인용되는 부분이다. 우리와 비슷하게 우리 모습으로, 하느님의 모상으로 사람을 만들자, 그래서 다른 모든 존재들을 다스리게 하자.(1:26, 28) 상당수의 사람들은 이러한 생각이 자연에 대해 인간에게 무제한의 권한을 부여했다는 생각을 합법화했다고 비판해 왔다.[31] 그러나 이것이 역사적으로 어떻게 실천되어 왔는가 하는 문제와 성서가 정말로 이야기하고자 하는 바가 무엇인가는 구분할 필요가 있다. 역사적으로는 이 문맥이 많은 이들에게 자연을 마음대로 다스려도 좋다는 생각을 심어주었다는 사실은 부인할 수 없을 것이다. 그러나 이와 별도로 성서의 저자가 이 말로 의도한 것이 무엇인가라는 것은 다른 차원으로 이해해야 한다.

성서학자들은 이러한 비판에 대해 성서의 글들을 연구하면서 "다스

---

[30] Baker, "Biblical Views of Nature", pp.12~13.

[31] White, "The Historical Roots of Our Ecologic Crisis", p.1205.

림"은 단어 자체가 아니라 그 단어가 사용된 맥락 내에서 파악되어야 한다고 주장했다.[32] 텍스트는 항상 컨텍스트 안에서 파악해야 한다. 글을 왜곡시키는 가장 좋은 방법은 단어 몇 개를 텍스트에서 뽑아내어 맥락과는 완전히 떨어진, 필자가 의도한 정반대의 것을 강조하는 것이다. 그러므로 그 맥락이 사용된 역사적, 문학적 맥락을 파악하고 이해해야 한다.

인간의 다스림은 모든 피조물의 원천이며 주님인 창조주 하느님에게서 위탁받은 권한이다. 따라서 이 권한은 하느님의 의도에 따라 행사되어야 한다. 하느님의 의도에 따라 행사되어야 한다는 점은, 인간은 하느님의 모상이라는 표현에서 더욱 확인된다. 여기서 당시 근동지역의 이미지에 대해 제대로 이해해야 할 필요가 있다. 모상이라는 이미지는 이집트, 근동지역에서 가져온 것이다. 당시 이집트를 비롯한 근동지역에서 신의 모상은 왕이다. 왕만이 하느님, 신의 모상이다. 모상이라는 의미는 하늘에 계신 신을 대신하여 땅을 다스리는 존재였는데, 하느님의 의도대로 다스린다는 것이다. 자기 마음대로가 아니라 모상의 원천이 되는 존재, 하늘의 신을 대신하여 다스리는 것이다.

다스림을 해석할 때의 관건은 하느님이 창조하셨을 때의 의도, 어떤 종류의 다스림을 원하느냐이다. 하늘과 땅을 비롯한 피조물을 창조할 때마다 "보시니 좋았다"라고 되풀이한다. 또한 예언자들이 일관되게

---

[32] Baker, "Biblical Views of Nature", 15; Clifford, "Foundations for a Catholic Ecological Theology of God", pp.25~27; Richard J. Clifford, "The Bible and the Environment", in *Preserving Creation: Environmental Theology and Ethics*, ed. Kevin W. Irwin and Edmund D. Pellegrino Washington D.C.: Georgetown University Press, 1994, pp.5~6.

선포하는 구약에 나타난 하느님의 다스림은 특히 약한 이들에 대한 정의와 공정으로 표현할 수 있다.(탈출 3:7-8, 22:21-22; 신명 10:18, 14:29; 시편 82:3-4; 103:6; 이사 10:1-2; 예레 22:3-4; 아모 8:4-6. 신약은 마태 25:35-40; 루가 1:52-53, 4:18 참조)[33] 여기 인용한 곳곳에서 하느님의 다스림이 얼마나 정의로움, 공정함을 추구하고 있는지를 찾아볼 수 있다. 창조의 좋음, 그 좋음을 유지하기 위해 정의롭게 다스리는 것이 하느님의 의도일 것이다. 그렇다면 인간의 다스림은 하느님에게서 위탁받은 것이다. 그러므로 인간의 다스림의 성격 또한 분명히 드러난다. 다스림을 그렇게 이해하면 인간이 자신의 이기심으로 인하여 자연을 무분별하게 남용하거나 파괴하는 것을 용인할 수 없다. 역사적으로는 그렇게 사용되었을 수 있고, 많은 부분 그렇게 되어 왔다. 그러나 그것이 올바른 이해는 아니다. 지금은 성서를 가지고 이야기하는 것이다. 다스림의 올바른 방식은 인간이 자신의 필요를 충족하기 위해서 자연을 사용하되, 그 사용은 언제나 자연에 대한 관심과 배려와 보살핌과 함께 자연의 조화를 유지하는 한도 내에서 이루어져야 한다는 것이다.

둘째 창조 이야기는 인간과 자연의 관계에 대하여 좀 더 명백한 인식을 드러내준다. 사람은 여기서도 하느님의 숨을 받아 이루어진 고유한 존재이다. 하느님의 숨을 받았을 때 비로소 인간이다. 그러나 동시에, 아니 숨을 받기 전에 먼저 흙으로 빚어진 존재이다. 그러므로

---

[33] 존 R. 도너휴, 「성서의 정의 사상」(존 호기 편, 성염 옮김, 『정의를 실천하는 신앙』, 분도출판사, 1980), pp.59~71; 도어, 황종렬 옮김, 『영성과 정의』, 분도출판사, 1990, pp.125~134.

하느님이 숨을 거두시면 다시 흙으로 돌아갈 존재이다.(3:19) 아주 고유하지만 흙으로 표현된 자연과 철저히 연결된 존재이다. 아담이라는 말도 흙의 인간이라는 뜻이다. 그러므로 아담은 고유명사가 아니라 보통명사로 이해되어야 한다는 주장도 있다. 또한 첫 번째 창조 이야기에서는 다스림이라는 말만 있었기에 어떻게 다스려야 하는지 추정만 했을 뿐이지만, 이것이 어떻게 되어야 하는가도 두 번째 이야기에서 더 명백하게 나타난다.

하느님은 인간을 흙으로 빚어서 숨을 불어넣은 다음 에덴이라는 곳에 데려다 놓는다. 그리고 인간은 돌보라는 사명을 부여받는다. 아담이 에덴동산을 돌보는 과제를 받았다는 것은 앞에서 언급한 인간의 다스림의 성격을 다시 확인해준다.(2:15) 인간의 다스림은 일차적으로 자연을 쥐어짜는 것이 아니라 돌봄의 방식으로 이루어져야 하는 것이다.[34]

종합해보면, 계약이라는 모티프의 우주적인 차원에서 시작해서 창

---

[34] 둘째 이야기에서 종종 문제가 되는 부분은 아담이 동물의 이름을 지어주는 장면이다. 이름이 단순히 어떤 존재를 가리키는 것이 아니라, 그 존재의 본성을 드러낸다는 점을 고려하면(창세 35:16-18), 아담이 동물들의 이름을 지어주는 행위는 다른 피조물들에 대한 인간의 우월성과 권위의 상징으로 해석될 수도 있다.(Baker, "Biblical Views of Nature", p.11) 하지만 명명 행위를 반드시 이렇게 해석할 필요는 없다. 이름을 지어주는 행위는 인간이 다른 피조물들과 갖는 유대관계를 표현하는 방식으로 이해할 수도 있다. 이름을 지어줌으로써 인간과 동물 사이에 관계가 형성되며, 이로써 인간과 동물이 전혀 이질적인 영역에 속하는 것이 아님이 암시된다고 볼 수도 있다. Clifford, "Foundations for a Catholic Ecological Theology of God", p.25. Claus Westermann, *Genesis 1-11: A Commentary*, trans. John J. Scullion Minneapolis: Augsburg Publishing House, 1974, pp.228~229.

조의 두 가지 이야기까지 흘러왔는데, 인간은 하느님 앞에서 아주 고유한 존재로 인식되고 있음을 알 수 있다. 그러나 동시에 모든 것을 창조한 하느님과의 관계 안에서 파악되고 있음을 알 수 있다. 인간은 다른 모든 존재들과 함께 유일한 창조주 하느님에서 비롯되었기 때문에 구약성서는 인간을 창조 전체, 또는 창조주 하느님과 창조 전체의 관계 속에서 파악함으로써, 고유성을 강조하되 그것이 일방적인 인간 중심주의로 흐르지 않도록 배려하고 있다고 평가할 수 있을 것이다. 인간의 고유성은 하느님이 부여한 창조 질서 내에서, 인간과 자연의 유대를 훼손하지 않는 범위 내에서 강조된다. 이런 점에서 독일 신학자 몰트만은 우리에게는 그동안 너무나 많이 이마고 데이(하느님의 모상)가 강조되어 왔는데, 이제는 이마고 문디(세상의 모상)가 강조되어야 하지 않겠는가라고 얘기한다.

성서의 관점은 분명 인간의 고유성을 인정한다. 그러나 인간중심 (anthropocentric)이 아니라 신, 하느님중심(theocentric)이라 말해야 한다. 인간중심적 관점은 언제나 신중심적 관점 내에서만 허용된다.[35] 여기서 생태 영성을 위한 그리스도교 인간관과 세계관의 풍부한 잠재성과 특징이 잘 나타난다. 그리스도교의 인간관과 세계관의 중심에는 인간도 자연도 아닌 하느님이 자리하고 있다.

생태 영성을 이야기하는 여러 그룹 중에는 자연종교와 비슷한 것이 있다. 거의 자연 자체, 생태계 자체를 궁극적인 존재로 인식하는 흐름이

---

[35] 이 제한을 벗어나는 것은 바로 하느님과의 관계 훼손을 뜻하며, 근본적인 의미에서 죄라고 할 수 있다. Richard M. Gula, *Reason Informed by Faith: Foundations of Catholic Morality* New York: Paulist Press, 1989, pp.91~92.

있는데 그리스도교는 이와 분명히 구분되는 것이다. 생태를 중요시하더라도 그리스도교의 생태 영성의 중심은 생태가 아니라 하느님이다. 인간중심주의도 하느님중심주의 안에서만 허용되는 것과 마찬가지로, 생태중심주의도 신중심주의 안에 위치시키는 것이 그리스도교의 입장이라고 할 수 있다. 모든 존재가 하나로 통합되는 것도, 또 그 모든 존재가 자신의 고유한 가치를 지니는 것도 피조물인 자연 자체에서 비롯되는 것이 아니다. 자연이 아무리 좋을지라도 그 자체로 좋은 것이 아니라 그것이 하느님에게서 나왔기 때문에 좋은 것이다. 그것이 유대 그리스도교, 성서의 입장이라고 얘기할 수 있다.

여기서 한 가지 강조하고 싶은 것은 인간과 자연의 근원적 유대에 관하여, 근본적인 결합관계에 대해 구약성서에서 끄집어낸 통찰은 정의에 대한 우리의 인식의 변화와 확장을 요구하고 있다는 것이다.[36] 갑자기 왜 정의를 이야기하는가 하면, 흔히 그동안 영성과 정의가 서로 상관이 없다고 보거나 영성을 강조하는 쪽은 사회 정의를 무시하거

---

[36] 그리스도교 내에서 영성과 정의는 서로 상관이 없거나 긴장과 대립 관계에 있는 것으로 생각하는 경향이 강했다. 사회 정의를 위해 투신한 사람들은 전통적인 영성이 지나치게 개인주의적이며 현실 도피적으로 사회적 차원이 결여되었다고 생각하며, 영성에 치중하는 사람들은 상대방에게서 지나친 활동주의의 위험을 느껴왔다(도어, 『영성과 정의』, pp.7~8, 17~32). 하지만 그리스도교 영성이 성령을 따르는 삶, 성령 안의 삶이라고 할 때, 정의의 실천은 결코 영성과 분리되지 않는다. 하느님께서 우리에게 바라는 것은 정의를 실천하고 하느님과 함께 걸어가는 것이다.(미가 6:8) (Ibid., p.17). 우리가 정의를 실천하지 않으면서 하느님과 함께 산다고 말할 수 없고, 하느님과 함께 살지 않으면서 정의를 행할 수는 없다. 정의의 원천은 바로 하느님이기 때문이다. 정의는 영성의 본질적인 부분이며, 영성은 정의를 포함할 때 비로소 온전한 영성이 된다.

나 사회 정의에서 일하는 쪽은 영성을 폄하하는 경향이 있었다. 그런데 사실 인간과 자연의 근원적 유대에 대해서 생태적 통찰을 갖게 되면 정의에 관한 인식의 변화가 요청된다.

구약은 이 부분에 있어서 굉장히 명확하다. 구약의 통합적 관점에 따르면 인간과 자연의 관계는 너무나 밀접하기 때문에, 인간이 하느님과의 관계를 훼손하면 그 영향은 인간 사회만이 아니라 자연까지 미치게 된다. 이것이 구약의 통찰이다. 아담과 하와라는 존재가 하느님의 당부를 거부하고 유혹에 넘어간다. 그리고 하느님께 처벌을 받으면서 땅도 같이 처벌을 받는다. 하느님은 이렇게 말씀하신다. "네가 아내의 말을 듣고, 내가 너에게 따 먹지 말라고 명령한 나무에서 열매를 따 먹었으니, 땅은 너 때문에 저주를 받으리라."(창세 3:17) 땅이 억울하게 생각될 수도 있겠지만 그만큼 떼려야 뗄 수 없는 관계라는 것을 역설적으로 보여주는 것이라 할 수 있다. 인간과 자연은 밀접하게 연결되어 있기 때문에 인간이 하느님과의 관계를 훼손하면 그 영향은 인간 사회만이 아니라 자연으로까지 넘어간다. 이것은 직접적으로 다른 여러 부분에서 나온다. 강이 사막이 되고, 땅과 바다의 생물이 사라지는 것은 그 자체의 탓이 아니라 바로 인간의 사악함 때문이다(호세 4:1-3; 예레 9:1-10; 시편 107:33-42)라고 바로 지적한다.

이것은 오늘날 생태 문제에서도 잘 드러난다. 자연이 어떻게 파괴되는지를 보라. 전쟁으로 인한 인간 사회의 파괴, 무질서는 자연에 엄청난 영향을 미친다. 4대강 사업에 깔려 있는 인간의 욕심들 때문에 자연이 망가지는 것이다. 인간 안의 무질서가 자연의 질서를 파괴하는 것이다. 그러므로 생태적 관점에서, 정의는 인간 사회의 영역에 국한되지 않는다. 인간과 자연의 근본적 유대로 인하여 사회의 질서가 무너지면 자연의 질서도 무너져 내린다.[37] 기실 사회의 질서와 자연의 질서는 서로 다른 종류의 질서가 아니라 동일한 하나의 창조 질서이다. 그러므로 하느님께 대한 불순종은 바로 이 창조 질서의 훼손의 시작을 뜻한다. 정의가 하느님이 세계에 부여한 질서의 존중과 보존이라고 한다면 호세아를 비롯한 여러 예언자들이 인간 사이의 관계(사회 정의) 훼손은 곧 자연 질서(생태 정의)의 훼손으로 이어진다고 선언하는 것이다.

예전부터 사회 정의와 생태 정의 사이에는 긴장과 갈등이 있어 왔던 것이 사실이다. 사회 정의를 위해서 일하는 사람과 생태 정의를 위해 일하는 사람들 사이에서도 긴장이 있어 왔다. 그런데 이는 서로 경쟁할 부분이 아니라 사실 함께 가야 할 부분이다. 성서의 입장에서 보면 둘 다 창조 질서 안에 포함되는 것이다. 둘 다 하느님의 피조물이며 하느님이 부여한 창조 질서가 있다는 것이다.

안식일, 안식년, 희년의 규정에서도 이에 대해서 명백하게 찾아볼 수 있다. 안식년의 경우 이웃만이 아니라 자연, 특히 땅에 대한 휴식에 대해서도 이야기하고 있다. 특히 우주적인 차원의 계약, 두 가지 창조 이야기에서는 인간의 고유성 못지않은 자연과의 유대관계, 이런 것들에 바탕을 둔 생태 영성을 이야기하면서 우리에게 약자에 대한 배려를 확장하도록 요구하고 있다. 희년은 빚의 탕감이라고 이야기하는 약한

---

[37] 자연과 인간의 깊은 유대에 관한 구약성서의 이러한 통찰은 오늘날의 생태 문제에도 잘 들어맞는다. 보기를 들어, 전쟁으로 인한 인간 사회의 파괴와 무질서는 자연에도 엄청난 영향을 미친다. 인간들의 욕망을 채우기 위한 무절제한 개발은 광범위한 자연의 훼손으로 이어진다.

자들과의 배려, 연대를 뜻하기 때문이다. 자연은 가난한 이들과 함께 우리 시대의 새로운 약자, 말로는 자신의 아픔의 표현할 수 없는 약자에 포함되어야 한다. 또한 자연이 허약하고 피폐해졌다면, 우리 인간 또한 그렇게 허약해졌음을 알아야 한다. 인간은 결국 자연에 밀접하게 묶여 있고 또한 의존하는 존재이기 때문이다.

이와 반대되는 것, 하느님의 창조 질서를 온전하게 보존하는 것이 구약에서 이야기하는 "샬롬"이다. 그러므로 구약에서 찾아볼 수 있는 것은 명백하게 생태 영성에 딱 들어맞지는 않지만 잠재성은 굉장히 풍부하다고 말하고 싶다. 신약은 어떠한가? 신약성서는 구약성서만큼 자연에 대한 언급을 하고 있지는 않다. 거기에는 여러 가지 원인이 있다. 그러나 신약은 하느님의 피조물인 세상의 소중함에 대한 구약의 근원적 인식을 공유하며 강화하고 있다.[38] 이는 육화사건 때문에 그러하다. 하느님이 세상을 창조하고 나서 "보시기에" 좋더라고 했는데, 육화사건은 하느님이 몸소 "취할 정도로" 좋은 것이다. 육화사건에서 드러난 창조의 궁극적 의미는 다시 한 번 예수의 부활에서 확인된다. 인간과 자연의 밀접한 유대가 구약에서부터 깔려 있는 것이라고 한다면, 이로

---

[38] 신약성서에서는 구약에 비해 상대적으로 자연에 관한 관점이나 관심을 찾기 힘든 것은 사실이다. 여기에 대해서는 세 가지 정도의 이유를 생각할 수 있다. 첫째는 우연한 이유로, 신약은 구약에 비해 상대적으로 분량이 훨씬 적으며, 아주 짧은 형성 시기를 갖고 있다. 둘째는 사회적인 이유로, 신약성서는 도시에 기반하고 있다는 점이다. 셋째는 본질적인 이유라고 할 수 있는데, 초대 그리스도인들은 구약성서를 그리스도의 도래에 관한 예언을 뒷받침하는 것으로 여겼다. 그리스도교의 원래의 메시지는 개인적 구원의 복음이며 임박한 종말에 관한 것으로 여겨졌다.(Baker, "Biblical Views of Nature", pp. 20~22).

인해 말씀이 사람이 된 사건이 인간만이 아니라 창조 전체에 그 영향을 미치듯이 부활사건도 예수 그리스도에게만 영향을 미칠 수는 없고 세상 전체에 의미를 지닌다.

이때 빼놓을 수 없는 것이 바오로 서간이다. 바오로 서간 등에서 구약의 지혜문학을 그 배경으로 하는 사상들이 많이 드러난다. 지혜는 구약에서 창조 전체와 밀접한 관련이 있는 존재로 드러난다. 신약에서는 그 지혜가 세상에 내려온 존재가 예수 그리스도라는 언급을 한다. 즉 예수 그리스도는 인간만이 아니라 창조 전체와 밀접한 관계에 있다.

창조신앙을 구약이라고 한다면 육화는 신약 쪽이다. 이 육화, 육화의 완성이라고 할 수 있는 부활이 생태 영성을 강화한다고 이야기했는데 거기에는 하나의 전제조건이 있다. 이것은 인간과 자연의 밀접한 결합이다. 인간과 자연의 근원적 유대라는 것을 제쳐놓게 되면 육화나 부활신앙은 인간중심주의적인 관점을 고양시킬 수 있다. 그러므로 육화와 부활신앙이 생태 영성을 강화시켜 준다고 하는 데에는 조건이 필요하다. 그것은 구약의 창조신앙이 바탕이 되어야 한다는 것이다. 거기에 바탕을 두어 끌어낸 인간과 자연의 밀접한 관계, 그것이 생략되면 육화와 부활신앙은 인간만을 위한 것이 된다. 실제로 그렇게 많이 생각되어 왔다. 언제 육화와 부활을 자연과 연관시켜 생각해본 적이 있었나? 그렇게 생각을 하지 않았다면 그것은 바로 인간과 자연의 유대관계가 빠졌기 때문이다. 만일 이러한 인식이 없다면 오히려 역효과가 난다. 그러나 인간과 자연의 통합적 관점을 갖게 되면 인간의 가치를 확인하고 고양하는 하느님의 육화와 예수 부활의 의의와 영향은 인간에 국한되지 않고 곧바로 자연으로 확장된다.

지금까지의 논의를 바탕으로, 그리스도교의 생태 영성은 다음과 같이 요약할 수 있다. 그리스도교 영성은 인간의 궁극적 가치와 의미는 예수 그리스도 안에서 드러나며, 이렇게 드러난 가치와 의미의 구현은 예수 그리스도의 성령을 따르는 삶으로 이루어진다고 본다. 따라서 인간의 삶의 의미와 가치는 하느님의 창조에서 비롯되어 육화와 부활사건으로 온전히 드러난다. 적어도 그리스도인이라고 한다면 자신의 궁극적인 의미와 가치를 육화와 부활사건에서 찾아야 한다는 것이다.

그렇다면 그리스도교의 생태 영성이란 창조, 육화, 부활이라는 예수 그리스도를 통한 하느님의 사건과 행위가 인간만이 아니라 창조 전체와 깊은 관련이 있음을 깨닫고 이 깨달음에 따라 사는 것을 뜻한다. 이런 깨달음에 기초한 삶은 인간 이외의 피조물들에게도 하느님의 창조에서 비롯되고 육화와 부활로 확인된 고유한 가치가 있음을 인식하고 수용함을 이미 내포하고 있다. 생태 영성에서 본 "성령을 따르는 삶"이란 바로 이런 삶을 말한다.

## 6. 단순과 검약: 생태 영성의 구현

생태 영성은 세상의 관계성에 대한 깊은 인식에 기초하고 여기에서 시작된다. '나'는 '너' 없이는 존재할 수 없으며, '내'가 존재하는 것은 '너'가 존재함으로써만 가능하다. 곧 오이코스, 가족이다. 내가 풍요롭게 되기 위해서는 다른 존재들도 풍요롭게 되어야 한다. 나와 너는 독립된 개체가 아니라 서로가 서로를 있게 해주는 존재의 그물망의 매듭들이다. 관계성에 대한 인식은 상대방에 대한 존중으로 이어진다.

물론 모든 생명체는 자신의 생명을 유지하기 위해서 다른 생명체를 필요로 한다. 이 점은 이미 존재의 그물망의 매듭이라는 표현이 암시하고 있다. 하지만 관계성에 기초한 상대방에 대한 존중은, 나를 위해 상대방을 사용할 때 이 사용이 무분별한 욕구 충족이 아니라 분별 있는 필요에 의해 이루어져야 함을 일깨워준다.

이러한 깨달음을 구현하는 삶의 형태로 단순과 검약을 제시할 수 있다. 내가 세상에서 단순하고 검약한 삶을 사는 것은 함께 그물망의 매듭을 이루고 있는 상대방들도 나와 함께 살아갈 여지를 주는, 상대방에 대한 존중과 배려의 구체적인 실천이다. 상대방에 대한 이 존중과 배려의 정신은 필요할 경우 자신의 비움과 내어줌으로까지 이어질 수 있다. 예수의 십자가 사건은 바로 이 비움과 내어줌의 극적인 실천이다. 단순, 검약한 삶은 이렇게 생태적이면서 동시에 신학적 함의를 지닌다. 단순한 삶을 살 때에 우리는 하느님 나라에 있는 것이며(마태 5:3), 검약한 삶을 살 때에 우리는 맘몬이 아닌 하느님을 선택하는 것이다.(마태 6:24) 단순하고 검약한 삶이란 하느님과 함께하는 삶이다. 이런 삶을 살 때에 우리는 하느님과 올바른 관계에 있을 수 있다. 이런 삶을 살 때에 우리는 하느님이 세상에 부여하신 창조 질서를 인식하고 존중할 수 있다. 이런 삶을 살 때에 우리는 이기적 욕구에서 벗어나 하느님의 창조 세계의 아름다움과 가치와 내 생존의 원천인 이 세상 모든 것의 소중함을 깊이 느낄 수 있다.

생태 영성의 관점에서 보면, 생태 문제를 포함해 오늘날 우리가 겪고 있는 많은 문제들은 근본적으로 우리가 세상을 이해하는 방식이 왜곡되었기 때문에 일어나고 있음을 알 수 있다. 생태 영성은 현대세계가 일방적으로 강조하고 있는 경쟁과 효율, 끝없는 성장과 이익과 풍요와 소유 등의 목표와 가치가 왜곡된 세상의 이해에 기초하고 있음을 알려준다. 생태 영성으로 세상을 바라보았을 때 우리가 이 세상에서 우선적으로 추구해야 할 것은 조화, 공동의 안녕과 풍요, 함께 살 수 있는 나눔과 배려임을 알 수 있다. 왜곡된 세계관에서 비롯된 목표와 가치들을 계속 추구할 경우, 우리는 잘못된 기초에서 시작했기 때문에 결국 파국을 맞을 수밖에 없다. 현재의 생태 위기는 이 점에 대한 강력한 경고이며, 생태 영성은 이에 대한 근본적인 치유책이다. 생태 영성은 우리가 세상의 다른 존재들과 함께 충만한 생명(the fullness of life)을 누리라는 하나의 초대이다. 우리 앞에는 생명과 죽음, 행복과 불행이 놓여 있다.(신명 30:15) 하느님을 따라 살 때, 생태 영성의 삶을 살 때 우리는 죽음이 아닌 생명, 불행이 아닌 행복을 선택할 수 있을 것이다.

# 생태학적 관점에서 본 진화론

― 종의 기원과 종의 멸종 사이에서 ―

이정배(감리교신학대학교 종교철학과 교수)

## 1. 들어가는 글

지난 2009년은 다윈 탄생 200주년이자 세상을 뒤흔든 그의 명저『종의 기원』이 발간된 지 150년이 되는 뜻 깊은 시점이었습니다. 더욱이 다윈 신봉자로 자처한 R. 도킨스의『만들어진 신』[1]의 도발적 여파가 기독교 신학계를 앞서 뒤흔든 상황에서 다윈 진화론에 관한 이런 저런 논쟁이 참으로 많은 한 해였습니다.[2] 애당초 진화론을 허점투성인 한 이론으로 생각했던 까닭에 특히 보수 근본주의적 기독교[3]측의 학문

---

[1] R. 도킨스, 이한음 역,『만들어진 신(The God Delusion)』, 김영사, 2006.
[2] 신학자와 진화론자간의 대화를 토대로 묶어진 서적들이 세간에 주목을 받았다. 신재식 外,『종교전쟁』, 사이언스북스 2009; 김기석,『종의 기원, 신의 기원』, 동연, 2009 참조.

적 반발이 참으로 거셌습니다. 더욱 2009년은 예정론 교리를 탄생시킨 칼뱅이 역사적 인물이 된 지 500주년 되는 때였기에 진화론과 기독교 간의 갈등이 가감 없이 노출되었습니다.[4] 자연선택의 우발성을 설한 다윈과 하느님 예정설을 신봉한 신학자 칼뱅 간에는 분명 넘나들 수 없는 협곡이 존재했던 까닭입니다. 이런 틈새에서 양자를 중개하는 듯한 지적 설계론(Intelligent Design Theory)에 기독교계가 주목했습니다. 하지만 유물론적 진화론의 관점에서 우주의 설계자를 상정하는 것은 수용될 수 없었습니다. 이런 이유로 기독교 근본주의자들은 도킨스 류의 진화론을 '과학적 무신론'[5]이라며 배격했고, 그 역시도 위책을 통해 반기독교적인 무신론 운동의 주창자가 되었습니다. 그러나 진화론 신봉자들 중에서 실상 이들과 같은 무신론 그룹[6]만 존재하지는

---

[3] 최근 창조론을 과학적 사실로 믿는 '창조과학'회와는 별도로, 혹은 그의 발전적 형태로서 소위 '지적 설계론'이 보수 기독교계에서 적극 수용되는 추세이다. 진화론을 무신론으로 보기에 유신론적 종교들의 지지를 얻고 있다. 필자가 책임자로 있는 감신대 부설 기독교 통합 학문 연구소에서는 "진화론, 지적 설계론 그리고 신학"이란 주제로 각계 전문가를 초청하여 공동 심포지엄(2009.10.6)을 개최한 바 있다. 당시 강사로는 진화론을 대변한 뇌 과학자 박문호 박사, 지적 설계론 학회 회장인 이승엽 교수, 그리고 감신대의 박일준 박사가 참여했고 그때 나온 자료집(p.38)에 이들 논문이 수록되어 있다.

[4] 최근 한 조사에서 지난 천 년간 기독교 서구 역사에서 가장 위대한 영향력을 행사한 사람을 선택하는 자리에서 다윈은 9위, 칼뱅은 50위를 차지했다. 첫 번째 사람은 인쇄술을 발견한 구텐베르크였고 종교개혁자 루터가 그 뒤를 이었다. 이 결과를 놓고 보면 서구 기독교 세계도 과학의 중압감을 떨치지 못하고 있는 듯 보인다. 위 자료집, 2-3 내용 참조.

[5] '과학적 무신론'으로 불리는 것은 진화론과 유전자학을 결부시켜 이해했기 때문이다.

[6] 여기에는 한국에 많이 알려진 『통섭』의 저자인 E. 윌슨, 인지 심리학자인 D. 데넷

않았습니다. 진화론의 후예들 간에도 무수한 이견이 있고 상호 간에 논쟁이 있어온 것입니다. 신을 긍정, 부정함이 없이도 얼마든지 진화론이 가능하며 다윈주의자 또한 유신론자가 될 수 있다는 의견도 표출되었습니다.[7] 이는 종교와 과학 간의 대화 유형의 차이에서 비롯된 결과일 것입니다.[8]

본고에서 필자는 진화를 허구적 가설이 아니라 사실(fact)로 받아들이는 입장을 취하고자 합니다. 물론 과학적 무신론을 수용한다는 뜻은 결코 아닙니다. 그들의 일방적 종교비판에 대해서도 할 말이 많습니다. 그렇다고 지적 설계론을 지지하기도 어렵습니다. 그것은 결코 신학이 될 수 없기 때문입니다. 일찍이 샤르뎅이 말했고 최근에는 토마스 베리가 그랬듯, 필자는 진화론을 신학 함에 있어 은총이라 여깁니다.[9] 진화론이 기독교의 하느님을 발견하는 새로운 수단이 될 수 있다는 확신 때문입니다. 이미 몰트만도 『창조 안에 계신 하느님(Gott in der

---

등이 속한다.

[7] 마이클 루스, 이태하 역, 『다윈주의자가 기독교인이 될 수 있는가?』, 청년정신, 2002 참조.

[8] 일반적으로 종교와 과학 간 대화에는 다음 네 가지 방식이 있다. 대립, 독립상호 무관심, 공명 그리고 통합. 이들 중 어느 입장을 취하느냐에 따라 다른 결과를 도출할 수 있는 것이다.(Ian Barbour, *Religion in Age of Science,* NewYork: Haper San Francisco 1990, 1장 내용 참조. 존 호트, 구자현 역, 『과학과 종교, 상생의 길을 가다』, 코기토, 2003)

[9] 특별히 베리 신부의 책들이 중요하다. 김준우 역, 『신생대를 넘어 생태대로』, 에코조익, 2006. 그의 또 다른 주저 『위대한 작업(The Freat Work)』도 2009년 대화 출판사에서 번역되었다.

Schoefung)』[10]을 통해 진화론의 빛에서 창조신앙을 재조명한 바 있었습니다. 다윈 이후의 기독교는 달라져야 하고 달라질 수밖에 없다는 생각들이 기독교 신학계에 팽배해 있는 것입니다. 하지만 저는 진화론과 기독교 간의 이론적 대화 그 자체에 관심이 있지 않습니다. 종의 기원을 말한 진화론의 시각에서 종의 멸종을 염려할 수밖에 없는 생태계 위기에 대한 지혜를 얻는 것이 제 최종 관심입니다. 이는 진화의 궁극 목적에 대한 이해를 동반할 수밖에 없습니다. 이를 위해 우주적 그리스도와 같은 진화론에 대한 신학적 이해가 의당 필요할 것입니다.[11] 그러나 저는 '설계론'과 다름없는 신의 인습적 속성에 크게 기대하지 않습니다. 신의 '약속'으로 '설계'의 결정론적 시각을 비판하는 입장과도 일정한 거리를 둘 것입니다. 대신 우주적 그리스도론의 한국적 이해[12]를 바탕으로 인간의 '책임성'에 더 큰 의미를 둘 생각입니다. 이 과정에서 과정철(신)학과 아우슈비츠를 경험했던 H. 요나스Jonas의 책임원리 간의 논쟁이 불가피할 듯싶습니다.[13] 기후붕괴 원년의 시대[14]를 살고 있는

---

10 J. Moltmann, 김균진 역, 『창조 안에 계신 하느님』, 한국 신학연구소, 1986.
11 다음 몇 권의 책들이 필자의 이런 관심을 충족시키는 데 큰 도움이 되었다. J. Haught, *God after Darwinism, A Theology of Evolution,* Westview Press 2000. Ilia Delio, *Christ in Evolution,* NewYork: Marknoll Orbis Books, 2008.
12 여기서 필자는 多夕 유영모의 '얼 기독론'을 염두에 두고 있다. 우주적 그리스도의 한국적 표현인 '얼 기독론'을 통해 인간 책임의 문제를 철저화시킬 생각이다.(이정배, 『없이 계신 하느님, 덜 없는 인간』, 모시는 사람들, 2009)
13 본 논쟁은 J. Haught, 앞의 책, 10장에서 본격적으로 다뤄지고 있다. 저자는 과정신학의 입장약속을 견지하나 필자는 '책임'의 시각을 강조할 것이다.(H. Jonas, *Das Prinzip Verantwortung,* Frankfurt am Main: Insel Verlag, 1983)
14 마크 라이너스, 이한중 역, 『6도의 악몽-지구 온난화와 환경 대재앙 시나리오』,

우리에게 진화론은 우주적 그리스도란 이름으로 인간의 자기 이해를 갱신하여 신생대로부터 생태대로의 전환을 가능케 할 것입니다. 이런 목적 하에 본고는 다음의 과정을 통해 서술될 것입니다. 우선 기독교 신학과 갈등을 초래했던 다윈 진화론의 개요를 소개할 것이며, 이어서 진화론에 대한 내부의 토론과 논쟁의 실상을 개관할 것입니다. 다음으로 생태학적 시각에서 진화론의 유신론적 성격 - '약속' - 을 살피며, 나아가 우주적 그리스도의 빛에서 '책임'의 의미를 생태학적으로 논할 생각입니다.

## 2. 다윈 진화론의 핵심 내용과 기독교와의 갈등 배경

본래 성서와 자연은 하느님 계시의 양 측면으로서 상호 대립적일 수 없었습니다.[15] 그러나 중세의 유기체적 세계관이 붕괴되고 그 자리를 기계론적 세계관이 대신하면서 양자 간의 대립과 갈등이 본질처럼 여겨졌습니다. 종교개혁 이후의 개신교 신학체계도 기계론적 세계관과 벗하면서 자연의 신적 의미를 탈각시켰고 초자연적 은총의 종교로만 존재했으며, 인간의 윤리 도덕 내지 영혼의 종교로 축소되었습니다.[16]

---

세종서적, 2008, 참고. 비록 최종 결과가 1년 후로 미뤄졌으나 2009년 12월 코펜하겐 기후회담에 세계 정상들이 대거 참석하여 이산화탄소 감축방안을 논한 것은 이런 위기감을 반영한 것이다.

15 데이비드 C. 린드버그 外, 이정배·박우석 역, 『신과 자연, 기독교와 과학 그 만남의 역사』 상권, 이대출판부, 1998, 1장 내용 참조.
16 앞의 책, 6장 내용; R. 후이카스, 『종교개혁과 과학혁명』, 솔로몬 출판사, 1992. 특히 개신교 신학의 본질로 언표된 '신앙유비'(Analogia fidei)의 반자연주의적 성격

자연의 중력과 우주 공간을 신적 전능과 편재의 의미로 해석했던 뉴턴의 신학적 자연관[17]이 존재했지만 그것은 견강부회적인 곡해였습니다. 이런 뉴턴식 우주관을 붕괴시킨 것은 곧이어 출현한 다윈의 진화론이었습니다. 자연선택의 '우연성'을 역설하는 진화론이 자연과정에서 신적 영역, 곧 목적론을 배제했던 까닭입니다. 심지어 데카르트의 이원론 철학에서도 긍정된 초자연적 영역을 진화론이 탈각시켰습니다. 일체의 자연신학적 노력 역시도 진화론은 무용지물로 만들고 말았습니다. 이 점에서 성서와 자연 간의 상관 고리를 진화론이 해체시켰다는 과학사가들의 평가는 틀리지 않습니다. 바로 이것이 진화론과 기독교 간의 갈등의 총체적 배경인 셈입니다. 하지만 이렇게만 약술되면 다윈 진화론에 대한 편견이 확대될 것입니다. 해서 우주질서에 마음을 뺏긴 당시 이신론적 신학의 모순과 허구성을 배우고 진화론의 도전을 적극 수용했던 그때 신학자들의 생각과 심정을 아는 일이 더불어 필요합니다.[18] 제 관점에선 진화론이 연역법적 추론에서 '아래로부터의 경험'(Bottom up experience)[19]에 근거한 신학의 새 길을 정초한 것으로

---

을 주목하라.

[17] 뉴턴 자신은 기계론적 자연 대신 자연의 활력(active force)을 강조했으나 자연법칙과 신적 작용을 등가적으로 보는 오류를 범한 것이다. 이를 뉴턴적 이신론이라 부르기도 한다.(데이비드 C. 린드버그, 앞의 책, pp.338~344; 동 저자, 하권, pp.494~495)

[18] 다윈 진화론은 19세기 개신교 신학에 다음 세 방향에서 영향력을 미쳤다. 진화론(자연선택)을 거부하는 정통 신학, 종교와 과학을 상호 독립적으로 본 자유주의 신학, 진화론에 맞게 기독교 신학을 재구성하려는 경험주의적 신학, 일명 기독교적 다윈주의자로 불리는 영국 성공회 시제그룹 등.(데이비드. C. 린드버그, 앞의 책, 하권, pp.498~520)

[19] 필자는 본 개념을 폴킹혼에게서 배웠다.(J. 폴킹혼, 이정배 역, 『과학시대의 신론』,

보입니다. 이런 작업과 생각은 향차 진화론적 신학을 구상함에 있어 대단히 중요한 단초가 될 것인 바 후술코자 합니다. 여기서는 먼저 성서와 자연을 분리시킨 진화론의 핵심개념을 간략하게, 그러나 논쟁적으로 소개하는 일이 필요할 것 같습니다.

진화론을 배태한 『종의 기원』은 분명 역사상 그 어느 이론보다 기독교 신학과 대척점에 서 있었습니다.[20] 성서와 자연을 완전 분리시켰던 까닭입니다. 물론 하루아침에 그리 된 것은 아닐 것입니다. 하지만 다윈주의는 점차 기독교의 신론, 창조론, 나아가 인간론에 이르기까지 부정적 영향력을 끼쳐 왔습니다. 성서를 여타의 다른 책처럼 이해하고 해석하라는 요구 또한 생겨날 정도였습니다. 우선 위 책은 개체발생을 언급한 창조기사와 달리 일체의 생명은 시간의 흐름 속에서 공동조상으로부터 점진적으로 변형되었다는 계통발생설을 주장했습니다. 이는 분명 성서의 창조신앙에 대한 급격한 이의제기였습니다. 해서 당시 성직자들은 계통발생을 인간을 동물로 만들고 신을 해고시킨 무신론의 전거로 보았습니다. 인간의 근원을 원숭이 혈통에서 찾는 것의 불가함을 말하기 위해서입니다. 하느님 형상으로서 인간의 형이상학적, 윤리적 독특성을 말할 여지의 복원을 꾀한 것입니다. 하지만 당시에도 공동조상 설을 지지하는 학자들이 없지는 않았습니다. 물로 포도주를

---

동명사, 1999; 이정배, 『종교와 과학의 대화에 근거한 기독교 자연신학』, 대한기독교서회, 2005, pp.105~136 참조)

[20] 찰스 다윈, 이민재 역, 『종의 기원(On the Origin of Species)』, 을유문화사, 1995. 이하 내용은 본 책에 근거하여 필요한 부분을 발췌 정리한 것이다.

만들었다 해서 물과 포도주가 다른 것이듯 계통발생에 있어서도 인간과 짐승이 다를 수 있기 때문입니다. 나아가 조상이 원숭이인 것이 창피한 것이 아니라 인간 이성으로 진리를 방해하는 것이 더 부끄럽다고 말한 지지자도 있었습니다.[21] 하지만 계통발생설을 비난했던 근본적 이유는 실상 다른 데 있었습니다. 『종의 기원』이 방대한 사례를 토대로 일체의 생명현상을 신적 의도, 목적, 그리고 협조 없이 설명하고 있었기 때문입니다. 한마디로 너무나 '자연적'이어서 유신론의 여백이 조금도 없었다는 말입니다. 주지하듯이 다윈은 계통발생에 이르는 전 과정에서 변형의 주체를 자연선택[22]이라 명명했습니다. 우발성, 무작위성이 본질인 자연선택은 통상 다음의 메커니즘을 갖고 작동됩니다. 자연계는 생존 가능한 개체수보다 많은 개체를 보유하며 이들 개체군에서 유전적 변이가 발생하고 이로운 유전자의 누적으로 새로운 종이 탄생된다는 것입니다. 이런 자연선택은 당시 신학계를 지배했던 '자연신학'의 신神 담론(God-Talk)인 소위 '설계론'에 대한 거부를 뜻했습니다.[23] 자연신학이 선한 의지를 지닌 전지전능한 인격적 존재에 의해 일체의 생명체가 지적 설계되었음을 말했던 까닭입니다. 하지만 다윈에 의해 우주만물은 설계의 산물이 아니라 환경에 적응한 유기체 자신의 자연선택의

---

21 이런 주장을 한 사람은 다윈의 忠犬으로까지 불렸던 토마스 헉슬리였다. 당시의 주교였던 윌버포스와의 진화론 논쟁은 대단한 의미를 지닌다.
22 여기서 언급할 것은 다윈 역시도 처음에는 '자연도태'를 말하지 않았다는 점이다. 그 역시 '종의 불변성' 문제를 쉽게 부정할 수 없었던 까닭이다. 주목할 또 다른 사안은 '자연선택' 이론과 맬서스의 '인구론' 간에 상호 연결고리가 있다는 점이다.
23 당시 자연신학의 주창자는 M.L. Clarke Paley이며, 이 책은 케임브리지 대학에서 1802년 출판되었다.

결과로 판명되었습니다. '설계'를 부정하는 것이 '신'을 부정하는 것과 다르지 않았던 상황에서 신적 계획, 목적 등의 초자연적 개념들이 총체적으로 거부된 것은 큰 파장이었습니다.[24] 이런 갈등 선상에서 불거진 또 다른 사안은 자연의 물리적 속박과 인간의 자유 및 원죄 개념에 대한 것이었습니다. 일견 『종의 기원』은 당시 성직자들에게 일체 생명체를 자연법칙의 결과로만 이해하는 '나쁜' 책으로 보일 수밖에 없습니다. 생명, 무생명을 막론하고 유기체를 자연과정과 조우하여 그에 적응한 결과로 설명했기 때문입니다. 해서 불변적인, 위반할 수 없는 자연의 물리적 필연성이 강조될 수밖에 없었습니다. 그런 탓에 인간 자유 및 독특성의 여지를 불허한다는 혹평이 신학 영역 안에서 생길 만했습니다. 소위 하느님 형상에 근거한 인간의 자기이해-인간중심주의-가 근간에서 뒤틀려진 것입니다. 나아가 인간의 원죄성을 말할 수 있는 근거 자체도 원천 봉쇄되고 말았습니다. 이는 인간에게 행위의 책임성을 물을 수 없게 되었음을 뜻합니다. 자연을 성서로부터 분리시킨 다윈이 자연 자체에게 무소불위의 필연성, 적합성을 부여한 결과인 것입니다. 따라서 우주의 목적 자체가 없고 모든

---

24 '지적 설계론'이 한국 교회의 담론을 형성하는 상황에서 다윈에 의한 부정은 격노할 일일 것이다. 하지만 다음과 같은 반론을 주목한다면 상한 마음이 누그러지지 않을까 싶다. "어떤 지적인 존재가 이런 현실 세계를 미리 설계해 놓았고, 그들은 그렇게 더럽고 끔찍한 세상에서 그토록 참혹한 현실을 살게 되었다고 말할 수 있을 것인가?" 박일준, 「신학적 창조론의 모색-우연의 신학적 해석으로서 목적성과 창조성」, 기독교 통합학문연구소, 발표 미간행 논문(2009.10.6), 자료집 24. 바로 이런 맥락에서 다윈 자신도 하느님께서 생명의 종을 특별히 창조했다는 주장을 거두어야 한다고 말한 바 있다. 신재식, "다윈 진화론의 자연신학 비판과 다윈 이후 진화론적 유신론 연구", 미간행 논문, pp.9~10.

것이 자연과정에서 발생하는 우연(우발성)의 산물이며, 이런 자연법칙을 거스를 존재가 전무하다는 다윈의 '자연선택' 이론은 초자연성을 설한 기독교 신학체계와 양립 불가능한 것으로 이해될 수밖에 없었습니다.

그러나 이런 갈등과 대립은 당시 신학적 상황에서 생겨났던 한 양상일 뿐입니다. 오늘날 다윈에 앞서 존재했던 자연신학은 더 이상 인정되기 어렵습니다. 물론 자연신학 자체도 창조과학, 지적 설계론의 이름으로 진화되는 것도 사실입니다. 하지만 다윈의 진화론 역시도 전혀 다른 양상으로 전개되고 해석되고 있습니다. 분명한 것은 진화론의 화두였던 탈脫인간중심적 에토스가 생태계 위기 시대에 큰 역할을 수행하고 있다는 점입니다. 물론 도킨스와 같은 진화론적 무신론자들에 의해 다윈의 불가지론,[25] 무신론적 경향성이 확대 재생산, 침소봉대되기도 합니다. 하지만 다윈 자신은 결코 무신론자가 아니었습니다. 초자연적 설계에 의해 우주만물이 설명될 수 없음을 절감하며 대신 자연법칙을 통해 온전한 지식을 전달하려 했을 뿐입니다. 향후 신학이 할 일은 다윈의 과제를 완결 짓는 것인 바, 초자연적 설계자(행위자)에 의존함 없이 내주하는 하느님에 대한 논의를 진척시켜 나가는 일입니다. 바로 이것이 성서가 증언하는 만물의 위, 만물 안에 그리고 만물을 통해 일하는 하느님의 참 모습을 찾는 일인 것입니다. 이를 위해 먼저 진화론에 대한 진화 생물학자들 간의 논쟁을 주목할 필요가 있습니다. 진화론도 진화하는 까닭에 자연 및 생명에 대한 그들의 새 지식을 습득함으로

---

[25] 초기 다윈은 자연신학을 읽을 정도로 성서에 마음을 빼앗겼으나 이신론을 거쳐 불가지론자가 되었다. 하지만 다윈은 자신을 결코 무신론자로 생각한 바 없었다.

써 '진화론적 신학'의 길로 나설 수 있는 근거를 얻을 수 있기 때문입니다.

## 3. 진화론에 대한 현대적 논의들 - 유물론적 진화론에 대한 비판을 중심으로

최근 다윈의 진화론은 유전학과의 연계 하에서 눈부신 발전을 거듭하고 있습니다. 소위 생물학적 진화론의 등장이 그것인데 그들 중에서 무신론적 입장을 대변하는 학자가 바로 R. 도킨스입니다. 물론 앞서도 말했듯이 무신론적 경향성을 강조한 도킨스와 달리 진화론에서 종교의 영역을 달리 설정한 S. 굴드Gould[26]와 같은 생물학자가 있으며, 나아가 다윈주의자도 기독교인이 될 수 있다는 유신론적 판단을 당연시하는 입장도 보입니다. 하지만 이런 관점 차는 종교와 과학 간의 대화(관계) 유형에 따라 달라질 수 있을 뿐 결정적이지 않습니다. 전자는 상호 갈등(대립)을 골자로 했으며, 후자의 경우는 상호 독립 내지 무관심을 에토스로 삼은 것뿐입니다. 이 장에서 저는 진화론에 대한 진화 생물학자들 간의 논쟁 중 가장 대표적인 도킨스와 굴드 간의 논쟁을 소개하고 이들 각각에 대한 문제점을 적시할 생각입니다. 진화 생물학계 안에서 이들 각자는 다윈 진화론을 달리 진화시킨 양대 산맥으로 이해되기 때문입니다. 하지만 진화 생물학 내부에서 어떤 논쟁이 진행되고 있는지 그 맥락과 좌표를 먼저 아는 일이 중요합니다. 해서 생물학적 진화론

---

[26] 그의 주저로는 일천 쪽 이상의 분량을 지닌 다음 책이 있다. S. J Gould, *The Structure of Evolutionary Theory*, The Belknap Press of Harvard Univ. Press, 2002. 다윈 진화론의 불완전함을 수정하려는 의도로 쓰여진 책이다. 전통적 다윈주의를 전제하나 진화와 발생의 관계 모색을 그 내용으로 삼았다.

의 현재적 쟁점들을 두루 언급하고 그 틀에서 진화 생물학 전반, 특히 유물론적 진화론의 입장을 비판하는 우회적 입장을 취할 것입니다.[27]

먼저 다윈 진화론의 핵심인 자연선택에 대한 상이한 이해가 있습니다. 열대지역의 검은 피부와 북극 지역의 흰곰을 보면 분명 유기체가 자연에 적응해 왔다는 자연선택을 부정할 수 없을 것입니다. 하지만 인간 마음과 행동도 자연선택에 의한 것인지를 질문하는 진화론자들이 생겨났습니다. 소위 적응/반적응의 논쟁입니다. 인간의 언어 능력과 같은 것은 자연선택만으로 설명될 수 없다는 반론입니다.[28] 다음으로 자연선택의 기본 단위가 개체인가, 유전자인가 하는 논쟁입니다. 지금껏 다윈 진화론의 틀에서 자연 선택의 단위가 개체인가, 집단인가 하는 논쟁은 있어 왔습니다.[29] 하지만 신新다윈주의에 이르면 최종 단위가 유전자로까지 내려갑니다. '이기적 유전자'란 말이 회자되기 시작한 것입니다. 그러나 여기서 인간의 도덕성에 대한 심각한 물음이 발생합니다. 인간을 비롯한 생명체들의 이타적 행위는 유전자의 시각에선 이기적인 것이라는 발상 때문입니다. 인간 역시도 유전자 생존기계라는 유물론적 관점에서 이해됨으로 종교의 자리마저 위태롭게 만들었습니다. 하지만 이에 대한 반론 역시 적지 않았습니다. 유전자 역할이 자기 복제에 있어 큰 역할을 하지만 환경과의 교감을 불필요하게 만들

---

[27] 장대익, 『다윈의 식탁』, 김영사, 2008. 본 작업을 위해 필자는 이 책의 도움을 크게 받았다. 이하 내용은 본 책의 내용을 나름대로 심화시켜 정리한 것이다.

[28] 반反적응주의는 일명 최소적응주의로 불리기도 한다.

[29] 다윈은 자연선택적응의 기본단위가 개체이지만 집단을 위해 개체가 희생하는 방식으로 인간의 도덕성이 발전되어 왔다고 말한 바 있다. 그래서 자연선택의 단위가 '집단'이란 말도 가능할 수 있다.

수는 없다는 것입니다. 일종의 유전자 결정론에 대한 이의제기인 셈입니다. 해서 유전자 결정론과 유전자와 환경의 상호 관계성에 대한 이해가 진화 생물학에서 뜨거운 쟁점이 되었습니다. 유전자 결정론자들은 유전자 간의 상호작용에 의해 생겨난 우발성(Contingence)을 통해 표현의 차이를 설명한 반면[30] 반대론자들은 환경과의 상호작용에서 우발성(차이)을 생각했던 것입니다. 전자의 경우 유전자를 청사진(Blueprint)으로 여긴 반면, 후자는 요리서(Recipe) 정도로 비유한 듯 보입니다. 진화가 점진적인가 도(비)약적인가 하는 이어진 물음에서 양자 간 논쟁점이 더욱 확연해집니다.

본 주제는 진화 속도와 다양성에 관한 물음인 바, 도킨스와 굴드 간 논쟁의 정점을 이루고 있습니다. 주지하듯 진화론은 소위 '사라진 고리(Missing Link)'로 인해 정당성을 의심받아 왔습니다. 진화론의 골자인 등속설等速說 혹은 계통적 점진론漸進論이 화석기록의 부재로 어려움에 처한 것입니다.[31] 이에 관한 두 가지 반응이 진화 생물학 내부에서 대립했는데, 단속 평형론斷續平衡論과 자연선택의 '우발성' 이론이 그것입니다. 전자는 오랜 정체 후 생물종들의 갑작스런(斷續) 출현 가능성을 말한 것이며, 후자는 자연선택의 점진적 체계 안에서의

---

[30] 이들에겐 유전자 자체가 자신을 표현함에 있어 '차이 제조자'(Difference maker)로서 역할 한다는 신념이 있다. 결정론의 틀 하에서 우발성을 인정하는 모양새를 하고 있다는 것이다.

[31] 이 점에서 다윈 자신은 하나의 종種이 변화하는 기간은 상상할 수 없을 만큼 길지만 그 種이 같은 형태를 유지해온 기간에 비하면 오히려 짧다고 말한 바 있다. 이것은 '사라진 고리'에 대한 다윈 식의 해명이었고 等速說을 지지하려는 확고한 의도로 보인다. 진화론 자체가 폭이 넓다는 사실을 강조한 것이다.

도약적 진화(우발성), 곧 돌연변이에 무게를 둔 발상입니다. 양자 간 논쟁 과정에서 단속 평형론은 반反진화론의 빌미를 제공한 것으로 폄하되었고[32] 우발성은 '적응'에만 목매어 발생학 자체에 대한 관심을 갖지 못했다는 비판에 직면했습니다. 이어진 쟁점은 수렴진화, 곧 생명체의 미래의 시각에서 목적론에 관한 물음입니다. 다윈 자신은 자신의 진화가 진보와는 무관함을 앞서 말한 바 있습니다.[33] 하지만 유전학과 결부된 신新다윈주의는 진화 능력 자체가 진화한다는 강한 낙관론을 펼쳤습니다. 역사상 몇몇 비가역적인 진보(혁신)[34]를 예증 삼아 적응과 생성의 힘을 신뢰했던 것입니다.[35] 이는 과학, 다시 말해 자기 복제에 대한 강한 믿음의 반영일 듯싶습니다. 하지만 진보를 거역했던 힘이 역사상 항존했던 것도 사실입니다. 해서 반대론자들은 우발성이 생명의 진보를 방해할 수 있는 힘이라고 한껏 강조했습니다. 진화와 진보를 일치시키기보다 생명의 역사에서 '적응'에 대한 강한 신뢰를 접으라는 것입니다. 진보 대신 복잡성(다양성)의 증가에 더욱

---

[32] 이에 대해 재론하겠으나, 필자가 보기에도 단속 평형론은 지적 설계론자들에 의해 오용된 흔적이 많다. 굴드의 원래 의도와는 상관없이 말이다.

[33] 진화와 진보를 등가적으로 이해한 사람은 당시 영국 사회를 개조하려했던 H. 스펜서였다. 진화론이 정치가에 의해 왜곡된 대표적 경우라 하겠다. 빅토리아 왕조 시대에 있어 영국인들은 사회 진보를 진화론의 시각에서 이념화 했던 것이다.

[34] 이는 물질현상, 생명현상, 나아가 정신현상으로의 질적 도약을 의미한다. 홀아키론에 서도 비가역성은 긍정되고 있다. 하지만 홀아키론과의 차이는 퇴행도 더불어 말해진 다는 점이다. 그러나 신新다윈주의에는 퇴행개념이 없다.(켄 윌버, 조효남 역, 『모든 것의 역사』, 대원출판, 2004 참조)

[35] 특별히 도킨스는 진보를 주위 환경에 성공적으로 적응한 특성들이 축적된 상태로 여긴다. 그에게는 이런 진보가 진화인 셈이다.

주목할 것을 요청한 셈입니다. 결국 이들 쟁점의 핵은 생명진화의 여정 속에 영원한 트렌드의 유무有無에 관한 논의였습니다. 마지막 것은 진화와 종교의 양립 내지 종교의 존재 이유에 대한 정당성 여부에 관한 논쟁입니다. 물론 본 사안이 종교의 유/무용성에 관한 토론이지만 진화 생물학 내부에서 시작된 것임을 유념할 필요가 있습니다. 이는 진화 생물학, 정확히는 '이기적 유전자'로서 종교의 본질을 해부하고 그 허구성을 밝힐 수 있다는 과학 환원주의와, 종교와 과학의 상호 독립(자)성에 기초한 불가지론적 입장 간의 논쟁이란 사실입니다. 앞의 것이 진화의 완전성에 종교를 종속시켰다면, 후자는 진화의 불완전함을 일정 부분 인정했고, 나아가 종교의 순기능을 수용했던 까닭입니다. 여하튼 종교가 허구라는 시각과 진화가 불완전하다는 입장이 진화 생물학 영역에서 공존한다는 사실 자체가 대단히 흥미롭습니다.

이상으로 다윈 사후 다윈르네상스를 주도했던 진화 생물학의 양대 그룹 간 논쟁을 약술했고 도킨스와 굴드가 이들 각각을 대변하는 학자임을 앞서 밝혔습니다. 이하에서는 진화 생물학의 종교 이해에 집중할 생각인 바, 먼저 도킨스의 무신론을 굴드의 시각에서 비판하고 굴드의 불가지론이 창조과학의 변형인 '지적 설계론'으로 오용될 소지를 지적하려고 합니다. 진화론과 유신론 간의 새로운 접점을 기대하면서 말입니다. 익히 경험한 대로 도킨스의 『만들어진 신』(2007)은 출판 기획자의 예상을 깨고 엄청난 부수가 판매되었습니다.[36] 그러나 무신론적

---

[36] 종교를 '정신바이러스'로 보고 차라리 무종교가 세계 평화에 기여할 것이란 그의 주장에 호감을 표한 독자들이 많았다는 사실을 한국 기독교계는 비판에 앞서 깊이

진화론의 근거는 앞서 출판된 『이기적 유전자』(1976), 『확장된 표현형』(1982), 『눈먼 시계공』(1986) 등을 통해 확고하게 준비되어 있었습니다.[37] 이 책들에서 저자는 오로지 유전자와 자연선택의 관점에서 종교를 바라봤고 그 허구성을 밝혀 놓았습니다.

『만들어진 신』은 현대문명에 그 결론을 적용시켜 본 것에 불과합니다. 종교 없는 세상을 상상해 볼 것을 권하고 있는 것입니다. 우선 『이기적 유전자』는 자연선택을 유전자의 수준에서 본 것으로 진화론을 획기적으로 전환시킨 책으로 꼽힙니다. 숭고한 '이타성'을 유전자의 이기적 행위라고 함으로써 종교의 자리를 허물어버린 대단한 저술이었습니다. 유전자의 일차적 과제가 자기 복제이기에 이타성 역시도 결국 자기 사본寫本을 더 많이 남기려는 일 이상이 아니라고 주장한 것입니다. 『확장된 표현형』에서는 더 많은 복제를 위해 유전자가 다른 개체를 매개(운반자)로 사용한다는 원리를 제시했습니다. 예컨대 거미줄, 새 둥지, 흰개미 집 같은 인공물이 자기 복제를 확대시킬 수 있는 유전자의 확장된 표현형이란 것입니다. 인간 문화, 나아가 종교도 이 점에서 유전자의 표현형에 불과하다는 것이 도킨스의 생각입니다. 『눈먼 시계공』은 자연선택의 정당성[38]을 강조한 것으로 자연선택 그 자체를 창조과

---

성찰해야 할 것이다. 당시 기획자들의 분석에 의하면 출판 호황은 한국에 잠정적 무신론자들 수가 많음을 반증한다고 했다.

[37] 장대익, 앞의 책, pp.249~278. 여기에서 장대익은 도킨스의 3부작이라 일컫는 이들의 내용을 상세히 정리해 놓았다. 이하의 내용은 본 책을 재서술한 것이다.(『이기적 유전자』, 을유문화사, 2006; 『확장된 표현형』, 을유문화사, 2004; 『눈먼 시계공』, 사이언스북스, 2004 참조)

[38] 도킨스에게 있어서 '눈먼 시계공'이란 말은 자연선택의 본질 그 자체를 드러내는

정으로 여긴 저서입니다. 자연선택은 결코 목적을 드러내지 않은 채 무작위적, 누적적으로 진행된다고 본 것입니다. 이는 지적 설계론에 대한 전적 부정이자 우주의 목적 자체를 부정하는 반反유신론적 경향성을 노골화합니다. 해서 지적으로 무신론자가 되는 것이 다윈의 충실한 후예의 삶이라고 말할 수 있었습니다. 이후 『만들어진 신』에서 종교는 인간 정신을 숙주 삼아 자신의 정보를 복제하는 일종의 정신 바이러스로 정의되었습니다.[39] 일종의 인간 정신 속에 기생하는 '밈meme'이라는 것입니다.[40] 도킨스는 인간이 유전자뿐 아니라 '밈'도 운반하는 주체라고 생각했습니다. 따라서 신이 존재할 수 있다는 가설은 확률 제로에 가깝다고 보았습니다. 복잡성을 지닌 진화과정의 최종산물인 창조적 지성만이 존재할 뿐 존재론적 신은 어디서도 발견될 수 없다는 것입니다.[41] 해서 도킨스는 인간 현실에 해악을 끼치는 종교를 거침없이 비판할 수 있었습니다. 종교를 심지어는 현대과학으로 치유되어야 할 미신으로 치부하기까지 했습니다.[42] 이 점에서 그를 반反본질주의자라 명명해도 좋을 듯합니다. 하지만 도킨스는 종교의 순기능을 보지

---

은유인 것이다.

**39** R. 도킨스, 『만들어진 신』, p.292 이하 내용.
**40** '밈'meme은 'memory'의 'm'과 'gene'의 'ene'의 합성어, 일종의 조어造語이다.
**41** 이런 입장은 같은 무신론이라도 『통섭』의 저자 E. 윌슨과도 변별된다. 윌슨의 경우 인간 마음은 초월자를 믿게끔 진화해왔다는 '종교적응주의'를 표방했기 때문이다. 무신론자인 D. 데닛 역시도 '밈'의 역할을 병리적으로만 보지 않았다. 유전자 수순에서 이기적이지만 상위의 수준에서 협동적일 수 있는 가능성을 인정한 것이다.
**42** 그래서 도킨스는 종교라는 '밈'을 제거할 것을 본 책에서 강조했다. 종교가 대물림되는 현실 속에서 그것이 결국 세상에 악을 초래한다고 보았던 것이다.

못했을 뿐 아니라 근본적으로 종교를 자연선택에 환원시켰습니다. 유물론적 진화론의 시각에서 무작위적 진화를 맹신한 나머지 자연의 영적 의미와 가치를 폐기처분해 버린 것입니다.[43] 이제 무신론자 도킨스를 향해 그와 대척점에 서 있던 진화 생물학자 굴드의 견해를 보기로 하겠습니다.

종교에 관한 굴드의 도킨스 비판은 앞서도 보았듯이 자신의 진화 생물학[44]에 근거했습니다. 불완전한 다윈 진화론을 좀 더 완벽한 논리로 만들고자 단속 평형론을 주장한 것이 결국 도킨스 식 무신론 내지 종교 무용론을 비판하는 도구가 된 것입니다. 본래 굴드의 단속 평형론은 다윈의 점진적 진화를 보완할 목적이었고 자연선택만을 진화의 강령으로 본 도킨스의 유물론적 입장과 구별되는 논리였습니다. 더욱이 유전자 수준에서의 자연선택을 강조하는 것 또한 굴드의 시각에선 일리는 있되 전부는 아니었습니다. 자연선택이 유전자에서만 아니라 개체, 개체군, 심지어 종種 이상의 수준에서도 작용했던 까닭입니다. 해서 굴드는 유전자에 집착하는 유물론적 시각을 '울트라 다위니즘Ultra Dawinism'이라 명명했습니다. 도킨스의 반反본질주의에 대한 조롱과 부정이 함축되어 있는 말이라고 할 수 있습니다. 굴드에겐 자연선택만큼이나 발생학이 중요했습니다. 생물종들이 오랜 정체기를 거친 후 급격하게 진화하며 중간단계 없이 새로운 종이 출현할 수 있다는 단속 평형설이 바로 발생학의 중요성을 환기시킨 것입니다. 그래서 그는

---

[43] 신재식 外, 앞의 책, pp.557~563.
[44] 각주 121번 참조.

진화가 진보가 아님을 강조했고 유전자보다는 환경의 중요성을 평생 역설해 왔습니다. 이런 굴드의 입장은 본고가 의도한 생태학과 진화론의 관계모색에 대단히 유의미합니다.[45] 하지만 급격한 진화, 새로운 종의 출현 등은 점진적 진화론자들에겐 불편한 개념들이었고 수용될 수 없었습니다. 이런 이유로 우발성에 대한 이해 자체도 같을 수 없었습니다. 굴드에게 우발성은 발생학과 의미상 동일했습니다. 하지만 도킨스에겐 '차이'를 생산하는 유전자들 간의 상호작용, 바로 그것이 우발성이었습니다. 환경적 요인을 비롯한 일체의 발생 자원을 원천 봉쇄시킨 것입니다. 도킨스의 진화론이 유전자 결정론 내지 유물론적이라 불리는 것도 이런 이유에서입니다.

하지만 단속 평형설로부터 야기된 굴드의 종교 이해 또한 문제가 없지는 않았습니다. 우선 '발생학'이란 말 자체가 진화론자에게 익숙한 개념이 아니었습니다. 새로움을 발생시키는 낯선 주체, 일종의 창조주 내지 설계자가 존재할 수 있다는 감각을 자아냈던 것입니다. 알다시피 굴드는 도킨스와 달리 종교와 과학을 상호 독립적으로 보았고 종교의 역할을 인정한 진화론자였습니다.[46] 종교를 과학에 환원시키지 않았던 까닭입니다. 하지만 종교와 과학 쌍방에 대한 분리적 시각은 근대의 산물일 뿐 오늘의 에토스엔 적합하지 않습니다. 분리적 시각에서 종교의 자리를 인정했고 진화론에서 발생학을 강조한 굴드의 이런 입장은

---

[45] 본고의 제목이 '생태학적 관점에서 본 진화론'인 것을 유념하라. J. Haught, 앞의 책, 9장에서도 생태학과 진화론의 관계가 언급되어 있다. 굴드는 생명 역사에서 '우발성'-여기에는 환경적 요인도 포함된다-은 피할 수 없는 운명이라 보았다.

[46] 굴드 자신은 이를 '중첩되지 않은 삶의 권역들'(Non-Overlapping Magisteria)이라 했다. 일명 NOMA라 줄여 말하기도 한다.(장대익, 앞의 책, p.206)

자신의 의도와는 상관없이 지적 설계론에 빌미를 제공한 듯 보입니다.[47] 발생과 진화의 관계를 평생 과제로 삼았던 굴드가 근본주의적 기독교의 시각에서 유물론적 진화론 내지 과학적 무신론을 비판할 수 있는 근거로 이용된 것입니다. 사실과 가치가 분리될 경우 이런 오류에 빠질 수 있음을 단적으로 보여준 예라 하겠습니다. 오늘날 진화 생물학자들 간의 갈등과 논쟁을 틈타 유신론적 과학을 언감생심 노리는 지적 설계론자들이 기독교 내에 만연하고 있습니다. 진화와 창조(발생)를 조합시킨 '설계'로 진화를 비판, 극복하려는 이런 노력은 교회 내부에서 크게 환영받는 추세입니다.[48] 생명의 특성은 무작위적 자연선택이 아니라 지적 원리(설계)에 의해 더 잘 설명된다는 논리는 유신론을 표방하는 종교들의 반향을 불러일으킨 것입니다. 그러나 실상 이것은 진화론과 유신론의 공존을 말하지 않았습니다. 유신론을 강조함에 그 목적이 있을 뿐입니다. 하지만 지적 설계론은 성서, 종교와 무관합니다. 왜냐하면 생명체에서 발견된 설계 사례만 보고 자연 진화의 창조성에 내재한 비극적 깊이를 도외시하는 까닭입니다. 성서는 '참 좋다'라는 하느님의 환호만을 말하지 않고 피조물의 '탄식'도 온전히 성찰하고 있는 생태학

---

[47] 앞의 책, pp.212~214. 그러나 정작 지적 설계론자들은 굴드의 NOMA, 즉 과학과 종교를 상호 인정하는 태도를 거부했다. 진화론의 유신론적 근거를 배격할 목적에서이다. 종교를 자연주의적 틀 안에 가두는 결과를 초래한다고 보았던 까닭이다. 결국 이것은 종교와 과학 간 화해를 불가능한 것으로 보고 종교, 곧 기독교의 창조설만을 인정하려는 시대착오적 환상이라 여겨진다.(이승엽, 앞의 글, pp.14~16 참조)

[48] 왜냐하면 종래의 창조/진화 간의 대립을 유/무신론의 대립으로 이끌었기에 폭넓은 지지층을 확보할 수 있었던 것이다. 전자가 종교와 과학 간 대립의 양상이었다면 후자는 종교 자체를 부정하는 결과로 비쳐졌기에 세를 결집할 수 있었다.

적 책인 것입니다. 그렇기에 우리에겐 진화론을 이론으로 받아들이되, 우주 생태계의 비극적 깊이를 성찰하는 진화론적 신학이 필요합니다. 이런 진화론적 신학으로 과학적 유신론(지적 설계론)은 물론 과학적 무신론(도킨스) 모두를 극복하길 소망합니다.

### 4. 진화론적 유신론에 대한 신학적 논의들 – 설계, 성사聖事를 넘어 '약속'으로?

비록 지적 설계 이론이 진화론과 유신론의 상관성을 부정했지만 21세기 기독교 신학은 다윈주의자도 기독교인이 될 수 있다는, 소위 진화론적 유신론을 말해야 옳습니다. 이미 신학이 생명을 다루는 한 그럴 수 있다는 진화론자의 대답도 있었습니다. 진화 생물학에 기반한 진화론적 유신론을 온전히 말하는 것이 샤르댕 이후의 우주적 신학을 완성하는 길인 것입니다. 이를 위해 인간 및 우주질서에 대한 성서적 통찰 역시 진화론 이상 중요합니다. 성서가 우주의 성사적(sacramental) 측면만큼이나 부정적 경향성을 드러내기 때문입니다.[49] 성서가 원原은총과 더불어 원죄[50]를 말하는 것을 주목할 필요가 있습니다. 비록 신이 우주를 창조했다곤 하나, 그 속엔 신의 침묵이라 불리는 불가해성(Geheimnis)이 만연되어 있는 까닭입니다. 이 점에서 종교란 성사와 침묵 간의 실재적 갈등 속에서 성스러움이 현실화되기를 기다리는 어떤 것이라는 지적은 타당합니다.[51] 갈등이 현실이지만 우주 자체는 복잡화되는 과정

---

[49] J. Haught, 김윤성 역, 『다윈 안의 神』, 지식의 숲, 2005, p.287.
[50] 앞의 책, p.342. 우주의 생성과정 안에서 유한자에게 생겨나는 고통과 오류 등의 필연적 반응을 일컫는다.

에서 아름답고 성스런 지향성을 갖고 있다는 것입니다. JPIC 대회 발의자이자 물리학자인 봐이젝커가 자연 자체가 내재적으로 역사성을 갖고 있다는 발견을 20세기 최고의 사건으로 본 것과 맥을 같이합니다.[52] 자연이 결코 물질 덩어리가 아니란 확증을 자연과학자로부터 배운 것은 대단한 수확이 아닐 수 없습니다.[53] 우주의 모호성, 그리고 자연의 역사성에 근거해서 신학자들은 우주가 확고한 '설계'가 아니라 목적을 실현해가는 과정임을 말하기 시작했습니다. 종래의 신적 초자연성을 미래적 목적 개념으로 바꾸어 생각했다는 말입니다. 비인격적 우주 속에서 신적 깊이를 발견한 것입니다.[54] 과정철학자 A. 화이트헤드의 다음 말이 결정적으로 중요합니다. "종교는 즉자적 사물들의 덧없는 흐름 너머와 그 뒤, 그리고 그 안에 굳건히 서 있는 무엇인가에 대한 통찰이다."[55] 머나먼 가능성이지만 현실화되기를 기다릴 수밖에 없는 현실 배후의 무언가에 대한 깊은 신뢰가 반영된 말입니다. 여기서 진화는 신적 '깊이'(목적)에 적응해가는 창조 이야기로 읽혀질 수 있습니

---

[51] 앞의 책, pp.291~294.
[52] C.F. 봐이젝커, 『자연의 역사』(삼성문고, 1982)를 보라.
[53] A. 화이트헤드에 의하면 우주 진화의 매사건 속에 객관적 불멸성이 축적되어 미래에 영향을 준다고 했다. 그래서 진화과정에서 사라져버리는 것은 아무것도 없다 하였다.(존 호트, 앞의 책, p.325)
[54] 앞의 책 pp.295~296, 312~315. 이 경우 神은 진화론적 생성 전체를 보존하는 '영원한 실재'(eternal entity)로서 자연 진화의 배후에 존재한다.
[55] 앞의 책, p.312. 본 인용문은 화이트헤드의 다음 책에서 근거한 것이다.(A. Whitehead, *Science and Modern World,* Newyork: The Free Press, 1967, pp.191~192) 본 책의 한국어 번역판은 다음과 같다. 김준섭 역, 『과학과 근대세계』, 을유문화사, 1993.

다. 진화론적 유신론이라는 개념이 바로 이로부터 비롯합니다. 즉 하느님이 '절대 미래'인 한 종교는 진화론과 경쟁치 않고 오히려 그 모임의 후원자로 역할을 하는 까닭입니다.[56] 여기서 핵심은 '약속'이라는 성서적 개념일 것입니다. '약속'이라는 말은 진화론과 성서를 합류시킬 수 있는 적절한 언어입니다. 그러나 약속은 분명 '성사聖事'와 같을 수 없습니다. 성사만으로는 유한실재에게 불가피한 악惡을 설명할 수 없기 때문입니다. 신은 분명 우주 만물 속에 육화되었으나 그 세계는 결코 완벽할 수 없습니다.[57] 정신이 될 물질로서의 우주는 오로지 '약속'으로만 존재할 뿐입니다. 그렇기에 '약속'은 '설계'와 달리 초자연주의와 이원론과는 짝할 수 없습니다. 비이원론적 진화론의 빛에서만 성서의 '약속'은 자리를 얻을 수 있을 뿐입니다. 진화론이 신학 함에 있어서, 생태적 위기상황에서 은총이란 말이 그래서 타당한 것입니다. 우주 자연이 진화론적 성격을 상실해 버리면 생태계 문제는 희망이 없습니다. 자연이 폐기될 수 없는 신적 약속의 장場인 것을 성서가 증거하고 있는 것입니다. 진화하는 세계 자체가 하느님 약속인 것을 아는 것이 중요합니다.[58] 약속으로서의 자연 개념이 진화와 성서(종말론), 그리고 생태학을 연결시키는 고리인 까닭입니다. 현재와 다가올 미래 간의 불연속성이 커갈수록 '약속'은 절실해질 수밖에 없습니다. 여기서 불연

---

[56] 앞의 책, p.302.
[57] 여기서 호트는 '완벽하게 주어진 세계란 자신을 내주는 하느님 사랑과 논리적으로 적합치 않다'고 했다. 우주를 우발성의 영역으로 보는 것은 그러나 종래의 영지주의적 이원론과 비교될 수 없다.(앞의 책, pp.342~343)
[58] J. Haught, 앞의 책, p.151.

속성은 자연에 대한 성사적 관점의 한계를 적시하는 것으로서 미래를 향한 진화론적 성격을 함축합니다.[59] 어떤 현재도 신적 무한성을 온전히 드러낼 수 없고 '약속'을 향한 경향성만 지닌다는 것입니다. 따라서 진화론적 성격이란 성서의 '종말론적'이라는 말과 의미상 다르지 않습니다. 자연의 본유성은 인정하되 그의 궁극성은 미래에 있다는 성서적 종말론과 진화론이 동전의 양면이라는 말입니다. 주지하듯 성서는 '몸의 부활' 이념을 통해 약속의 실재(Reality), 곧 하느님의 미래를 현시했습니다. 부활 그것이 영혼불멸이 아니라 몸의 부활인 한, 더 크고 깊은 실재(우주)와의 관계성을 얻는 것을 뜻합니다.[60] 즉 인간이 범우주적(Pancosmic) 존재, 자연과 분리됨 없이 하느님이 창조한 우주 이야기의 한 부분이 되는 일인 것입니다. 따라서 부활은 진화와 결코 무관한 어떤 것일 수 없습니다. 진화 역시 인간이 우주에 속한 존재임을 고지하는 까닭입니다. 이는 신적 미래로서 부활이 생태적 개념임을 각인시킵니다.[61] 더 큰 관계 속으로 들어가는 사건이 부활이라면 그것은 '모든 것은 모든 것과 관계한다'는 생태적 공리와 의미 상통합니다. 그렇기에 죽음 역시도 전 우주와의 단절로 볼 이유가 전혀 없습니다. 그것 역시 더 깊은 우주에 이르는 통로라 여기면 좋을 일입니다. 결국 삶과 죽음, 나아가 부활을 통해 진화하는 세계와의 관계를 지속적으로 확장하는 것이 진화론적 신학의 영성이라 하겠습니다.[62]

---

[59] 앞의 책, pp.152~153.
[60] 앞의 책, p.160 이하 내용.
[61] 앞의 책, pp.161~162.
[62] 역으로 우주와의 관계를 탈각시키는 금욕적 고립주의를 죄(죄성)라 불러도 좋을

그렇다면 우주적 진화과정에서 '약속'(목적)으로서의 신은 과연 어떻게 작용할까요? 본 사안은 유신론적 진화론의 성패를 가늠하는 바, 우주 진화와 신적 활동 간의 관계성을 골자로 합니다.[63] 필자는 이 주제를 A. 화이트헤드의 과정사상과 H. 요나스의 생명철학의 시각에서 정리할 것인 바, 후자의 입장을 채택하려고 합니다.[64] 이 과정에서 유신론적 진화론의 의지처인 '약속' 개념과의 논쟁이 필요할 듯싶습니다. 널리 알려졌듯 진화론적 신학을 구성함에 있어 A. 화이트헤드의 핵심개념인 범汎경험주의(Panexperientialism)는 대단히 유용합니다. 범경험주의는 과정철학의 근본 토대로서 우주 내 일체 존재가 생명, 무無생명체를 막론하고 저마다 경험 주체가 될 수 있다는 획기적 발상을 제공했던 까닭입니다. 이는 우주가 '실재적 계기(actual occasion)'들로 구성되었다는 말과 다르지 않습니다. '실재적 계기'란 주체적으로 반응할 수 있는 주체적 존재를 뜻하기 때문입니다. 이 점에서 과정철학은 우주 내 일체의 존재가 약속(목적)으로서의 신과 교감하며 반응하는 주체적 존재란 사실을 강조했습니다. 삼라만상이 하느님의 설득적 현존에 대해 '숨겨진' 방식으로 반응하는 감정 상태를 지녔다는 것입니다. 여기서 숨겨졌다는 것은 단지 인간에 의해서 파악되지 않음을 뜻합니다. 본유적 역사를 지닌 자연의 주체적 능동성을 인간이 전혀

---

것이다.

**63** 앞의 책, 10장(pp.165~184)이 본 사안을 주제로 했다. 이하 내용은 10장 내용을 비판적으로 정리한 것이다.

**64** 여기서 J. 호트는 과정사상의 시각을 선호했으나 필자는 그 입장을 뒤집어 생각할 것이다. 항차 우주적 그리스도를 한국적으로 전개시키려는 의도 때문이다.

파악할 수 없다는 사실입니다. 이는 유물론적 진화론에 대한 한계를 적시하는 대목일 수밖에 없습니다. 과정철학은 '실재적 계기'로 구성된 우주가 신에 의해 부여된 정보를 주체적으로 수용할 능력을 지녔다고 확신한 것입니다. 이것을 약속으로서의 신이 우주만물과 교감하는 방식으로 여겼습니다. 즉 자신의 원초적 목적(Initial Aim)을 주체적 존재인 만물들과 함께 실현시키는 일이 그의 창조행위였던 것입니다. 바로 이 과정을 일컬어 과정철학은 '범경험주의'라 했습니다. 의당 여기서는 일회적 창조란 애시당초 불가능하며 오로지 지속된 창조(Creatio continua)만 존재합니다. 지속된 창조 역시 진화 없이 설명될 수 없는 개념인 것이 자명합니다. 과정철학의 '과정'(Process)이란 말이 진화와 유관할 수밖에 없는 이유입니다. 이처럼 과정철학은 '범경험주의'를 근거로 '약속'의 신을 진화론적으로 구체화시킬 수 있었습니다.

유대 철학자이자 신학자였던 H. 요나스 역시 유물론적 객관주의가 보지 못한 자연의 내적 감각이 온 우주 속에 존재함을 간파했습니다.[65] 일체의 우주가 자유/필연, 관계/고립이라는 생명의 존재감정(Sensitivity)을 진화의 초기부터 지녀왔다는 것입니다. 달리 말하면 생명이란 본래 자기 초월적 지평을 갖고 있다는 말입니다. 단지 진화 초기단계에서 우주는 의식(정신)이 충족히 깨어 있지 못했을 뿐입니다.[66] 여기서 과정철학과 다른 것은 우주 초기에 신적 '계획' 내지 로고스

---

[65] 앞의 책, pp.172~176 참조. 여기서 J. 호트는 요나스의 주저들 중 특별히 *Motality and Morality*Evanston: Northwestern Univ. Press, 1996에 의거하여 논지를 전개하고 있다.

[66] 이를 영어로 표현하면 'mind asleep' 혹은 'mind in the state of latency'이다.(앞의 책, p.170)

같은 것을 상정하지 않았다는 사실입니다. 요나스는 낙관주의적 진보로 진화가 오용되는 것을 원치 않았던 까닭에 무목적적인 '우주 발생적 에로스(Cosmogenic eros)'를 '원초적 계획(Initial Aim)'의 자리에 설정했던 것입니다. 여기서의 '에로스'는 단지 물질 자체를 내면(의식)화하는 경향성, 열정과 같은 것일 뿐 '신의 계획'과는 구별됩니다. 하지만 분명한 것은 과정사상처럼 요나스의 생명철학 역시 잠정적 상태이긴 하나 물질의 주체성을 인정했다는 사실입니다. 물질 속에 내재된 '우주 발생적 에로스'가 물질의 자기 초월의 동력이라는 것이 요나스의 생각이었습니다. 이런 자기 초월을 목적이라면 목적이라 할 수 있을 것입니다. 하지만 요나스는 과정철학의 '범汎경험주의'가 신학적으로 불필요하다고 생각했습니다. 자연의 능동적 주체성을 초기 단계에서만 인정할 뿐 우주의 전 과정으로 확대될 수 없다고 본 것입니다. 과정철학의 입장에선 납득하기 어려운 주장이었습니다. 자연의 잠재적 주체성이 우주와 교감할 수 있는 여지를 허락하지 않기 때문입니다. 그럼에도 우주의 전 과정 속에 자연의 주체성이 부여되었다는 입장, 범汎경험주의를 거부한 것은 그 속에서 낙관주의의 위험성을 보았던 까닭입니다. 이는 유대의 '카발라 신비주의'[67]와 아우슈비츠 경험 이후의 유대적 신학담론을 생각할 때 이해될 수 있습니다. 요나스는 태초에 신이 자신의 운명을 우주(창조)에게 내주었다는 신의 '자기박탈'적 행위를

---

[67] J. 몰트만 역시 '짐쭘' 내지 '쉐키나'와 같은 카발라 신비주의의 개념들을 신학화시켰다. 그러나 그는 유대적 맥락을 탈주한 방식으로 그리 한 것이다. 즉 '무로부터의 창조'와 '삼위일체론'의 단초를 이로부터 생각했기 때문이다.(J. 몰트만, 앞의 책, pp.112~120 참조)

근거로 신과 진화론 양자를 긍정했습니다. 하지만 이 경우 신은 우주와 직접적으로 교감하며 '귀결적 본성'에 이르는 그런 존재가 아니었습니다. 오히려 우주 내의 지속된 우연, 고통 속에서 유한한 존재를 강화시키는 신성이었습니다. 그럴수록 자연 역시도 비인격적 우연 내지 필연성의 산물로서 이해될 수밖에 없었습니다. 자연에게 너무도 많은 것을 허용했기 때문입니다. 이 점에서 요나스는 다윈 진화론을 철저히 수용, 계승한 존재라 불려집니다. 이는 부정할 수 없는 사실입니다. 신이 우주 '현실태'의 내적 반응을 기다리고 상호작용을 요구하는 대신, 우주 활동의 여지를 위해 오히려 자기 자신을 철저히 부정하고 있다는 사실에서 이 점은 더욱 확연합니다.[68] 그러나 세상 및 우주 속에서의 하느님(신성)의 자기무화, 혹은 무능력은 동시에 인간에게 더 많은 책임성을 요구하고 그를 철저화하려는 강한 의미를 함축합니다. 신론을 인간학적 방향으로 일정 부분 정위시킨 것입니다.[69] 필자가 보기에 우주에 대한 신적 무개입, 무관심은 과정신학의 신론 이상으로 '홀로코스트' 이후의 하느님 이념으로 적합할 수 있습니다. 생태학적 위기 상황에서, 그리고 종교다원주의 현실 속에서 '약속'보다 '책임'이 전 인류를 보편적으로 아우를 수 있다는 생각 때문입니다. 분명 요나스의 시각에서 '범汎경험주의'는 지나칠 정도로 목적론적으로 여겨질 것입니다. 그가 우주 초기에 '로고스'가 아니라 '에로스'를 말한 것도 실상은

---

[68] 이를 일컬어 신학은 '겸비의 기독론'(Kenotic Christology)이라 명명한다.

[69] 이런 입장을 철저히 밀고 간 학자는 불트만 좌파에 속한 바젤의 신학자 프릿츠 부리Fritz Buri 교수이다. 다음 책들이 관련된 저서이다. *Zur Theologie der Verantwortung* Bern, 1971; *Wie koennen wir heute noch von Gott verantwortlich reden?* Tuebingen, 1967.

신적 '목적'과의 변별력을 분명히 설정하기 위함이었습니다. 하지만 역으로 그것이 목적 없는 진화론이라면 유물론적 신新다윈주의와 차이가 없다는 비판도 얼마든지 가능합니다. 그에게 '약속' 내지 신적 '질서' 개념이 탈각되었던 까닭입니다. 물론 그에게도 신적 필연성이 사라지지 않았습니다. 하지만 창조에 모든 것을 맡긴 그의 하느님은 영향력을 미치기보다 '우주(물질)의 소용돌이를 인내하며 참는(patient memory of the gyration of matter)'[70] 분입니다. 요나스의 '자기 없는 신(Self-emptying God)'은 희망, 약속의 존재와는 다르나 무한 '책임'을 요청하는 진화의 신이 틀림없습니다. 우주 속에 내면성(의식)을 향한 열망이 가득 차 있다는 것이 시종일관된 그의 생각이었기 때문입니다.[71] 단지 진화과정에서 '로고스'(질서)보다 '에로스'를 우위에 설정함으로서 과정사상과의 결정적 차이를 드러낼 뿐입니다.

기후붕괴 시대를 살면서 저는 신학자임에도 현실적으로 '에로스'에 마음을 뺏깁니다. 그것이 예측불허의 생태학적 현실을 설명하는, 사실에 매우 적합한 이론체계라는 생각 때문입니다. 과정철학적 진화 유신론 역시 기독교 중심적인 세계관에 경도된 이유로 다종교 상황을 감당하기에는 역부족입니다. 제 종교가 저마다의 방식으로 생태계 문제를 해결해야 할 상황인 것입니다. 신생대로부터 생태대로의 전환(진화)이 결국 인간의 몫이란 말입니다. 해서 '막 태어난 갓 난 신생아를 향한

---

[70] 앞의 책, p.176; H. Jonas, 앞의 책, p.126 참조.
[71] 그러나 요나스에게 남는 결정적 질문은 우주 초기에 있어 '잠자는 의식'을 일깨우는 것이 무엇인지, 혹은 무생명에게 생명과 의식을 허용하는 것이 누구인지에 대한 물음이 분명치 않다는 점이다. 우주 자연 속의 하이라키 구조에 대한 언급이 없는 것도 논쟁거리이다. 앞의 책, pp.182~183.

무한책임'[72]을 책임감들의 원형(Archetype)이라 보고 그런 책임성을 인간에게 요구한 요나스의 견해가 보편적이며 현실적입니다. 그러나 '약속' 이후의 '책임'의 신학[73]은 새로운 인간 이해를 요청합니다. 이는 '우주적 그리스도'의 빛에서 생각할 다음 장의 주제입니다. 신학이 진화론을 긍정하는 한, '우주적 그리스도'가 유신론적 진화신학의 핵심인 것을 누구도 부정할 수 없을 것입니다.

## 5. 창조와 성육의 통합으로서의 우주적 그리스도, 그 한국적 이해
― 약속을 넘어 '책임'으로!

진화 신학자 호트는 한 책의 발문[74]에서 다윈 진화론의 이념이 인간 사유, 도덕, 나아가 영성을 포함한 살아 있는 현상을 자연적 방식으로 설명할 수 있음을 시인하며, 이런 우주 진화론적 감수성이 기독교의 인격적 하느님 이해와 모순될 수 없다고 했습니다. '이론'이 아닌 '사실'로서의 진화론이 하느님의 창조성을 현시한다고 본 것입니다. 신적 창조(Creatio continua) 행위 속에서 다양성, 복잡성으로 나아가려는 내적 강요(우발성)를 확신했던 까닭입니다. 이 점에서 신학자들은

---

[72] H. Jonas, *Das Prizip Verantwortung*, p.234. 이은선, 이정배, 『현대이후주의와 기독교』, 다산글방, 1992, pp.349~353.

[73] 프릿츠 부리는 '은총으로서의 책임(Verantwortung als Gnade)'이란 말로서 자신의 책임신학의 핵심을 설명한 바 있다. 부리 교수는 '책임'을 주제로 요나스와 자신의 시각을 비교한 논문도 쓴 바 있다.

[74] Illa, Delio, *Christ in Evolution*, Newyork: Marknoll, Orbis books, 2008, ix-xi. 참조. 호트는 가톨릭 신학자인 델리오Delio가 지은 책의 서문을 써주었다.

창조의 방향성과 목적을 전제로 우발성을 동반한 자기 초월적 진화로 이해하는 진화론적 신학을 정초할 수 있었습니다.[75] 우주 속의 하느님 신비를 발견코자 과학과 신학 간의 공명(Consonance)을 추구했던 것입니다. 그러나 진화신학은 종래와 같은 개인 예수에 대한 영성화, 즉 인간중심적 구원론의 시각에서는 성립될 수 없었습니다. 역사적 예수 상에서 비실체적인 우주적 그리스도로의 신학적 패러다임 변이가 신학계의 살아 있는 화두가 된 것은 최근의 일이었습니다.[76] 진화론의 등장과 생태 위기의 현실에서 예수 인격의 그리스도적 혹은 영적 의미를 우주 안에서 찾는 일을 신학의 사활이 달린 문제로 인식한 것입니다. 그러나 실상 '우주적(영적) 그리스도'는 기독교 역사 초기부터 있어온 개념이었습니다. 성육신을 속죄론의 차원에서만 보지 않고 창조의 완성으로 생각한 신학자들이 결코 적지 않았습니다.[77] 애써 잊고 있었을 뿐 성서 안에서조차 우주적 그리스도에 관한 단초를 찾는 일은 어렵지 않습니다.[78] 지금부터 저는 일차적으로 '우주적 그리스도'에 대한 서구신학의

---

[75] 앞 장에서 언급했듯 필자는 요나스에 따라 '목적' 개념과 비판적으로 관계한다. 우발성을 동반한 목적 내지 계획이긴 하지만 그것 역시 하느님의 최종 질서를 낙관하는 듯 보이기 때문이다. 대다수 진화 신학자들이 이 범주를 떠나지 못하고 있다. 이를 부정하면 곧바로 유물론적 진화론과 같은 것으로 폄하되지만, 요나스의 경우 자연의 능동성과 인간의 책임성을 긍정하면서도 신을 포기하지 않는 제3의 길을 제시하고 있는 것이다.

[76] 매튜 폭스, 송형만 역, 『우주 그리스도의 도래』, 분도출판사 2002, pp.121~132 참조.

[77] I. 델리오의 *Christ in Evolution*은 이 점을 밝힐 목적으로 쓰여진 책이다.

[78] 매튜 폭스, 앞의 책, pp.133~168. 여기서 저자가 언급하는 성서 본문 몇 개를 소개하면 다음과 같다. 빌립보서 2:1-24; 로마서 8:14-39; 골로새서 1:15-20; 에베소

견해를 정리하되 그의 연장 내지 철저화로서 다석 유영모의 '얼 기독론'의 의미와 중요성을 역설할 것입니다. 이는 신적 '목적'에 의존한 진화론적 신학이 생태학적 위기의 긴박성을 놓치고 있으며, 요나스의 '무력한 신' 개념 역시 인간의 '책임'을 말하기에 미흡하다는 생각 때문입니다.

본래 '그리스도'란 말은 '메시아'를 희랍어로 표기한 것이었습니다. 메시아란 말이 유대적 정황을 벗어난 헬라적 풍토에서는 의미를 줄 수 없었던 까닭입니다. 이는 초기 기독교인들에게 예수의 메시아성이 아닌 그의 부활사건이 중요했음을 뜻합니다. 부활 속에서 예수는 하느님 현존을 영적으로 매개할 수 있었고, 그것은 예수의 역사성을 넘어섰으며 종말론적 우주와 관련되었습니다.[79] 예수 안에서 발생한 부활이 인간과 우주의 미래-우주의 전적 변화-를 기대하도록 만든 것입니다. 이 점에서 부활신앙이 그리스도를 통해 초문화적 영역을 함축했다는 평가도 가능합니다.[80] 초대교회의 새로운 문화 정치적 상황에서 예수가 새로운 상징, 새로운 이야기로 재탄생되었다는 이야기입니다. 우주찬가와 기록론을 연결시킨 빌립보서, 그리스도의 우주적 비젼을 말한 골로새서,[81] 그리스도를 통해 만물의 화해를 노래한 고린도전서[82] 등이 그 대표적 경우입니다. 에베소서의 경우 '교회론'의 관점에서 그리스도

---

서 1:3-14; 히브리서 1:1-4 등.
[79] I.델리오, 앞의 책, p.39.
[80] 앞의 책, p.39.
[81] 각주 172 참조. 특별히 골로새서는 그리스도가 창조의 목적임을 강조한다.
[82] 고린도 전서 1장 17절 참조

의 우주적 역할을 강조했을 뿐, 전 우주를 구원하는 중심으로서의 그리스도에 대한 고백이 더욱 강조되고 있습니다.

이런 우주적 그리스도 이념은 특히 교부 이레니우스의 '총괄 갱신론(Recapitulation)'을 통해 확고하게 전승되었습니다. 그 역시 구원이란 죄로부터의 해방만이 아닌 전 우주가 새롭게 되는 차원인 것을 역설했습니다. 우주론까지는 이르지 못했으나 터툴리안 같은 교부 역시 창세기 본문에서 로마와 견줄 때 전혀 새로운 인간과 사회상을 찾은 바 있습니다. 하지만 그리스도 안에서 전 우주가 갱신한다는 우주적 그리스도는 니케아 회의 이래로 자취를 감추고 말았습니다.[83] 한 인격 속의 두 본성(homoousios)의 물음으로 기독론을 축소시켜 버린 탓입니다. 점입가경으로 어거스틴 이후부터는 자연과 은총 두 영역을 연결시킬 수 있는 길이 원천적으로 봉쇄되고 말았습니다. 성서가 말하는 우주적 그리스도 이념이 탈각되는 시점이었습니다. 당시 사회 및 교회 통제기능을 위해 그는 초기 교부들과는 정반대로 창세기 1-3장에서 오히려 인간의 전적 타락상을 읽었던 것입니다.[84] 다행히도 중세 프란시스 교단에 속한 보나벤투라는 잠정적이긴 하나 단절된 우주적 그리스도 이념을 복원시켰습니다.[85] 그는 성육신을 인간중심적 속죄의 차원이 아닌 창조의 완성이라 했습니다. 성육신과 창조가 본래 둘이 아니었다

---

**83** I. 델리오, 앞의 책, p.48.

**84** 바로 이점을 주목하여 연구한 종교사학자의 저서를 소개한다. 일레인 페이걸스, 류점석 外 역, 『아담, 이브 뱀-기독교 탄생의 비밀』, 아우라, 2009, 1장과 6장 내용을 보라.

**85** I. 델리오, 앞의 책, 3장에서 저자는 본격적으로 Franciscan Cosmic Theology를 전개시키고 있다.

는 말입니다. 하지만 그의 신학은 아쉽게도 동시대의 거목인 토마스 아퀴나스에 의해 묻혀 버리고 말았습니다. 이렇게 보니 기독교가 공식화 했던 '한 인격 속의 두 본성'이라는 니케아-칼케돈 도식은 실상 성서와 일치하기 어렵습니다.[86] 더우기 양자역학, 진화론, 나아가 두 번째 차축시대[87]가 언급되는 상황에서 과거 기독론 공식은 깨어져야 마땅합니다. 2차 바티칸 공의회를 주도했던 카톨릭 신학자 라너Rahner는 이들 새로운 세계관이 과거의 공식을 허물어 줄 것을 강력히 주문했습니다. 생태신학자로 알려진 지틀러Sittler 역시 향후 신학은 어거스틴이 아닌 이레니우스와 함께 새롭게 시작할 것을 요구한 바 있습니다.[88] 기독교가 말하는 구원은 오직 창조론의 궤도 하에서만 유의미하다는 생각 때문입니다. 구원의 힘이 인간에게만이 아니라 자연에게도 미치고 있다는 사실입니다. 진화론이 우주적 그리스도 이념과 만나야 할 분명한 이유가 바로 여기에 있습니다.[89]

이런 논의는 현대 신학자들, 특히 파니카Panikkar와 같은 아시아 신학자들에 의해 더 깊게 진행되었습니다. 앞서 언급한 소위 '제2의

---

[86] 앞의 책, p.49.
[87] '본래 '차축시대'란 말은 기독교 계시신앙을 부정하려는 철학자 야스퍼스의 역사철학적 개념이었으나 '두 번째 차축시대'란 말을 사용한 학자는 달리 있다.(Ewert H. Cousins, *Christ of the 21st Century,* Rockport, Mass,: Element Books, 1992; 앞의 책, p.9 이하 내용)
[88] 앞의 책, pp.50~51. J.A. Lyons, *Cosmic Christ in Origin & Teilhard de Chardin,* London: Oxford Univ. Press. 1982. pp.9~10에서 재인용.
[89] 우리시대의 핵심과제는 그리스도와 우주를 상호 연결시키는 작업일 수밖에 없다.(앞의 책, p.127)

차축시대'에 접어들었다는 시대 인식 때문이었습니다. 첫 번째 차축시대가 개별성, 자유, 초월을 발견한 시점이라면 두 번째는 개체를 넘어선 '통합'의 영성이 그리스도 이념의 핵심이 되는 시기라 말할 수 있습니다.[90] 즉 상호 나뉘어 발전된 종교들이 우주적 그리스도의 영성으로 수렴될 '결정적 때(New Kairos)'에 이르렀다는 말입니다. 이런 분위기를 포착한 신학자가 바로 R. 파니카였습니다. 그는 성육신과 창조론의 통합을 '그리스도현현(Christophany)'이란 말로 재再정의했습니다.[91] 여기서 그리스도는 '실재하는 모든 것의 상징(the Symbol of the Whole of Reality)'을 뜻합니다. 이 경우 '실재'는 각각의 종교 전통에서 언급해 온 '창조주'의 다른 명칭입니다. 신이 전 우주과정 속에 현존하며 육화하는 다양한 방식이 있다는 것입니다. 이는 그리스도가 예수의 역사성으로 환원 내지 소진될 수 없다는 아시아 신학자의 획기적 발상이 아닐 수 없습니다. 해서 기독교 밖의 전통에서 다른 언어, 다른 소리로도 그리스도를 말할 수 있는 소위 '복수적(다원적) 그리스도'의 시대가 열린 것입니다.[92] 여기서 핵심은 그리스도가 각각의 창조주(실재)를 연결시키는 상징이라는 점입니다. 우주과정 속에 현현하며 육화된 각각의 신을 소통키는 상징적 존재가 그리스도란 뜻입니다.

---

[90] 앞의 책, pp.9~11.
[91] 이하 내용은 앞의 책 7장과 결론 부분에 소개된 파니카의 신학 내용을 비판적으로 정리한 것이다. 다음 책을 참고하라. R. Panikkar, *Christophany: The Fullness of Man*, trans by A. DiLascia, Marknoll, Newyork.: Orbis books, 2004.
[92] 앞의 책, p.169. 이 점에서 기독교인이 되는 의미를 I. 델리오는 다음 두 가지 점에서 규정했다. 첫째는 자신 안에서 그리스도를 활기 있게 만드는 일이고, 둘째는 다른 종교문화와의 관계 속에 들어가는 일이라 한 것이다.(앞의 책, p.179)

파니카는 이런 복수적 그리스도를 다른 말로 '그리스도창조(Christogenesis)'라 명명했습니다.[93] 그리스도 역시도 뭇 실재들과 소통하는 과정에서 그 스스로 진화하는 존재라는 것입니다. 그러나 진화하는 존재로서 그리스도는 인간의 참여 없이는 자신의 방향성을 가늠할 수 없습니다. 즉 진화의 향방이 그리스도 우주신비(Christogenesis)에 대한 인간 참여 여부와 유관하다는 것입니다.[94] 인간의 역할이 참으로 지대해지는 부분입니다. 여기서 인간의 참여란 인간의 자기 초월을 이름하는 바, 분리된 자기 감각의 죽음을 뜻합니다.[95] 내면의 변화 없이 우주 자연의 변화를 기대할 수 없다는 것입니다. 해서 파니카는 진화론자들이 주장해 온 '인간원리(Antrophic principle)' 대신 '그리스도원리(Christophic principle)'를 새로이 강조했습니다. 우주가 인간 삶을 위해 조율되어진 것이 아니라 창조된 실재들 간의 일치를 향해 정위되어 있다는 것입니다.[96] 이를 위해 필요한 것이 우리 안에서의 '그리스도 탄생'입니다.[97] 그것이 제2의 차축시대에 살고 있는 우리에게 그리스도 진화에 참여할 수 있는 유일한 방법이자 길인 까닭입니다. 그 옛날

---

[93] 앞의 책, p.152.

[94] 앞의 책, pp.152~153.

[95] 앞의 책, p.153. 이 말은 우리 시대의 통합 영성가인 켄 윌버Ken Wilber의 말인데, 저자는 이에 대한 출처를 각주에 밝혀 놓지 않았다. 이에 관해서 필자의 책, 『켄 윌버와 신학-홀아키적 우주론과 기독교의 만남』, 시와 진실, 2008, pp.67~112 참조.

[96] 앞의 책, pp.167~168.

[97] 심지어 I. 델리오는 그리스도의 재림을 우리 안에서의 그리스도의 탄생이라 부르기도 한다. 앞의 책, p.157.

예수가 신적 인간성의 충만한 실현이었듯 우주적 영역에서 자연과의 온전한 결합이 우리의 인격 속에서 발생되어야만 하는 것입니다. 우주의 전 진화적 과정이 신에 의해 시작되었으나 그것이 지금 인간 속에서 지속돼야 한다는 말입니다. 이 점에서 예수 역시도 하느님과 관계된 일체 인간의 상징일 수밖에 없습니다.[98] 인간 역시도 자신 안에서 그리스도를 낳도록 창조된 존재인 까닭입니다.

이상에서 파니카의 우주적 그리스도를 설명드렸습니다. 이에 중점을 둔 이유는 다음 두 가지 점에서입니다. 첫째는 서구의 유신론적 진화론자들과 달리 종교 다원적 시각을 견지했고, 둘째는 인간의 무한 책임을 그리스도 신비와 연루시켜 강조했기 때문입니다. 앞에서 필자는 요나스의 '책임원리'를 토대로 진화론의 생태학적 유의미성을 역설했었습니다. 과정철학을 매개로 한 진화론적 유신론의 공헌에도 불구하고 신적 목적성이 과도하여 현실의 종교적 상황과 맞지 않는다는 판단도 작용했습니다. 이 점에서 '실재'를 인정하고 강조했으나 그를 인간학적 개념으로 재설정한 파니카가 중요했습니다. 인간 책임성을 신비의 사건이자 통합적 영성의 본질로 보고 일체 인간의 공동 창조자(Cocreator)성을 역설했던 까닭입니다. 이 역시 성육신과 창조론의 통합적 시각에서 비롯된 결과였습니다. 여기서 필자는 한 걸음 더 앞으로 나갈 생각입니다. 아직도 파니카에겐 우주의식의 복잡화라는 이름하에 진화의 기독론적 구조가 전제된 듯 보이기 때문입니다. 이것

---

98 앞의 책, p.174; G. 카우프만, 김진혁 역, 『예수와 창조성』, 한국기독교출판사, 2009, 3장 논문. 여기서 저자는 역사적 예수상과 창조성을 연결함으로써 유사한 결론을 도출해냈다.

은 요나스의 시각과 상충될 수 있는 여지를 남깁니다. 해서 필자는 다석 유영모의 '없이 계신 하느님'과 '얼 기독론'에 근거하여 요나스와 파니카의 생각을 좀 더 철저하고 온전케 하고자 합니다. 이 과정에서 사실적 종말로 치닫는 생태학적 위기 현실과 한국적 주체성이 잘 드러날 수 있을 듯합니다.

주지하듯 필자는 이 논고의 부제를 '종의 기원과 종의 멸종 사이에서' 라고 하였습니다. 앞의 것이 진화론의 뜻을 함축한다면 나중 것은 생태학적 뉘앙스를 풍기는 단어입니다. 오늘 우리가 진화론을 논하는 목적은 그것의 유/무신론적 성격을 논하는 데 있지 않고 그것을 매개로 생태적 위기를 타개할 수 있는 방안을 모색하기 위한 것입니다. 이를 위해 특정 이념, 한두 종교들의 역할만 필요한 것이 아닙니다. 인간 자체가 달라져 새로운 문화를 개척하는 길밖엔 방도가 없는 듯합니다. 이 점에서 파니카의 견해는 탁월했고, 지금부터 짧게나마 살펴볼 다석의 사상에서 그 정점을 볼 수 있습니다.[99]

다석에게 하느님은 본래 '없이 계신' 존재입니다. 여기서 '없다'는 것은 모든 것을 있게 하는 토대이긴 하지만 그 스스로 의도와 목적을 지니지 않았다는 요나스의 견해와 맞물릴 수 있는 말입니다. 하지만 '없이 계신' 신은 자신의 자리를 인간의 '밑둥', 곧 인간의 본성 속에 두었습니다. 인간을 말하지 않고 신을 말할 수 없는 까닭입니다. 없이 계신 이는 그래서 인간의 밑둥에 있으며 그것을 다석은 '얼' 내지 '얼나'라

---

[99] 다석학회 편, 『多夕 강의』, 현암사, 2007 참조. 이정배, 『없이 계신 하느님, 덜 없는 인간』, 모시는 사람들, 2009. 이하 내용은 필자의 多夕 이해를 기초로 자유롭게 재서술된 것임을 밝힌다.

불렀습니다. 이런 '얼나'가 존재하는 한 하느님의 성령은 끊어져 본 적이 없다는 것이 그의 생각이었습니다. 인간뿐 아니라 삼라만상 속에 언제나 있었기에 그것은 바로 '없음'으로밖에 달리 표현될 수 없었습니다. 이는 유신론적 진화론의 맥락과 상응할 수 있는 다석의 핵심개념입니다. 하지만 다석 사상의 핵심은 항시 그런 신의 존재처인 인간 속에 있습니다. 그렇기에 다석은 유/불교를 막론하고 하늘로부터 계시 받지 못한 종교가 없다고 믿었습니다. '얼나'가 있는 한 신의 존재는 부정될 수 없다(念在神在)는 발상입니다. 그에게 신은 무시무종한 존재로서 처음부터 있었고 인간과 더불어 존재할 뿐입니다. 하지만 '얼나'는 언제든 '몸나'와 더불어 짝을 이루고 있습니다. 몸의 욕구로부터 나온 '탐진치'가 '얼나'의 발현을 억제하고 방해하는 것이 현실입니다. '없이 계신 이'와 달리 인간은 '있음'으로 존재의미를 드러내기에 그와의 교감이 어려운 것입니다. 그렇다고 다석이 '몸나' 자체를 부정하는 것은 결코 아닙니다. 건강한 몸에서 열려진 마음이 나오고(放心) 그로부터 자신의 본성(바탈)을 태워 하늘에 이를 수 있다고 믿었던 까닭입니다. 이는 예수가 가르친 '일용할 양식'의 중요성을 환기시킵니다. 다석이 중용을 '알맞음'이라 번역한 것도 이런 맥락 하에 있습니다. 다석에게 십자가는 이를 위해 대단한 의미를 지닙니다. 제 뜻 버려 아버지 뜻을 구한 예수의 십자가가 그에게 '몸나'를 줄이고 '얼나'를 늘리는 것으로 재해석된 것입니다. 바로 '일좌식일언인一坐食 一言仁'이란 말이 다석식의 십자가 이해였습니다. 그는 스스로도 언제든 한 끼를 먹었고 늘상 다리를 꿇고 앉았으며 어디든 걸어갔고 성적 욕망을 버렸습니다. 그래서 그는 믿음에 들어간 이의 노래, 즉 자신의 오도송悟道頌을 남길 수 있었습니다. 이 길을 앞서 걸은 예수가 그에겐 유일한 스승이기도 했습니다. 스승 예수는 그러나 인습적인 속죄의 그리스도와는 거리가 있습니다. 다석에게 십자가는 대속代贖이 아니라 자속自贖의 상징이었기 때문이었습니다. 십자가란 '몸나'를 지닌 예수를 '얼나'로 거듭나게 한 사건으로서 예수 그를 '없이 계신' 그분과 동일한 그리스도로 만든 사건이라는 말입니다. 그래서 다석은 '몸나'로서의 예수를 숭배하지 않았습니다. 오로지 '얼나'로 솟구친 십자가상의 예수를 그리스도로 고백했습니다. 이로써 예수가 영원한 생명의 수여자인 우주적 그리스도가 되었다는 것이 다석 기독론의 핵심입니다. 여기서 관건은 인간 모두가 저마다의 '밑둥'을 근거로 자기 십자가를 져야 한다는 '얼 기독론'입니다. 자신의 '몸나'를 줄여 '얼나'로 솟구치는 과제가 우리 모두에게 주어져 있다는 뜻입니다. 예수를 값싼 대속적 존재로 만들지 말라는 것입니다. 결국 '얼 기독론'은 소유로부터 존재로의 방향 전환을 촉구하는 한국식 표현입니다. 없이 있는 존재와 '하나'가 되려면 인간 역시 '없이 살아야' 하는 까닭입니다. 이렇게만 될 수 있다면 인간은 누구나 그리스도가 될 수 있습니다. 이는 파니카가 말한 '우리 안의 그리스도 탄생'의 순간이기도 합니다.

다석의 '없이 계신 하느님'의 표상이 중요한 것은 인간이 항시 '덜' 없어 '더러운' 존재로 살고 있기 때문입니다. 누구든 인간은 좀처럼 '없이 살려'고 하지 않고 그리 살기도 쉽지 않은 것이 현실입니다. 더구나 '있음'에 무게를 둔 서구 신학의 경우 결코 '없이 삶'을 말할 수 없고 말할 자격도 없습니다. 꽃을 볼 때 온통 꽃의 테두리(있음)만 보지 그 꽃을 있게 한 허공, 곧 '빈탈'을 보지 못하는 탓입니다.[100]

그렇기에 우주적 그리스도의 신비에 참여하려는 노력이 이론으로만 존재할 뿐 서구에서 현실화되기 어렵습니다. 수행 전통의 결여 내지 빈곤으로 인한 결과이기도 합니다. 이 점에서 태초부터 '없이 있는' 우주적 그리스도, 하느님의 영과 '하나'되려는 자속적自贖的 수행으로서의 십자가는 책임의 의미를 각인시킵니다. '책임의 원리'는 지속된 수행의 과정을 통해 현실화 될 수 있다는 것이 필자의 판단입니다. '덜' 없이 사는 삶이 지속되는 한 세상은 '더러워'질 것이고 진화의 방향은 '종의 멸종' 쪽으로 가닥을 잡을 것입니다. 하느님의 목적과 계획이 우주 속에 있다 한들, 탐진치적 인간 삶이 존속하는 한 생태적 희망을 갖기 어렵다는 말입니다. 그래서 필자는 '설계'보다는 '약속'이 옳고 약속보다는 '책임'이 더 설득력을 갖는다고 말했던 것입니다. 더구나 수행 전통을 지닌 아시아적 배경에서 '책임'의 의미가 각별하다고 생각합니다.

## 6. 나가는 글

최근 도킨스와 맥락을 같이하는 유물론적 진화론자 E. 윌슨의 『생명의 편지』[101]란 책을 정독했습니다. 이 책의 부제는 '과학자가 종교인들에게 부치는 사랑의 편지'로 되어 있습니다. 번역된 지 2년이 지나서야 손에 쥔 책이지만 저의 문제의식과 맞닿아 있어 반갑고 뜻 깊게 읽어갔

---

[100] 『多夕 강의』, pp.458, 529. 이런 관점에서 쓰여진 필자의 논문을 참조하라. 이정배, 「多夕 신학 속의 불교」(『불교평론』, 2009년 가을 11권 40호), pp.263~291.
[101] E. 윌슨, 권기호 역, 『생명의 편지』, 사이언스 북스, 2007.

습니다. 비록 미국 내 보수 신학자 내지 보수 교회들의 무지몽매한 자연관, 내지 반反생태적 문제의식을 조심스럽게 질타한 내용이었으나 제가 보기에는 대다수 기독교 교회의 정서를 반영한 책으로 보였습니다. 물론 진보적 경향의 신학자(목회자)들이 보기에는 기독교를 폄하한다고 느낄 부분이 적지 않습니다. 도킨스의 『만들어진 신』의 내용이 그렇듯이 말입니다. 이 점을 감안한다면 윌슨이 보낸 '생명의 편지'는 유물론적 진화론자가 오늘 기독교인이 된 우리처럼 생태계의 미래를 염려하며 함께 이 일을 위해 손잡자는 내용으로 거부할 이유가 전혀 없습니다. 기독교인인 우리가 오히려 그에 대한 더욱 적극적인 답신을 그에게 보내야 옳습니다. 생태계의 문제는 유물론자들도 함께 걱정해야 될 몫일 수밖에 없는 것입니다. 유물론적 진화론을 배척하고 그를 극복하는 이론도 나와야겠지만 그와 더불어 같이 할 수 있는 노력도 제거할 필요는 없습니다. 더구나 생태계 위기 극복을 위해 목회자들에게 손을 내밀고 있지 않습니까? 이 점에서 제가 강조한 '책임'은 유물론적 진화론을 인정하면서도 그를 넘어설 수 있는 보편적 방책이라 여겨집니다. 믿음에 성실함을 더하는 길만이 미래에 희망일 수 있다면, 다석의 자속적 십자가는 이 일을 위해 힘을 보탤 수 있을 것입니다.

# 그리스도교적 생태 영성-사회적 관점[1]
## : 베데스다를 넘어서

구미정(숭실대학교 기독교학과 강사)

## 1. 삶앎: 더불어 살기

필자가 쓴 책 가운데 『호모 심비우스』(2009)가 있다. 인간을 가리키는 학명은 아시다시피 '호모 사피엔스Homo sapiens'다. 라틴어로 '호모'는 영어의 '휴먼human'이라는 말이다. 이 단어의 어원은 '휴무스humus'로, '흙, 먼지'를 의미한다. 히브리어 성경에 보면, "야훼 하느님께서 '아다마adamah'로 '아담Adam'을 빚어 만드셨다"(창세기 2:7)는 고백이 나오는데, 이때의 '아다마'도 '흙'이다. 사람의 뿌리가 흙에 있음을 이토록 명료하게 증언할 수가 없다.

라틴어 '사피엔스'는 영어의 '사이언스science'로 발전했다. 그러니까

---

[1] 본 논문은 필자의 졸고 『호모 심비우스: 더불어 삶의 지혜를 위한 기독교윤리』(북코리아, 2009), pp.153~165에 실린 "베데스다 파시즘"을 참고한 것임을 밝힙니다.

'호모 사피엔스'란 '사이언스를 하는 사람'이라는 말이다. 머리를 써서 학문 활동을 한다는 의미겠다. 그래서 '호모 사피엔스'는 통상 '슬기인'으로 번역된다. 하지만 인간의 지식 활동과 학문 활동이 과연 '슬기롭게' 이루어져 왔는지는 따져볼 일이다. "아는 것이 많으면 걱정도 많아지는 법"(전도서 1:18)이라는 성경 구절처럼, 인간이 자신의 이성을 활용하여 이룩한 오늘의 문명이 사실은 '걱정거리'의 근원이기 때문이다.

한편, 사람이라는 단어의 우리말 풀이는 '삶앎'이라고 한다. 사람이 사람으로 태어나 사람답게 사는 삶을 살아낼 때 비로소 '삶을 아는 존재'가 될 터이다. 다시 말하면 자기 혼자 살려고 발버둥치지 않고, 다른 생명체들과 더불어 살되 죽어가는 생명들을 어떻게든 살리려고 애쓰는 데까지 나아가는 것, 이게 참 사람이다. 한데 이 차원까지 가기가 그리 쉽지 않다. 왜냐하면 이 차원은 자기 존재의 뿌리가 '흙'에 있을 뿐만 아니라 동시에 '하느님의 생기'에도 있다는 사실을 알아차리는 사람만이 도달하는 '영성'의 차원이기 때문이다.

내가 생각하는 영성이란 그런 것이다. '앎'이 곧바로 '함'(행위/실천)과 연결된다. 루가의 복음서 10장에 나오는 율법교사는 어떻게 해야 '영생'을 얻는지는 알고 있었지만, 아는 대로 행하지는 못했다. 행할 능력도 없었고, 의지도 없었다고 보는 게 맞을 것이다. 이 점을 꿰뚫어보신 예수님이 "그대로 실천하여라"(루가의 복음서 10:28)고 누누이 일러주셨는데도, 그는 교묘히 딴청을 부렸다. 머리 좋은 학자답게 '실천의 범위'에 대한 질문을 던지며 말꼬리를 붙잡고 늘어졌다. 이에 제시된 예수님의 대답이 바로 '선한 사마리아인의 비유'다. 사마리아 사람은 강도 만나 거의 죽게 된 사람이 자기와 같은 사마리아인인지, 아니면 유대인인지 따지고 않고 곧바로 다가갔다. 피를 흘리는 사람을 만지면 부정하다는 율법조항을 따질 겨를도 없었다. 그의 자비행은 율법보다 사람이 먼저라는 '앎'을 그대로 '함'에 다름 아니었다.

경험상 아는 것을 말로 하기는 아주 쉽다. 말한 것을 글로 쓰기는 상대적으로 어렵다. 하지만 가장 어려운 건 뭐니 뭐니 해도 머리로 생각한 것을 손발로 옮기는 게 아닐까 싶다. 머리로는 아는데 행동으로는 잘 옮겨지지 않는다. 머리에서 손발까지, 그 사이에 도대체 뭐가 있는지 알다가도 모를 일이다.

우리 시대의 생태 위기! 모를 사람은 하나도 없다. 가령 지구의 수용능력이 80억 명이라는데, 지금 벌써 60억을 넘어선 지 오래다. 이대로 가면 그야말로 인구폭발이다. 이 사실, 누구나 안다. 그런데 '함'이 안 된다. 가만 생각해 보니 이때의 앎과 함 사이에는 인간의 탐욕과 이기심이 놓여 있는 것 같다. 한 나라의 인구정책만 해도 다른 나라를 배려한다거나 지구 전체를 배려하는 관점에서 결정되는 건 거의 없고, 오직 자국의 번영이라는 관점에서만 결정되는 경우가 허다하다. 우리나라의 경우 저출산이 문제라지만 출산 통계에 외국인 노동자들의 자녀는 잡히지 않는다. 부모가 불법체류자 신분이면 더더욱 그렇다. 그저 저출산이 문제이니 무조건 애를 많이 낳으라는 모종의 압박을 어떻게 받아들여야 할지 난감하다.

『호모 심비우스』의 제목은 이런 맥락에서 나왔다. '심비우스sym-bious'란 '함께(sym)' 살 줄 아는 '생명(bios)'이라는 말이다. 다른 생명체들과 공존하는 능력을 지닌 사람이라야 참으로 슬기로운 사람이 아닌가 싶은 것이다.

## 2. 베데스다의 역설

나는 수업 때 대학생들에게 가끔씩 이런 질문을 한다. 칠판에 "나는 (   )한다, 고로 나는 존재한다"는 뜻의 영어 문장[I (   ), therefore I am]을 크게 써놓고 괄호 안을 메워보라는 거다. 근대 철학의 아버지 데카르트는 괄호 안에 '생각한다'(think)는 동사를 집어넣었다. 그러나 요즘 학생들은 어느 누구도 그 동사를 선택하지 않는다. 논다, 게임한다, 연애한다, 노래한다, 춤춘다…… 등 얼마든지 재미있는 동사들이 많은데 왜 골치 아프게 '생각한다'는 동사를 집어넣겠나.

데카르트는 인간의 위대성이 '이성'에 있다고 보고, 이성의 능력이 그다지 두드러지게 관찰되지 않는 생명체들은 모두 인간보다 못하다는 위계적 존재론을 확립했다. 그러나 이러한 철학 논리의 후원을 받은 근대 문명이 과학혁명과 산업혁명을 통해 놀라운 '진보'를 이루었다는 평가가 20세기의 엄청난 재앙들을 경험하고서는 수그러들지 않았는가. 두 차례의 세계대전, 크고 작은 내전, 핵의 위협, 지구 온난화, 기후 붕괴……, 이런 죽음의 현실이 이른바 '위대한 인간 이성'의 업적이라는 것 아닌가.

21세기는 이성의 시대가 아니라 영성의 시대여야 하는 이유가 거기에 있다. 영성은 일상의 모든 영역에서 매순간 신의 숨결을 깨닫는 것이다. 특정 종교에 귀의한 종교인으로서 자신의 종교심이 얼마나 대단한가를 입증하기 위하여 수행하는 일련의 활동들은 영성이라 할 수 없다. 다시 말해 복음서에 등장하는 바리새인들은 종교성이 좋았던 것이지, 영성이 충만했던 것은 아니다.

다석 유영모의 말대로, 인간은 '목숨'으로 살지 않고 하느님의 '말숨'으로 산다. 이걸 깨닫는 게 영성이다. 이를테면, 내 강의실의 대학생들이 내놓은 동사들, 자기가 생생하게 살아 있다는 느낌을 주는 동사들은 한마디로 '일상'의 활동들이었다. 그 속된 활동들 속에 거룩을 담아내는 것이 영성이라는 말이다.

한데 요즘 대학생들에게 가장 절박한 것은 무엇보다도 '경제 문제'인 것을 새삼 확인할 수 있었다. 많은 학생들이 괄호 안의 동사로 '취업한다'를 선택한 것이다. '나는 취업한다, 고로 존재한다.' 이 얼마나 참담한 존재론인가. 취업에 '성공'하지 못한 인간은 존재감마저도 없다. 소위 '88만원 세대'의 비극이다.

우리 사회가 1987년 6.29 선언을 통해 정치적 민주화를 이루게 되었다지만, 그것이 채 자리 잡기도 전에 신자유주의 폭풍이 몰아닥쳤다. 1997년에 구제금융(IMF) 사태를 맞이하더니, 이어서 2008년에 또다시 미국발 금융위기에 휘청거렸다. 이 와중에, 그러니까 1980년대 이후에 태어난 이 땅의 청년들은 아버지들이 평생 몸 바쳐 일하던 회사에서 마구 '구조조정' 당하는 걸 보고 자라난 세대다. 그러면서 자연스럽게 몸에 밴 것이 뭐니 뭐니 해도 '돈이 최고'라는 가치관이다.

독일 신학자 울리히 두크로가 후기 자본주의 시대의 인간상을 '호모 이쿠노미쿠스Homo economicus'로 이름 붙인 것이 얼마나 절묘한지 모르겠다. 인간은 더 이상 슬기롭지 않다. 호모 사피엔스의 시대는 이제 끝났다. 인간이 그 좋은 머리를 활용하여 하는 짓이란 고작해야 어떻게 하면 남의 몫을 가로챌까 하는 것뿐이다. 남을 망하게 하고, 결국에는 자기도 망하게 되는 쪽으로만 머리를 굴린다. 그러니 이렇게 어리석은 인간을 슬기인이라 부르면 안 되고, 오히려 그 존재론에 합당한 이름은 '경제인' 혹은 '시장인'밖에 없다는 것이다. '글로벌 마켓'에서 어떻게든 살아남아야 한다, 돈 되는 것이면 뭐든지 판다, 그런 천박한 존재론이 만연하고 있다.

호모 이코노미쿠스의 세상은 어떤 세상인가. 성경에서 그 축소판을 엿볼 수 있는 현장이 바로 요한의 복음서 5장에 나오는 베짜타(베드자다 혹은 베데스다라고도 번역되어 있다) 연못이다. 베짜타는 자비의 연못이라는 뜻이다. 왜 그런 이름이 붙었냐 하면, '만병통치'의 기적이 일어나기 때문이다. 그 연못으로 천사가 이따금 내려와 물을 휘저어 놓으면 맨 먼저 들어가는 사람은 무슨 병에 걸렸든지 낫게 된단다. 병이 나은 사람의 입장에서는 과연 자비의 연못이 아닐 수 없겠다.

한데 '이따금'이 무슨 뜻인가. 불확실성을 뜻하는 부사가 아닌가. 천사가 언제 내려오는지 알면 달력에 동그라미 쳐놓고 기다리다가 그날이 되었을 때 행동을 개시하면 좋은데, 전혀 그런 친절함이 없다. 언제 물이 동할지 모르는 상태에서 생업을 전폐한 채 몇 년 동안 주구장창 기다린 사람도 있고, 방금 전에 왔다가 운 좋게 물이 동하는 걸 본 사람도 있을 수 있다. 그러니까 이 연못의 기적은 철저히 우연성의 법칙에 근거하는 셈이다. 더 나아가 '맨 먼저' 들어간 한 사람에게만 혜택이 주어진다는 말은 몸이 성한 사람이 먼저 연못으로 뛰어들 수도 있다는 뜻이겠다.

베데스다가 정녕 그 이름에 합당하게 자비의 샘물이 되려면 치유와 회복의 은총이 가장 필요한 사람부터 우선적으로 배려하고, 궁극적으로 모두가 은총을 누리도록 넉넉히 베풀었어야 옳을 것이다. 만약 그런 규칙에 의해 베데스다가 운영되었다면, 거기에는 '38년 된 병자'가 있을 턱이 없다. 그러나 불행히도 베데스다에는 그런 협력과 배려와 보살핌의 원리 대신에 철저하게 능력에 따른 경쟁 원리만이 고질병처럼 존재했다. 그 결과 성공한 소수보다 훨씬 더 많은 수의 사람들이 상대적 박탈감과 무력증에 시달리며 낙오자로 남게 되었다.

그러므로 예수님은 베데스다를 떠나라고 명령하신다. 진정한 자비란 모두에게 골고루 주어지는 풍족한 은총이지, 한 사람에게만 독점적으로 집중되면 안 된다. 예수님은 그런 베데스다의 역설, 곧 겉으로는 자비를 표방하지만 실제로는 무자비한 생존경쟁만이 난무하고, 거기서 살아남은 강자와 승자가 영웅시되는 파쇼적 행태를 꿰뚫어보시고 '38년 된 병자'에게 베데스다를 떠나라고 하신 것이다.

## 3. 사다리 걷어차기

그래도 베데스다는 나은 편이다. 이 시대의 유일한 이데올로기인 신자유주의 지구화 경제 질서는, 일단 베데스다의 은혜를 입은 사람은 그 다음에 다른 사람들이 동일한 은혜를 입지 못하도록 얼른 불도저로 흙을 밀어서 연못을 덮어버리라고 훈계한다. 그것이 경쟁에서 살아남을 수 있는 생존전략이라는 것이다. 성공의 사다리를 타고 정상에 오른 사람은 그 사다리를 걷어차야 안전하다. 만약 사다리를 그대로 두면 제2, 제3의 사람들이 속속 정상에 등극하게 되고, 그러면 맨 먼저 오른 사람은 나중에 오른 사람들과 또 다시 경쟁하지 않으면 안 되니까, 아예 남들이 사다리를 오르지 못하도록 걷어차라는 것이다.

영국 케임브리지 대학의 경제학자 장하준 교수가 쓴 『사다리 걷어차기』는 영국이 주도하고 미국, 일본 등이 뒤를 이은 자유방임주의 경제 원리가 바로 그런 놀부 심보에서 나온 것임을 고발한다. 자기네들은 전쟁이다, 식민주의다, 보호무역정책이다, 별의별 수단을 다 동원해서 일단 부자가 되어 놓고는, 이제 와서 가난한 나라들더러 무조건 시장을 개방하라고 성화를 부린다. 가난한 나라들이 말을 듣지 않으면 '자유 시장 원칙에 위배된다'는 말로 위협하고 보복하기를 서슴지 않는다. 중간에서 토끼가 잠을 자 주지 않는 한, 거북이는 도저히 1등을 할 수 없는 법인데, 안 그래도 빠른 토끼가 계속해서 게임의 규칙을 자기에게 유리하게 바꾸어 가며 느림보 거북이더러 함께 경쟁하자고 유인하는 격이다.

옛날에는 거북이도 성실하고 꾸준하게 제 길을 가다 보면 언젠가는 토끼를 이길 날이 있을 것이라고 배웠고, 또 그렇게 믿었다. 거북이에게도 '쨍 하고 볕뜰날'이 돌아와야지, 토끼에게 매일 지고 산다면 억울하지 않은가? 하지만 지구화 시대에는 그런 믿음이 더 이상 통하지 않을뿐더러, 전근대적 신화요 허구에 불과하다는 것이 점점 더 명확해지고 있다. 사실 토끼와 거북이가 경주를 한다는 설정 자체에 문제가 있는 것이다. 그럼에도 불구하고 선진국들은 세계무역기구(WTO)·국제통화기금(IMF)·세계은행(IBRD) 따위를 앞세워 전 세계가 이 부질없는 게임에 참가해야 한다고 윽박을 지른다. 자유무역이니 지적 재산권 보호니, 듣기에는 평등하지만 사실은 후발 주자들의 발목을 잡는 규칙들을 만들어, 끊임없이 사다리를 걷어차고 있다.

지구화 시대의 문제는 이렇게 선진국이 주도하는 자유 시장 체제 속에서 전 지구인을 국경 없는 소비자로, 혹은 거품으로 가득 찬 욕망의 노예로 전락시키는 것 말고도, 지구인의 인성을 그 시스템에 적합한 캐릭터로 개조하는 데 있다고 본다. 이 시스템은 효율성과 무한경쟁이라는 두 축을 중심으로 돌아간다. 비효율적이면 생산성이 떨어지고, 생산성이 떨어지면 도태되기 마련이다. 경쟁력이 없는 사람들은 줄줄이 구조조정 대상이 되어 명예퇴직과 조기퇴직의 된서리를 맞게 된다. 가부장적 자본주의 사회에서 한 가정의 가장이 더 이상 돈벌이 노동에 참여하지 못한다는 건 사형선고나 다름없다. IMF 사태 이후 우리나라의 자살률은 꾸준히 증가하여 세계 4위에 달할 정도인데, 그중에서도 특히 40~50대 남성 가장의 자살률이 높다는 것은 대단히 심각한 시스템적 위기를 반영한다고 볼 수 있다. 사정이 이러하니, 도태되지 않고 끝까지 살아남아서 성공의 사다리에 오르려면, 무엇보다도 스스로 경쟁력을 키워 몸값을 높여야 한다는 강박관념이 지배적이다. "누구든지 시장인간(Homo economicus)으로 거듭나지 아니하면 너와 네 집이 구원받지 못하리라"는 것이 오늘날 선포되는 유일한 복음이다.

시장인간은 자신의 모든 관계를 거래의 측면에서 바라본다. 상품성이 있는 관계에 투자하고, 뭔가 남는 게 없다 싶으면 가차 없이 돌아선다. 결혼도 장사, 교육도 장사, 종교도 장사가 되어 버렸다. 결혼시장에서는 오로지 '남자는 돈, 여자는 외모'라는 공식만이 통용되기 때문에, 돈벌이를 위해서라면 뭐든지 하는 남자와 예뻐지기 위해서라면 성형중독도 마다하지 않는 여자가 생겨난다. 교육시장에서는 날로 사교육비 지출이 늘어나고, 취업과 별 상관이 없는 비인기 학과들이 속속 문을 닫고 있다. 종교시장에서는 종교 소비자의 구매력을 자극하지 않는 소규모 공동체들이 무너져가는 반면, 자금과 건물을 동원하여 현란한 엔터테인먼트를 제공하는 대규모 공동체들은 여전히 호기를 구가한다. 신성해야 할 모든 것에서 가치와 의미가 제거되자, 남는 것은 오로지 천박한 계산과 각박한 생존경쟁뿐인 속된 세계가 바로 오늘 우리가 처한 현실이다.

## 4. 야곱의 회개

성경에 등장하는 인물 가운데 시장인간의 화신으로 꼽을 만한 유형은 단연 야곱이다. 야곱만큼 경쟁의식이 몸에 밴 인물도 드물 것이다. 야곱은 태중에서부터 형과 싸웠고, 태어날 때에도 형보다 먼저 나오기 위해 형의 발뒤꿈치를 잡았다. 그리고 커서는 절제력이 약한 형의 약점을 이용하여 팥죽 한 그릇에 장자권을 사들이고, 연로한 아버지를 속여 축복권을 가로챘다. 요즘으로 치면 참으로 야무지고 능력 있는 야심가가 아닐 수 없다. 적게 투자하고 많이 얻었으니, 이 얼마나 효율적인 거래인가?

 지나친 경쟁의식과 독점욕은 야곱에게 '모로 가도 서울만 가면 된다'는 식의 업적주의적 사고방식을 심어주었고, 자신의 모든 속임수를 정당화하게 만들었다. 야곱은 목적을 이루기 위해서라면 형을 속이거나 어머니를 이용하고 아버지를 우롱하는 일쯤은 아무것도 아닌 듯이 행동한다. 졸지에 장자로서의 모든 특권을 빼앗긴 형의 분노를 피해 외삼촌 라반의 집으로 피신했을 때도, 온갖 수단과 방법을 동원하여 라반의 재산을 가로채고, 그의 두 딸을 아내로, 또 두 여종을 첩으로 맞아들인다. 실로 잔머리의 대가라 아니할 수 없다. 야곱의 아내들이 남편의 사랑을 얻기 위해 서로 질투하며 경쟁적으로 임신을 하는 모습에서, 그 가정의 주류 정서가 고스란히 묻어난다.

그런 야곱일지라도 하나님은 구원의 기회를 허락하신다. 구원받은 야곱의 모습, 과연 어떠한가? 야곱은 고향으로 돌아가기로 결정하고서 형 에서에게 화해의 선물을 먼저 보낸다. 가축 떼를 네 무리로 나누어 각각 종들에게 딸려 보냄으로써 형의 분노가 서서히 풀리기를 바란 것이다. 하지만 수십 년 마음에 쌓인 원한이 그까짓 선물로 풀릴 것인가? 아직도 야곱은 물질주의적 사고를 하고 있다. 인간관계의 본질을 물질로 환원시켜, 돈이면 다 된다는 식의 속물적 가치관을 드러내고 있다. 그러니 야곱이 진정으로 회개하려면 아직도 갈 길이 먼 셈이다.

선물을 앞세워 보내고, 그 뒤를 이어 두 아내와 두 여종과 아들들마저 모두 강을 건너보낸 뒤, 홀로 얍복 나루에 남은 야곱은 이제 드디어 진짜 회개할 시간이 되었다. 자신의 내면을 들여다보고, 그 고질적인 경쟁의식과 대면해야 한다. 그 밤에 얍복 나루에 나타나신 하나님은 야곱의 환도뼈를 부러뜨림으로써 야곱이 씨름하는 문제에 응답하신다. 경쟁의 명수였던 야곱은 하나님과도 경쟁하여 '이스라엘'이라는 새 이름을 얻었지만, 그 대가로 환도뼈가 부러져 다리를 절게 됨으로써 예전처럼 경쟁력을 갖추지 못한 사람이 되어 버렸다.

'속도가 곧 생명'이라는 시대에 다리를 전다는 것은 비효율과 비능률의 상징이다. 빨리빨리 패스트푸드fast food로 간단히 점심을 때우고 얼른 업무에 복귀해야 능력 있는 시장인간이지, 조리하는 데만 몇 시간씩 걸리는 슬로우 푸드slow food를 고집하다가는 꼼짝없이 고지식한 사람으로 찍히고 퇴출당하기 십상 아닌가? 속도는 이 시대의 또 다른 우상이다. 건강을 저당 잡히고라도, 패스트푸드를 먹어야 한다. 식품업체들은 저마다 '전자레인지에 돌려서 3분이면 OK!'라는 초간편 요리를 개발하고 판매하는 데 혈안이 되어 있다. 열차여행도 사정은 마찬가지다. 비록 소음공해가 심하고 전자파가 많이 발생하기 때문에 건강에 유해하더라도, 시속 300킬로미터가 넘는 KTX를 타야 능력 있는 사람처럼 비친다. 이 초고속 열차는 몇몇 대도시에만 정차하니, 타는 손님들의 모양새도 말쑥하기 짝이 없다. 예전의 비둘기호 열차에 비하면 양반이지만, 지금은 가장 느린 열차로 전락한 무궁화호 승객들에 비할 바가 아니다.

속도전이 지배하는 무한경쟁 시대의 영성은 '르까프Le CAF'로 표현되는 올림픽 표어에 잘 반영되어 있다고 생각된다. 보다 빠르게(Citius)·보다 높게(Altius)·보다 강하게(Fortius)! 이 표어대로 살지 않으면 빛나는 영광은커녕 가난과 수치만 돌아간다. 절대로 뒤처지거나 낮아지거나 약해지면 안 된다. 무조건 빠르게 출세해서 남보다 높아지고, 힘 있는 존재가 되어야 사람 대접을 받는다는 것이다. 이러한 슬로건이 난무하는 곳에서는 여성과 어린이, 노인과 장애인이 푸대접받기 일쑤다. 생산성 향상이니 성장 우선이니 그런 구호가 강조되면, 정의로운 복지와 분배정책은 뒷전에 밀리게 되어 있다.

예수님은 우리더러 앞만 보고 달려가지 말고, 더 느리게 살면서 창조세계를 음미하라고, 더 낮은 곳으로 내려가 더 약한 사람들을 돌아보며 살라고 가르치셨다. 들의 꽃과 공중의 새를 보면서도 그 안에서 하나님의 섬세한 돌보심을 느낄 줄 아는 생명의 감수성이 있어야

'산 영혼'이지, 그런 감수성조차 없이 피폐하게 '죽은 영혼'으로 살아서야 어찌 쓰겠느냐고 타이르셨다. 하지만 무슨 연유인지 주류 기독교는 예수님의 가르침을 멀리한 채 르까프 영성에 사로잡혀 포로가 되어 버린 것 같다. 성공과 출세, 번영과 풍요가 하나님의 축복을 받은 징표라고 선전하면서 기복신앙을 부추긴 결과, 기독교 전체와 기독교인 일반에 대한 사회적 혐오감이 팽배하게 되었다. 속도를 숭배하고 높은 자리를 탐하며 강자를 대변하는 종교에서 어떻게 거룩한 진리와 갸륵한 생명의 향기가 나길 기대할 수 있겠는가?

### 5. 자비와 연대의 영성

다리를 저는 야곱은 식구들을 뒤에 세우고 자기가 앞서 나가서 형에게 일곱 번이나 절을 한다. 이런 그의 모습은 더 이상 이기기 위한 경쟁과 속임수에 의존하지 않고 진실한 마음으로 관계를 회복하려는 순수한 표현일 것이다. 그러자 비로소 에서의 마음도 눈 녹듯이 녹아내린다. 수십 년 동안 형제 사이에 가로놓여 있던 케케묵은 원한이 풀리고 대립과 분열의 장벽이 무너진다. 서로 부둥켜안고서 입을 맞추고 함께 목 놓아 우는 형제의 모습에서 치유와 구원이 느껴진다.

"형님께서 저를 이렇게 너그럽게 맞아 주시니, 형님의 얼굴을 뵙는 것이 하나님의 얼굴을 뵙는 듯합니다."(창 33:10) 야곱의 이런 고백을 통해, 무한경쟁지상주의 시대의 우리에게 필요한 회개는 다름 아닌 야곱의 회개임을 깨닫게 된다. 친구와 이웃의 얼굴에서 하나님의 얼굴을 찾기는커녕, 자기 이외의 남은 모두 생존경쟁의 라이벌이거나 심지어 적이라고 여기며 살고 있는 우리가 아닌가? 야곱의 회개는, 경쟁과 소유의 원리로는 공멸共滅에 이를 수밖에 없고, 오직 나눔과 섬김의 원리대로 살아야 너도 살고 나도 산다는 공생共生의 지혜에서 비롯된다. 대중가요를 패러디하자면, '남'이라는 글자에서 점 하나를 지우고 모든 남을 '님'으로 모실 수 있어야 하나님 나라가 열릴 것이다. 나눔과 베풂, 모심과 섬김……, 이런 아름다운 삶의 질서를 세워나가는 것이 바로 하나님 나라 운동이다.

마태복음 20장 1-16절에 나오는 포도원 품꾼의 비유에서 우리는 하나님 나라의 질서란 어떤 것이며, 우리 마음속에서 무엇을 제거해야 그 질서에 편입될 수 있는지를 새삼스럽게 배운다. 한 포도원 주인이 있다. 그는 자기 포도원에서 일할 사람들에게 각각 1데나리온을 주기로 하고, 아침 9시쯤 장터로 가서 사람들을 모집한다. 그리고는 다시 12시, 오후 3시, 심지어 오후 5시에도 나가서 사람들을 데려온다. 저녁이 되자 주인은 모두에게 똑같이 1데나리온씩을 나누어 준다. 늦게나마 와서 품삯을 받은 사람의 입장에서는 덩실덩실 춤이라도 출 판이다. 세상에 이런 인정 많고 자비로운 주인이 어디 있냐고 저절로 노랫가락이 흘러나온다. 그러나 아침부터 와서 일한 사람은 공연히 심술이 나고 부아가 끓어오른다. 애초에 1데나리온을 받기로 계약하고 일하러 온 것이고, 약속대로 그 액수를 정확히 받았는데도, 상황이 이쯤 되면 자기가 몇 배로 '더' 받아야 마땅할 것 같은 억울한 생각이 든다. 그래서 급기야 이렇게 불공평한 경우가 어디에 있냐며 주인에게 항의를 한다. 그러자 정곡을 찌르는 주인의 대답, "내가 후하기 때문에 그대 눈에 거슬리오?"(마태 20:15)

인력시장에서 저녁이 되도록 끝내 선발되지 못한 사람은 경쟁력이 없어서 처진 것이다. 세상은 그렇게 무능력한 사람을 너그럽게 품어줄 만큼 여유롭지 않지만, 하나님의 품은 넓고도 따뜻하다. 하나님의 자비와 긍휼은 무한하여 모두에게 똑같이 골고루 분배된다. 이렇게 후하신 하나님의 계산법이 눈에 거슬리는 사람은 하나님 나라에 들어갈 자격이 없다. 하나님의 자비를 혼자 독점하려는 사람은 하나님 나라와 '코드'가 맞지 않는다. 그 마음의 탐욕과 이기심, 그리고 경쟁의식이라는 독소를 제거하지 않는 한, 그 독은 결국 남도 자기도 해칠 뿐이다.

그러므로 여기서 다시금 우리는 베데스다의 파시즘이 하나님 나라의 질서와 충돌하는 것을 재확인하게 된다. 경쟁적으로 단 한 사람에게만 자비를 허용하는 베데스다의 원리는 사실상 대중을 현혹하는 신기루일 뿐, 진정한 하나님 나라의 자비가 아닌 것이다.

어디선가 들은 인디언 이야기가 생각난다. 북미 대륙에 평화롭게 정착해 살고 있던 원주민들이 백인들에 의해 강제로 추방되어 보호구역에 모여 살게 되었을 때의 일이다. 한 백인 교사가 인디언 어린이들을 교육하기로 마음먹고 찾아온다. 그는 어린이들에게 백인의 말과 글을 가르치고, 수와 계산을 가르치는 등 열성적으로 지도하였다. 얼마간 시간이 지나 드디어 시험 칠 때가 왔다. 이 백인 교사는 아이들이 딴 짓을 하지 못하도록 일부러 엄한 표정을 지으며 시험 칠 준비를 하라고 했다. 그러자 이게 웬일인가? 아이들이 갑자기 손에 손을 잡고서 둥그렇게 모여 앉는 것이 아닌가? 백인 교사는 어안이 벙벙해서 화가 나 소리쳤다. 시험을 치려면 따로 따로 떨어져 앉아야지, 이게 도대체 뭐 하자는 '플레이'냐고……. 그랬더니 한 아이가 이렇게 대꾸하는 것이었다. 우리 인디언들은 어려운 일이 생길 때마다 함께 머리를 맞대고 모여 앉아 공동의 지혜로 해결하도록 배워왔다고…….

이러한 인디언의 영성은 우리 각자가 서로의 일부로서, 만물은 떼려야 뗄 수 없게 하나로 연결되어 있다는 깨달음에서 나온 것이리라. 지구화 시대의 경쟁과 지배 이데올로기에 맞설 수 있는 대안적 영성은 이처럼 자비와 연대의 영성이어야 한다. 만물과 맺는 모든 관계를 무조건 위-아래로 엮는 그런 피라미드적 영성 말고, 그가 없이는 나도 없다는 생각에서 만물을 사랑의 띠로 둥글게 껴안은 원의 영성을 구현해야 한다. 우리에게 이러한 생명의 영성이 없다면, 하나님과 만물이 영원토록 함께 추어야 할 우주적 춤도 멈추고 말 것이다.

# 생태 위기 극복을 향한 불교와 그리스도교의 만남

최현민(씨튼연구원 원장)

## 1. 생태 위기의 근본 원인은 어디에 있나

오래전에 상영된 『타이타닉』이라는 영화가 있습니다. 타이타닉은 1912년 4월에 영국을 출항해 대서양을 항해하다가 사흘 만에 침몰한 호화 여객선의 이름입니다. 당시 신문에서는 타이타닉호가 출항할 당시 이에 대해 떠들썩하게 보도했다고 합니다. 타이타닉호는 침몰을 막기 위해 안전 설계가 확실히 되어 있었다고 했지만 결국 사흘 만에 침몰하고 말았습니다. 침몰의 원인은 빙산을 만나면서 생긴 여섯 개의 구멍 때문이라고 합니다. 그 작은 구멍으로 1분당 400톤의 물이 들어왔고 결국 세 시간 만에 배가 침몰하고 만 것입니다. 그 결과 당시 타고 있었던 2,400명 승객과 700명의 승무원 중 2/3가 목숨을 잃고 말았습니다.

그렇게 큰 대형사고가 난 것은, 배 안에는 그런 상황에 대처할 수 있는 장비들이 충분히 구비되어 있지 않았기 때문입니다. 실제로 사고 당시 타이타닉호 안에는 구명보트가 30척밖에 없었다고 합니다. 거기에 탈 수 있는 인원은 한정될 수밖에 없었고, 그래서 결국 많은 사람이 목숨을 잃고 만 것입니다.

여기서 타이타닉호를 다시금 떠올리는 것은, 오늘날 이 지구상에서 벌어지고 있는 생태 파괴의 실상이 이와 유사하지 않나 하는 생각이 들기 때문입니다. 구멍 난 배 안으로 밀려들어온 바닷물처럼, 지금 이 지구상에도 엄청난 생태 파괴가 벌어지고 있습니다. 통계에 따르면 하루에 100가지 동식물이 멸종하고 2만 헥타르의 사막이 만들어지고 8,600만 톤의 토양이 침식되고 1억 톤의 온실가스가 배출되고 있다고 합니다. 이처럼 생태 위기는 상당한 위험수위에 와 있지만 많은 이들이 아직 이를 감지하지 못하거나 대수롭지 않게 생각하며 살아갑니다. 생태 위기에 대처하는 이들 또한 그리 많지 않은 것이 사실입니다. 생태 위기에 대한 대처가 더디게 이루어지는 것은 무엇 때문일까요? 필자는 여기서 2008년 5월부터 100일간 시청 앞 광장에서 열린 촛불집회와 정부의 4대강 사업에 대한 시민들의 반응을 비교함으로써 그 이유에 대해 생각해 보고자 합니다.

2008년에 미국산 쇠고기 수입 전면개방에 대한 반대 재협상을 요구하기 위한 촛불집회가 있었습니다. 이는 종전과는 양상이 달랐는데 이 집회에 여학생들과 유모차 부대들이 많이 참여했다는 점도 특이한 점 중 하나입니다.[1] 이 촛불집회와 관련된 세미나에서 이화여대 조기숙 교수는 촛불집회를 잉글하트Inglehart의 탈물질주의론으로 해석한 바 있습니다. 탈물질주의란 유럽과 미국의 젊은 세대에서 주로 발견되는 가치관으로, 물질적 가치보다 인권이나 개인의 존엄성과 권리, 적성 등 탈물질주의적 가치를 중요하게 여김을 말합니다. 그래서 탈물질주의자들은 정치에 관심이 많고, 투표와 같은 전통적 정치 참여뿐만 아니라 항의, 집회, 농성과 같은 비전통적인 정치 참여에도 적극적인 것으로 알려져 있습니다. 조 교수는 촛불집회 참가자들 안에 서구의 탈물질주의자와 같은 문화적 속성이 있으며, 정치적 참여에 있어서도 매우 유사한 행태를 보여주었다고 해석했습니다.

그러나 필자는 과연 이 집회의 요인이 탈물질주의에 있었는지 의문이 듭니다. 과연 오늘날 한국의 젊은이들이 탈물질주의적 가치관을 지니고 있다면, 정부가 실행한 4대강 개발 사업에 대해서는 왜 별다른 반응을 보이지 않았을까 하는 점 때문입니다. 자신들의 먹거리를 지키기 위해서는 그렇게 예민한 반응을 보였던 그들이 우리 모두의 먹거리의 근원이 되는 4대강 물줄기를 지키는 데 관심이 적었던 것은 무엇을 말하는 것일까요? 그것은 개인주의적 이기주의와 무관하지 않아 보입니다.

4대강 살리기 사업은 당시 정부가 선전한 분홍빛 프로젝트와는 정반대의 결과를 가져올 수 있는 가능성이 높은 것들이었습니다. 홍수를 막겠다는 본래 목표와는 달리 홍수 피해를 가중시키고 하천 정비로 인한 심각한 생태 파괴가 초래될 위험에 처해 있었습니다. 이러한

---

1 이 사건으로 인해 이명박 대통령은 결국 두 차례에 걸쳐 국민사과를 해야만 했다. 이에 대해 조기숙 교수는, 이명박 정부는 현대 젊은 세대들이 지닌 탈물질주의라는 새로운 가치관을 읽어내지 못하고 있다고 지적했다.

4대강 사업으로 인해 생겨날 엄청난 결과에 대해 우리는 얼마나 관심을 가져왔던가요? 거시안을 갖고 정책을 펼치기보다 눈앞의 것들에 급급해 온 정부 정책처럼 나 자신도 내게 직접 영향을 미치는 것들에만 관심을 두고 살아가고 있지는 않을까요? '환경과 생명' 주간인 장성익 씨가 쓴 '내 안의 4대강'이라는 생태칼럼(2009. 10월 31일자 한겨레 신문)에 다음과 같은 내용이 실린 적이 있습니다.

> 대통령을 욕하고 비난하는 것은 쉬운 일이지만, 내 안에 있는 그와 맞서 싸우는 일은 쉽지 않다. 4대강 사업에 맞서 싸우는 것은 쉽지만, 내 안의 4대강은 어떤 상태에 놓여 있으며 어디로 흘러가는지 깊이 성찰하는 것이 중요하다.

'내 안의 4대강'은 지금 어떤 상태인가라는 그의 물음에 나 자신을 되돌아보게 됩니다. 생태 문제에 대해 수없이 듣고 말해 왔지만 과연 나는 이 문제를 내면 깊이 성찰하며 살아왔던가? 생태 문제는 결국 자기중심주의적 개인주의 문제와 직결되어 있다는 생각이 듭니다. 자기 자신과 직접적인 연관성이 있는 문제에 대해선 많은 관심을 보이지만, 자신과 직접 관련이 없다고 여겨지는 문제에 대해서는 별 관심을 두지 않는 우리의 모습은 4대강 사업에 대한 반응에서 잘 드러났습니다. 이는 바로 자기중심적 개인주의를 극복하지 못하면 생태 문제 해결은 결코 쉽지 않다는 사실을 우리에게 말해주고 있습니다. 그럼 어떻게 자기중심주의 문제를 극복할 수 있을지 그 해법을 불교와 그리스도교 영성에서 찾아보기로 하겠습니다.

## 2. 자기중심주의 극복을 위한 불교의 생태 영성

붓다는 인간사의 근본 문제의 원인은 무지와 무명無明에 있다고 보았습니다. 무엇에 대한 무지이고 무명인가? 그건 바로 '나는 홀로'라는 착각에서 비롯되는 것입니다. 이와 같이 우리 자신을 독립된 존재로 본다면 각자 살아남기 위해서는 경쟁을 할 수밖에 없고, 이 생존경쟁에서 이긴 자만이 살아남을 수 있는 적자생존의 삶을 살아갈 수밖에 없습니다. 이를 생태적 관점에서 말한다면 '생태적 무명'이라 할 수 있습니다. 이와 같이 생태적 무명이란 자기 자신이 독립된 존재인 양 착각하는 것에서 비롯됩니다. 자신을 독립된 존재로 여겨옴으로써 우리는 자신을 세상의 중심에 고정시킨 채 자기중심적인 삶을 살아온 것입니다. 그러나 실상 우리는 함께 배를 타고 가고 있으며 배와 물, 가까운 기슭과 먼 곳, 하늘이 서로 얽혀 함께 움직이고 있는 것입니다. 이러한 자기중심적 사유는 자본주의적 가치관과 무관하지 않습니다. 자본주의 사회에서는 인간 각자를 독립된 존재로 보고 자신의 노력으로 모든 걸 성취할 수 있음을 가르쳐왔기 때문입니다. 이러한 현 자본주의 가치관은 그 한계점을 드러내고 있습니다. 이는 인간은 결국 독립된 존재가 아니며 함께 더불어 살아갈 수밖에 없는 존재라는 자각에서부터 다시 시작해야 함을 말해줍니다.

우리가 모두 연결되어 있다는 불교의 연기적 자각은 이러한 우리의 문제의식과 깊은 연관성을 지니고 있습니다. 연기를 깨닫는다는 것은 바로 내가 다른 존재와 함께 배를 타고 있다는 사실을 자각하는 데에서 비롯되기 때문입니다. 우리는 한순간도 다른 존재 없이 살아갈 수 없으며, 나를 둘러싼 모든 존재와 더불어 살아가고 있음을 깨닫는 것, 그것이야말로 생태 위기를 극복할 수 있는 첫걸음이라고 생각합니다. 이를 깨닫기 위해서는 먼저 사고하고 인식하는 식심識心으로부터 자유로워져야 할 것입니다. 욕망은 식심에서 비롯되기 때문입니다. 좋은 것을 보면 갖고 싶고, 그런 욕망이 생기면 거기에 집착하는 마음이 생깁니다. 이렇듯 욕망은 끊임없이 생겨나고 사라지는 생사심生死心에서 비롯됩니다. 그래서 하나의 욕망이 사라지면 또 다른 욕망이 일어나기 마련입니다. 결국 식심에 따라 살아갈 때 우리는 욕망을 좇아서 살아갈 수밖에 없습니다.

불가에서는 식심에 의해 살아가는 우리를 허공 꽃(空華)에 비유합니다.[2] 이 이야기에서 중생은 눈병이 나 있어 마치 허공에 꽃이 핀 것처럼 보인다는 것입니다. 여기서 눈병이란 미궁한 마음을 비유하여 말한 것입니다. 눈병이 났다는 것은 헛된 탐욕에 마음이 빼앗겨 살아감을 의미합니다. 그러다가 허공 꽃이 실재하는 것이 아님을 알게 되면 자신이 헛것에 마음의 눈이 멀었음을 깨닫게 됩니다. 이러한 불가의 해석에 비추어볼 때 지금 현대인들은 경제발전이 곧 나에게 행복을 안겨주리라는 망상에 마음의 눈이 멀어 헛된 것에 사로잡혀 살아가고 있는 중입니다.

전 세계은행 총재였던 유진 블랙Eugene Black은 경제발전의 시대라는 주제 강연에서 우리가 얼마나 헛된 것을 좇아 살아왔는지를 고백한 바 있습니다. "경제발전은 허무한 것임이 입증되었다. 그것은 인간욕망

---

[2] 『원각경圓覺經』(대정장 17 p.914a), "猶如虛空花 依空而有相 空花若復滅 虛空本不動 幻從諸覺生 幻滅覺圓滿 覺心不動故."

의 충족수단을 제공해주는 것보다 훨씬 더 빠른 속도로 인간욕망을 만들어내고 있다."[3] 유진 블랙이 말했듯이 현 자본주의 사회가 지향하는 경제발전이 인간의 욕망마저 대량생산해 내고 있음을 깨닫는 데에서 우리는 생태 문제를 풀어갈 실마리를 발견할 수 있지 않나 싶습니다. 세속적 탐욕이 지닌 허망함을 깨달을 때 비로소 우리는 거기서 벗어날 길을 찾아 나서게 될 것입니다.

불가에서는 탐욕에서 자유로워진다는 것은 다름 아닌 끝없이 분출되는 욕망의 출구인 식심을 선심禪心으로 바꾸어가는 데 있다고 말합니다. 식심이 선심으로 바뀌려면 마음 닦음이 필요합니다. 보조국사 지눌은 마음 닦음에 대해 『수심결修心訣』에서 다음과 같이 말합니다. "자기 집에 불이 났을 때 가장 먼저 꺼내야 하는 것은 무엇인가? 그건 사람(특히 자식)이 아니겠는가?" 그런데 많은 이가 다른 것을 꺼내느라고 허둥댄다는 것이지요. 이와 마찬가지로 마음 닦음에 있어서도 무엇보다 중요한 것은 먼저 마음의 불을 끄는 것임을 지눌은 강조합니다. 우리 안에 생각의 불, 망상의 불을 끄는 것이 곧 마음을 닦는 길이라 할 수 있습니다. 이를 위해 지눌은 "마음이 곧 부처이니, 부처를 다른 곳에서 찾지 말고 마음에서 찾으라"고 말합니다. 이를 생태 문제에 적용한다면, 생태 문제의 해법 역시 밖에 있지 않으니 밖에서 찾지 말라(切莫外求)는 의미가 되겠습니다.[4]

---

[3] E.F. 슈마허, 이승무 역, 『내가 믿는 세상』, 문예출판사, 2003, p.312.
[4] 불교는 마음 문제에 집중하고 마음을 어떻게 닦아야 하는가 하는 수행에 집중한다. 그런데 안타깝게도 마음 문제를 깊이 있게 들여다보고 있는 것과 현실을 연결시키는 것이 잘 이뤄지지 않고 있다. 다시 말하면 현대의 문제들을 자신들의 언어로 연결시켜서 현대인에게 이야기해줄 수 있어야 하는데, 불교에서는 그것이 잘 안 된다. 불교는

자본주의 사회가 지향해 온 경제발전 지상주의는 끝없이 우리의 시선을 밖으로 내몰고 있습니다. 마치 저 먼 미래에 유토피아가 있는 것처럼 지금 여기를 질주하며 살아가도록 우리를 재촉해 왔지요. 그러나 그 결과는 우리 자신뿐만이 아니라 자연마저도 파괴되어 가고 있다는 사실입니다. 이러한 현실은 과연 진정한 의미의 발전이 무엇인지 생각하도록 우리를 촉구합니다. 생태 위기는 결국 우리 내면세계의 위기라 할 수 있습니다. 우리가 당면한 문제의 뿌리는 바로 우리 내면에 있습니다. 이렇듯 우리 자신의 내면을 들여다보는 일, 그것이 불가에서 말하는 마음 닦음입니다.

## 3. 자기중심주의 극복을 위한 그리스도교의 영성

### 1) 예수와 자연

불교에서 생태적 해법을 마음 닦는 수행의 문제로 제시했다면, 그리스도교에서는 어떤 생태적 해법을 발견할 수 있을까요? 혹자는 예수는 생태에 대해 별로 언급하지 않았다고 말할지 모르겠습니다. 그러나 예수께서 언급한 비유의 대부분은 자연을 소재로 하고 있습니다. 가뭄, 겨자씨, 곳간, 광야, 구름, 까마귀, 누룩, 무화과나무, 벼이삭, 백합,

---

자신들 언어의 틀에 갇혀 있어 그들의 언어를 이해하기가 너무 어렵다. 특히 선어록을 읽을 때 우리는 언어의 벽을 느낀다. 산스크리트나 한어가 현대어로 바뀌어져 있지 않아 현대 문제와 연결시켜서 문제를 풀어나가는 과정들이 어렵다. 물론 소수의 분들이 문제의식을 갖고 작업을 시도하지만 그것이 얼마나 이뤄지고 있는지 미지수이다.

비, 뿌리, 씨, 씨 뿌리는 사람, 포도, 포도주, 꽃, 나뭇가지, 농사, 소금, 빛 이렇게 말입니다. 이와 같이 자연을 소재로 한 비유는 대부분 '하느님 나라'에 관한 것입니다.

하느님이 머무시는 곳을 하느님 나라라고 할 때 예수께서는 자연 속에, 아니 삼라만상 속에 하느님이 머무심을 자각하신 분임을 알 수 있습니다. 예수는 하느님과 자신이 특별한 관계임을 깨달으셨음을 그분의 세례 받으심 속에서 우리는 발견할 수 있습니다.

예수님께서 세례를 받으시고 곧 물에서 올라오셨다. 그때 그분께 하늘이 열렸다. 그분께서는 하늘의 영이 비둘기처럼 당신 위로 내려오는 것을 보셨다. 그리고 하늘에서 이렇게 말하는 소리가 들려왔다. "이는 내가 사랑하는 아들, 내 마음에 드는 아들이다."(마태 3:16-17)

복음사가는 예수께서 세례자 요한에게 세례 받으실 때 '하늘이 열렸다'고 표현합니다. 이는 단순히 창공이 열린 것을 의미하는 것이 아니라 하느님과 예수 간에 어떠한 막힘도 없어졌음을 뜻합니다. 그래서 예수는 하느님 아버지를 보여 달라는 제자들의 요청에 "나를 보았으면 아버지를 본 것"(요한 14:5-9)이라고 말씀하신 것입니다. 또한 복음서에서 "이는 내가 사랑하는 아들, 내 마음에 드는 아들"이라는 하느님 음성이 들려왔다고 서술하고 있습니다. 이는 주변 사람들이 모두 이 소리를 들었다기보다, 예수의 내면의 자각에서 나온 것이라 봄이 더 타당할 것입니다. 여기서 '내면의 소리'란 무엇을 의미할까요?

그것은 다름 아니라 예수가 하느님을 압바로 자각했음을 의미합니다. 예수는 당시 유대인들이 지녔던 하느님에 대한 이미지와는 사뭇 다르게 하느님에 대해 느끼고 말했습니다. 당시 유대인들에게 하느님은 감히 입에 담을 수 없을 만큼 경이롭고 인간이 가까이 근접할 수 없는 분이었지요.[5] 그런 하느님을 예수는 깊은 신뢰가 담긴 부자관계로 느꼈고 그래서 하느님을 압바라고 부를 수 있었던 것입니다. 예수는 압바 하느님을 사랑 자체이신 분으로 여겼습니다. "하느님은 사랑이시다." 이것이 예수가 풀어낸 하느님의 코드입니다. 예수는 이 코드 안에서 세상의 모든 문제를 바라보시고 풀고자 하셨습니다.

이러한 예수의 관점에서는 우리가 지금 문제 삼고 있는 생태적 해법 역시 이 코드 안에 숨겨져 있다고 할 수 있습니다. 지금 생태 위기를 경험하고 있는 우리에게 필요한 것은 사랑의 회복이요 관계의 회복이기 때문입니다. 예수는 자신이 하느님과 부자관계임을 깨달음으로써 당신만이 아니라 우리 모두가 하느님과 부자관계임을 가르치셨습니다. 아니 하느님은 우주의 아버지이며 모든 삼라만상의 아버지이라고 하셨습니다.(마태 5:45) 예수께서 가르치신 주의 기도 안에는 인간만이 아니라 삼라만상이 구원되기를 갈망하는 예수의 원의가 함축되어 있습니다.

사도 바오로는 "온 세상이 신음하고 있다"고 말한 바 있습니다. 지금 생태 위기에 처한 삼라만상은 신음하고 있습니다. 이 고통에서 벗어나려면 잃어버린 본연의 모습, 곧 하느님께서 창조하신 자연의 모습을 되찾아야 합니다.

---

[5] 야훼라는 이름조차 함부로 부를 수 없어 '아도나이'라 불렸던 분이셨다. '아도나이'는 히브리어로 '주'(Lord)라는 뜻이다.

## 2) 몸과 지체의 관계

자연을 소재로 하느님 나라를 설명하신 예수께서는 심지어 작은 겨자씨 속에서조차 하느님의 나라를 발견했습니다. 하느님의 영이 살아 있는 곳이 하느님 나라라면, 하느님의 영이 숨 쉬는 자연을 살리는 일 그 자체가 하느님 나라를 세우는 일이 아닐까요?

성경은 예수께서 하느님의 힘으로 기적을 행하셨음을 여러 표현을 통해 말해주고 있습니다. 보통 기적이라 하면 하느님의 권능이 예수를 통해 드러난 징표라고 해석합니다. 다시 말해 예수께서 행한 기적은 그분과 하느님과의 관계에서부터 나온 것이라는 의미입니다. 예수는 하느님에 대한 절대적 신뢰가 있었기에 하느님의 힘으로 일할 수 있었고, 거기서 치유의 힘과 능력이 나왔다는 것입니다.

예수께서 눈먼 이를 고쳐주신 사화를 봅시다. 예수께서는 땅에 침을 뱉어 그 침으로 흙을 개어서 소경의 눈에 발라주자 소경이 눈을 떴다고 복음사가는 전합니다.(요한 9:1-9)[6] 다른 기적 사화들에서도 우리는 이와 유사한 것을 발견할 수 있습니다. 귀먹고 말 더듬는 이에게 그분은 손가락을 그의 귀에 넣으셨다가 침을 발라 그의 혀에 손을 대신 후 '에파타'라고 말씀하기도 하셨고(마르 7:33 참조), 죽음에 처한 소녀에게는 그녀의 손을 잡으시고 '탈리타 쿰(일어나라)'(막 5:41)이라고 말씀하기도 하셨습니다. 이러한 일련의 언행들은 인간에게 생명의 숨을 불어넣으신 창조주 하느님의 행위와 다를 바 없습니다. 그렇다면 예수

---

6 당대 사람들은 물, 피, 술, 기름과 더불어 침에 치료효과가 있다고 생각했다. 그러나 복음사가가 말하고자 한 것은 단순히 침의 치유력이 아니라 예수에게서 나온 하느님의 생명력으로 소경을 낫게 했다는 것이다.

의 치유 기적은 병든 이들의 본래성, 곧 하느님 모상을 회복시키기 위함이었다고 볼 수 있습니다.

지금까지 우리는 예수가 행하신 기적들이 하느님의 영인 성령의 활동이라는 사실에 대해 살펴보았습니다. 이러한 성령의 활동은 예수에게서 끝난 것이 아니라 그의 제자들을 통해 이어져왔음을 성경은 말해주고 있습니다. 사도행전은 사도 베드로가 행한 기적들을 전해주는데, 그는 죽은 타비타를 살리는가 하면(사도 9:36-42), 8년 동안 중풍병을 앓고 있던 에네아스를 침상에서 일어나게 하기도 하고(사도 9:32-35), 아름다운 문에 앉아 구걸하던 앉은뱅이를 '나자렛 예수'의 이름으로 걷게 한 기적까지 행했습니다.(사도 3:1-8) 이런 기적들은 예수 안에서 활동하신 바로 그 하느님의 영이 제자들 안에서도 활동하심을 보여줍니다. 곧 같은 성령께서 그들 안에서도 활동함으로써 예수의 제자들도 그분이 하셨던 일을 할 수 있게 된 것입니다. 이는 예수 당시의 제자들만이 아니라, 그리스도인이라는 이름으로 살아가는 모든 이들 안에서도 이루어진다고 사도 바오로는 말합니다.

그리스도의 몸도 하나이며 성령도 하나입니다. 이와 같이 하느님께서 여러분을 당신의 백성으로 부르셔서 안겨주시는 희망도 하나입니다. 주님도 한 분이시고 믿음도 하나이고 세례도 하나이며 만민의 아버지이신 하느님도 한 분이십니다. 그분은 만물 위에 계시고 만물을 꿰뚫어 계시며 만물 안에 계십니다.(에페 4:4-6)

만물 위에 계시고 만물을 꿰뚫어 계시며 만물 안에 계신 하느님께서 삼라만상이 의식하든 못하든 지금도 계속 당신의 일을 이루어 나가고 계시기 때문입니다. 바로 이 사실을 깨닫는 데서부터 그리스도인들의 생태적 삶은 시작된다고 할 수 있습니다.

## 4. 호모 심비우스로서의 인간의 본래성 회복

종래에는 인간이 지혜가 있다고 해서 인간을 호모 사피엔스라는 학명으로 칭해왔습니다. 그러나 인간만이 지혜를 지닌 것이 아니라 다른 모든 생명체도 각자 터득한 지혜를 지니고 있다는 사실이 속속 밝혀지고 있습니다.[7] 그래서 인간은 자신이 알지 못하는 수많은 지혜를 터득한 다른 생명체로부터 겸허하게 배울 필요가 있습니다. 현대에 새롭게 등장하는 학문 중 '생체모방학(Biomimicry)'은 이런 관점에서 출발한 학문입니다. 다시 말해 생체모방학은 지혜는 인간만이 지닌 특성이

---

[7] 일상 속에서 찾아볼 수 있는 바이오미미크리의 예로는 벨크로 테이프가 있다. 천의 꺼끌꺼끌한 면과 부드러운 면이 붙도록 만든 이 테이프는 한 사냥꾼이 숲에 갔다가 우엉 가시가 옷에 달라붙은 것에서 힌트를 얻어 발명했다고 한다. 거미가 그물을 치기 위해 뽑아내는 실도 연구자들의 호기심을 끌었다. 방탄조끼용으로 쓸 수 있을 만큼 튼튼한 이 실로 연구자들은 낙하산 줄, 다리를 지탱하는 케이블, 인공 관절 등을 만들었다. 이 밖에도 나뭇잎을 모방한 태양전지, 조개를 모방한 깨지지 않는 강화 세라믹, 침팬지로부터 배운 암 치료법, 세포처럼 신호를 보내는 컴퓨터, 다년생 들풀에서 영감을 얻은 다년생 곡물 등 인간이 처한 갖가지 문제를 해결할 수 있는 지혜를 얻는 모델로 활용하기 시작했다. 최근에는 건축공학 역시 바이오미미크리를 적극적으로 받아들이고 있는 중이다. 위에서 언급한 짐바브웨의 이스트게이트 센터가 개미성의 자동온도시스템을 모방하여 건립되었듯이 건축가들은 유기체처럼 변형 가능한 건축물들을 고안해내고 있다. 스위스에서는 조립식 다리가 만들어졌고, 벨기에에서도 트위스트 형태의 움직이는 다기능 건물을 짓고 있다고 한다.

아니라, 오히려 인간은 다른 생명체로부터 지혜를 배워야 함을 전제하고 있습니다. 이런 점에서 생체모방학은 기존의 산업혁명과 달리 자연에서 무언가를 착취하기보다 자연으로부터 배운 것을 기반으로 생태적 전환을 꿈꾸는 이들이 주목하고 있습니다. 원시시대에 인간은 다른 생명체로부터 지혜를 배워왔습니다. 그러면서 자연스럽게 다른 생명체와 공생하며 살아온 인간은 점차 그들을 지배하는 존재가 되어 버렸습니다. 이제 우리는 다시 그들과 공생적 관계를 회복해야 합니다. 이런 점에서 근래 들어 인간을 호모 심비우스Homo Symbious라는 새로운 학명으로 칭하기도 합니다. 호모 사피엔스가 현명하고 지혜로운 인간을 의미했다면, 호모 심비우스는 '함께 더불어 공생하는 인간'을 뜻합니다.

우리가 잘 알듯이 불교적 인간 존재 이해는 연기緣起에 기반을 두고 있습니다. 인간은 결코 자기들끼리만 살아갈 수 없으며 다른 동식물들에 절대적으로 의존해서만 삶이 가능합니다. 인간의 몸이 자연과 둘이 아니라는 신토불이身土不二 또는 의정불이依正不二라는 말은 이를 잘 보여줍니다.[8] 나의 생명이 삼라만상의 생명줄과 연결되어 있다는 것은 삼라만상의 안녕이 곧 나의 안녕임을 의미합니다. 다시 말해 생태살리기는 곧 내 몸 살리기인 것이지요. 삼라만상 없이 내 몸이 있을 수 없기 때문입니다. 자연과 인간이 둘이 아니라는 불이不二적 사유를 잘 보여주는 것이 바로 대승불교의 불성사상입니다. 모두가 부처의 성품을 지니고 있다는 것입니다. 그래서 너를 살리는 것이 곧 나를 살리는 것과 다름 아니라는 자리이타自利利他 사상이 나왔고, 이에

---

8 불교에서는 인간을 정보正報, 자연을 의보依報로 보며, 양자의 불이적 관계를 의정불이依正不二라 한다.

기반을 둔 동체대비同體大悲 사상이 나온 것입니다.

동체자비와 관련된 유명한 구절로『유마경維摩經』「문수사리문질품 文殊師利問疾品」에 나오는 다음 구절을 들 수 있습니다. "일체중생이 병들었으므로 나도 병이 들었다. 모든 중생들에게 아픔이 남아 있는 한, 내 아픔도 역시 계속될 것이다"[9]라는 유마거사의 말이 그것입니다. 중생의 병이 다 나아야 나의 병도 낫는다는 유마거사의 표현은 중생의 아픔을 몸으로 함께 하는 동체대비를 잘 보여주고 있습니다. 이러한 동체대비적 지혜야말로 생태 문제를 푸는 불교의 핵심적 해법이 아닐까 생각합니다. 불교에서 인간의 본래성을 불성이라고 본다면 그리스도교에서는 하느님의 모상(Imago Dei)이 그에 해당됩니다.

하느님의 모상을 지니고 태어났지만 인간은 살아가면서 점차 그 본래의 모습을 잃어버렸습니다. 따라서 그리스도교에서는 인간이 다시 회복할 모습을 예수 안에서 발견하고자 합니다. 즉 이는 예수를 그리스도인이 회복해야 할 하느님 모상을 드러내 보여주신 분으로 본다는 것입니다. 그래서 사도 바오로는 그분을 '새 아담'이라 칭했습니다. 옛 아담이 죄를 지음으로써 잃어버린 하느님의 모상이 예수에 와서 새로이 회복되었다고 보는 것입니다.

생태 위기에 처한 현대인에게 '하느님의 모상'은 어떤 의미를 던져줄까요? 창세기 2장 15절은 인간이 하느님의 모상으로 창조되었다는 의미를 '청지기(stewardship)'로 표현하고 있습니다. 이는 인간이 지닌 하느님의 모상성이 처음부터 세상을 잘 돌보라는 '책임성' 이외에 다름

---

[9] 박경훈,『유마경』(현대불교신서 16), 역경원, 1979, pp.120~121.

이 아님을 뜻합니다. 즉 인간의 청지기라는 직분은 인간이 다른 생명체보다 우월하다는 의미가 아니라, 다만 하느님이 돌보신 일에 협조하라고 주어진 소명일 따름이라는 것입니다. 다시 말해 인간에게 부여된 '책임성'은 인간이 창조 때부터 '본래성' 안에 내재되어 왔다는 것입니다. 이는 레오나르도 보프(1938~ )의 다음 표현 속에 잘 드러나 있습니다. "인간에게 부과된 책임성은 세상에 대한 인간적 자유에서 나오는 것이 아니라, 오히려 자유 이전의 것이고 피조물적 존재로서 인간 안에 본래부터 새겨져 있다."[10]

하느님의 모상이 지닌 의미를 청지기로서의 책임성으로 볼 때, 우리는 생태 위기라는 현실 속에서 그 책임성을 회복하는 길이 무엇인지 숙고해볼 필요가 있습니다. 이는 단순히 훼손된 자연을 다시 회복하는 차원을 넘어서 있습니다. 이는 하느님과 인간, 인간과 인간, 인간과 자연의 관계를 회복하는 일입니다. 다시 말해 그리스도인에게 주어진 청지기 직분은 일그러진 모든 관계를 새로이 회복하는 것 외에 다름 아닙니다. 이를 위해서는 '소유'에 가치를 둔 자본주의적 가치관을 극복할 필요가 있습니다. 그것은 진정한 인간의 행복은 무엇을 '소유'함에 있지 않고 어떤 '존재'로 사느냐에 달렸기 때문입니다. 이처럼 생태 위기는 우리에게 소유냐 존재냐 중 양자택일을 하도록 촉구하고 있습니다.

---

[10] 레오나르도 보프, 김항섭 역, 『생태신학』, 가톨릭출판사, 2001, p.48.

## 5. 나가면서

사도 바오로는 로마서에서 다음과 같이 말합니다. "피조물은 하느님의 자녀들이 나타나기를 간절히 기다리고 있습니다."(로마서 8:19) 피조물이 진정 고대하고 있는 하느님의 자녀 됨이란 다름 아닌 본래 창조 때 모습을 회복함을 뜻합니다. 이를 위해 우리는 지금까지 살아온 삶의 패턴을 바꿀 필요가 있습니다. 많은 것을 소유하고자 하는 마음을 내려놓고 지금보다 조금은 불편해질 필요가 있습니다. 이를 통해 우리는 앨 고어가 말한 대로 '불편한 진실'을 받아들이는 것이지요. 우리가 살고 있는 현 시대는 우리에게 마음뿐 아니라 몸으로 받아들이고 사는 것을 요청하고 있습니다. 교황 베네딕토 16세께서도 2009년 코펜하겐 유엔 기후변화 협약 당사국 총회에 보낸 담화에서 창조 질서 보전을 위해 '검소한 생활양식'을 강조하신 바 있습니다.[11]

생태 문제가 전지구적인 문제라고 할 때 보다 거대한 계획이 필요하지 않느냐고 반문할지 모르겠습니다. 물론 토마스 베리가 말한 것처럼 지구적 차원의 프로그램이 필요합니다.[12] 즉 사회, 국가, 세계의 차원에

---

[11] 한국 천주교 주교회의, 『창조 질서 회복을 위한 우리의 책임과 실천』, 한국천주교중앙협의회, 2010, p.42.
[12] 그는 인간 사회에서 핵심적인 역할을 하는 네 가지 사회 체제, 즉 정치, 경제, 대학, 종교의 기본원리가 변해야 한다고 주장한 바 있다. 첫째로, 그는 현대의 정치 체제에 있어 국가 중심에서 지구를 하나의 공동체로 보는 새로운 정치의식이 필요하다고 본다. 둘째로, 현대의 경제 체계도 근본적으로 변해야 한다고 주장한다. 즉 지구 경제학이 인간 경제학의 전제 조건이 되어야 한다는 것이다. 셋째로, 베리는 현대의 대학 체제도 근본 원리가 변해야 한다고 주장한다. 대학에서 가르치는 인문학적인 내용들은 인간과 자연 세계와의 부적절한 관계를 고양시키는 데 기여하

서도 힘을 모아야 하는 것은 물론이고, 이를 위해 우리는 '교육'하고 '연대'를 통한 '실천'이 필요합니다. 무엇보다 지금 진행되고 있는 생태계 파괴의 실상과 그 문제 해결을 위한 체계적인 교육이 절실히 요청되고 있으며, 이를 위해 많은 사람들이 함께 실천할 수 있도록 노력함도 우리의 몫입니다. 그럼에도 불구하고 필자는 우리 각자의 인식과 가치관의 전환이 무엇보다 우선될 필요가 있음을 거듭 강조하고자 합니다. 지금 이 생태 위기는 우리에게 '참된 행복'이 어디에 있는지를 다시 묻게 합니다. 우리는 지금 우리에게 다가오는 시대적 물음을 식심識心이 아닌 선심禪心으로 깊이 알아들을 필요가 있습니다.

로즈메리 류터는 앞으로 변화의 가능성에 대해 낙관적이거나 비관적인 태도, 그 어느 쪽도 우리를 책임으로부터 회피하도록 만든다고 말한 바 있습니다. 우리가 앞으로의 세상을 낙관적으로 바라본다면 그 변화는 사물의 자연적 과정 안에서 일어날 것이기 때문에 우리가 많은 노력을 할 필요가 없음을 의미할 것이며, 비관적으로 생각한다면 변화는 불가능하기 때문에 어떠한 노력도 소용없다는 것을 의미하게 될 것이기 때문입니다. 이런 점에서 류터는 지금 우리에게 필요한 것은 낙관주의나 비관주의 중 양자택일하는 것이 아니라 '헌신적인 사랑'이라고 주장합니다. 우리가 어떤 상황에 처할지라도, 비전을 갖고 구체적으로 자기가 선 자리에서 헌신하며 살아가는 것이야말로 '지금

---

고 있는데, 이것이 현대 세계가 지닌 어려움의 깊은 요인이라고 본다. 현재의 대학의 교육내용들은 학생들로 하여금 자연세계와 친밀한 현존을 위해서가 아니라, 자연세계에 대한 인간의 지배를 확대시키는 역할로 준비시키고 있다는 것이 베리가 비판한 내용이다. 넷째로, 베리는 종교적 가르침도 그 강조점이 변해야 한다고 주장한다.(토마스 베리, 이영숙 역, 『위대한 과업』, 대화문화아카데미, 2009 참조)

우리가 해야 할 바'라는 것입니다. 토마스 베리는 지금 이 시대야말로 중대한 역사의 전환기라고 말하면서, 새로운 시대를 맞이하기 위해서 지금 우리에게는 희생이 요구됨을 강조하고 있습니다.[13] 이런 점에서 우리는 각자의 종교적 가치관 안에서 헌신할 필요가 있습니다. 또한 생태계 위기를 살아가는 동시대인으로서 교의적 차원에서의 차이를 넘어 이웃 종교인들과 지혜를 모아 연대함이 절실히 필요합니다. 앞으로 그런 자리가 더욱 많아져서 생태계 위기 극복에 한층 더 시너지 효과를 내기를 희망해 봅니다.

---

[13] 그는 지금이 신생대가 끝나가고 새로운 시대인 생태대를 준비하는 시기라고 본다. 신생대가 끝나가고 있는 상황 속에서 인류에게는 두 가지 선택이 앞에 놓여 있다고 베리는 주장한다. 하나는 기술대(Technozoic)이고 다른 하나는 생태대(Ecozoic)이다. 기술대는 인간이 자신의 목적을 위하여 자연을 착취하고 조작하는 문명형태이고, 생태대는 인간이 자연과 함께 존재하면서 함께 진화하는 문명형태이다. 생태대는 자연과의 관계에 대한 관점에 있어서 기술대와 매우 다르기 때문에 두 문명 사이의 긴장과 갈등은 피할 수 없다. 인간과 지구 생태계가 미래에 생존하기 위해서는 인간은 기술대가 아니라 생태대를 선택해야만 한다는 것이 그의 주장이다.(이재돈, 「토마스 베리의 생태사상」, 『기독교 사상』 통권 제620호, 2010.8, pp.264~287 참조)

# 종합 토론

종범, 구미정, 최현민

이 토론은 2009년 12월 14일 씨튼연구원에서 진행되었는데, 그동안 강의를 진행했던 분들 중 종범 스님, 구미정 교수, 최현민 수녀 세 사람이 모여 발표 주제에 대한 질문과 답변의 형식으로 종합 토론한 내용을 정리한 것이다.

**최현민**_ 지금부터 종합 토론을 시작하겠다. 첫 번째 질문은 조현철 신부님께서 하신 강좌에서 나온 질문이다.

◉**질문**_ 조현철 신부님은 그리스도교에서 말하는 하느님과 맺은 계약이란 인간과의 계약만이 아니라 땅과의 계약을 포괄하는 것으로 해석하고 계신다. 이 점에서 하느님의 '정의'를 생태 문제와 관련지어 오늘날 대표적인 약자는 '자연'이라고 본다. 이러한 그리스도교에서 말하는

하느님의 계약과 정의의 차원은 삼라만상을 하나의 존재적 관계망으로 보는 불교의 연기와 연관지어 볼 때 어떤 공통점과 차이점이 있다고 볼 수 있겠는가?

**최현민_** 조현철 신부님 대신 구미정 선생님이 이에 대한 견해를 말씀해 주시면 좋겠다.

**구미정_** 하느님의 계약사상을 앞처럼 자연, 만물과 연관지어서 봐야 한다는 것은 당위이다. 지금까지는 그렇게 안 해왔다는 것이다. 하느님의 형상으로 인간을 만들고 만물을 지배하라고 하는 위임권, 창세기 1장 28절에 나오는 땅 지배 사상, 이것 때문에 기독교가 그렇게 곤욕을 치르고 있다. 앞의 문장들은 이 당위로 가야 한다는 것인데 이 당위로 어떻게 가야 하는 것인가가 그리스도교 신학의 숙제이다. 만약 이대로만 가고 있고 우리가 이대로 이해하고 있다면 불교의 연기론과 너무 잘 맞는다. 전혀 위험할 게 없다. 예를 들자면 노아 홍수 이후 하느님이 새롭게 언약을 맺을 때도 하느님도 성질이 급하셨는지 이러신다. '아, 원래 인간은 그러기 마련인데 내가 성질을 괜히 부렸구나……' 스스로 한탄하시고는 언약을 맺으시며 무지개를 하늘에 던져주었다. 그런데 다른 나라 성경에는 무지개를 활이라고 번역한 사례도 있다. 케쉐트라는 히브리어가 무지개로도 번역되지만 활로도 번역된다고 한다. 그래서 하느님께서 하늘에 활을 걸어두셨다는 말은 인간을 대상으로 다시는 싸우지 않겠다는 그 말이다. 하느님이 두 손을 들어버린 것이다. 인간은 워낙 악하기 마련. 근데 문제는 뭐냐면, 인간이 악하니까 인간의 잘못 때문에 땅을 저주하지 않겠다는 것이다.

그러니까 땅은 문제가 없다. 계속 인간이 문제이다. 인간이 자기의 잘못과 실수와 악한 행동들 때문에 땅도 소산을 내지 못한다. 하느님의 카이로스-내가 세상이 다하는 그날까지는 봄, 여름, 가을, 겨울이 계속될 것이고 땅에서 소산을 너희가 거두리라-, 이게 노아의 언약인데, 이게 그대로 되면 좋은데 인간이 그 연기론을 잊고 산다. 나 하나의 행동이 땅에 어떤 영향을 미치는지 전혀 생각을 안 한다. 오늘 내가 여기 올 때도 굉장히 고민을 많이 했다. 시간 내로 오려면 운전을 하고 와야 하는데 학교에서 여기까지 차를 두고 와야 할 것 같았다. 빠른 길 찾기를 해보니까 택시를 이용할 경우 19,100원, 거리가 또 얼마, 그렇게 뜨는데 그건 석유를 그만큼 쓰고 오는 거다. 생태에 대해 종합토론을 하러 오면서 지하철을 타야 하는데 그렇게 하면 도저히 시간 내에 못 온다. 갈아타고 어쩌고 해야 한다. 결국 뒤에 또 나오겠지만 이렇게 깨어 있음, 실수를 하고 잘못을 범할 수밖에 없는 한계적 존재일 때조차도 인간이 스스로의 행동을 반성해보고 이것이 다른 생명한테는, 석유한테는, 지구한테는, 후세대한테는 어떤 영향을 미칠 것인가, 이런 것을 좀 생각해 보는 것이 필요하다. 그래야만 하느님의 계약에 동참하고 하느님의 정의를 세워나가는 존재가 될 수 있을 것이다. 그런데 그게 잘 안 되니까 문제인데 거기에는 불교의 연기론 같은 것으로 많이 보완이 되어야 한다.

그리고 차이가 있다면, 기독교는 아무래도 인간의 지위를 하느님의 피조물인 동시에 하느님의 형상이라고 특별하게 올려놓으려고 한다. 여기서부터 계속 청지기냐 위임권이냐, 대리인이나 하느님의 공동창조자냐 등 여러 가지 이야기들이 나온다. 그러나 인간이 설령 특별한 지위에 있더라도 그 특별성이 무엇인가? 그 특별성을 지배권으로 보지 않고 양육하고 돌보는 무한책임으로 다시 해석을 해야 하는데 기독교가 불교의 연기론을 받아들이더라도 인간의 책임성과 하느님의 유일회성을 너무 강조하는 문제가 있는 것 같다. 하느님의 유일성, 이런 것도 불교뿐만이 아니라 오늘의 생태학과 대화를 한다면 만유재신론으로 가야 한다. 그게 안 되면 기독교는 끊임없이 생태에 대해서 신학적으로 책임을 모면할 수가 없다. 하느님의 계약사상, 정의사상도 구약 그대로만 놓지 말아야 한다. 자꾸 예수 그리스도의 유일회성 하느님의 유일신론을 주장하면 전쟁이 일어난다. 그게 아니라 만유내재신론, 범재신론-만물 안에 그분께서 아니 계신 곳이 없다-, 이렇게 변화하지 않으면 기독교의 계약사상, 정의사상 이런 것들도 굉장히 어려워지는 것 같다.

**최현민**_ 구 선생님께서 '유일신론으로는 안 된다, 만유내재신론으로 가야 한다'는 말씀을 하셨는데 나도 선생님의 의견에 공감한다. 프로테스탄트 쪽에서는 하나님을 '하나'에 '님'자를 붙이는 것으로 보고, 가톨릭에서는 하늘에 초점을 두어 하느님이라고 한다. 물론 여러 해석 방법이 있겠지만 '하나'라는 것이 배타성을 지닌 하나, 곧 그리스도교에만 구원이 있다는 의미로서의 하나이거나, 하느님 외에 다른 신을 섬기는 것을 거부하는 의미의 하나를 넘어서 진정한 의미의 유일신론이 되려면 모든 것을 포괄하는 하나, 공자의 일이관지─以貫之의 하나가 되어야 하지 않겠는가. 하나로써 모든 것을 관통해낼 수 있는 의미로서 말이다. 유일신 3대 종교인 그리스도교, 유대교, 이슬람교에서 말하는 유일신의 '유일'의 의미가 일이관지의 하나처럼 모든 것을 포괄하는 의미가 될 때 비로소 유일신이라는 표현이 오늘날에도 그 의미를 지닐 수 있지 않을까 생각한다.

생태 문제와 관련해서 인간의 위치를 생태신학 안에서 새롭게 해석하려는 노력이 있긴 하지만, 어쨌거나 그리스도교는 하느님께서 주도권을 지닌 데 반해, 불교에서는 인간의 깨침을 강조한다는 점에서 차이가 있다고 본다. 이런 측면은 불교와 그리스도교가 생태 문제의 해법을 바라보는 시각에도 차이를 가져다주지 않나 싶다. 구미정 선생님이 말씀하셨듯이 그리스도교에서는 하느님과 인간을 계약관계로 본다. 계약이란 하느님께서 노아와 맺으시는 계약에서 보듯, 당신이 더 이상 세상을 멸망시키지 않고 구원하시겠다는 신실한 약속을 의미한다. 이러한 계약이 그리스도교에서는 구약과 신약이라는 표현으로 드러나고 있는 것이다.

이렇듯 하느님의 구원의지가 계약이라는 개념 안에 함축되어 있다면 불교에서는 이와 유사한 측면을 대승불교의 보살 개념에서 찾아볼 수 있지 않나 생각한다. 보살은 깨쳤으면서도 서원을 통해서 부처가 되는 것을 보류한 존재이다. 각 보살마다 서원의 내용이 조금씩 다르긴 하지만 보살의 서원에는 중생을 구제하겠다는 철저한 구원 의지가 담겨 있다. 예를 들면 아미타불은 종전에는 법장보살이었을 때 48가지 서원을 했다. 누구라도 당신의 원력을 믿고 따른다면 사후에 극락세계에 다시 태어나게 되리라는 약속을 했는데, 그것이 아미타불 신앙을 낳은 요인이 되었다. 또 지장보살은 지옥에 있는 중생들이 다 구제되기 전까지는 부처가 되는 것을 보류하겠노라는 서원을 했다. 이런 의미에서 중생을 구제하겠다는 의지가 담긴 보살의 서원은 그리스도교에서 말하는 하느님의 계약과 비교할 수 있지 않을까 생각하는데, 종범 스님께서는 어떻게 보시는지요?

종범 스님_ 부처님 소리만 듣고 살다가, 갑자기 양쪽에서 하느님, 하느님 하니까 청각적으로 혼란이 온다. 멍해진다. (웃음) 하느님 얘기, 부처님 얘기 하는데, 문제는 생태가 뭐냐? 도대체 생태라는 게 뭐냐? 이 얘긴데, 생태가 지금 어떻게 되어 있는가? 지금 굉장히 위기에 빠져 있다. 그럼 책임이 어디에 있는가? 결론은 인간에게 있다. 인간이 어떻게 해서 그렇게 되었는가? 기독교 쪽으로 보더라도 모든 창조는 하느님한테 맡기고 인간은 그 창조물을 감사하게 수용하면 되었을 텐데 어느 시대인가부터 인간이 창조를 하려 했다. 나는 여기서부터 문제가 생겼다고 본다. 하느님이 완전무결하게 창조하셨는데 그것이 완전무결한지 모르고 불만을 느끼고 인간이 창조를 하려고 시작한 순간부터 그 창조가 생태를 망치고 있다는 생각이 든다.

언제부턴가 사람이 지구의 주인이 되었다. 그런데 그 주인이 주인 노릇을 엉망으로 했다. 그래서 주인 노릇 잘못한 증후군이 곳곳에서 나타나고 있다. 그럼 이걸 어떻게 치료해야 하나? 근본 원인을 알아야 한다. 모든 문제는 인간이 우주의 주인 노릇을 하려고 한 데서부터 시작되었다. '인간이 주인이다. 하늘의 주인, 땅의 주인, 세계의 주인이다'라는 생각부터 버려야 한다. 처음부터 주인이 아니었는데, 하느님이 주인이고 자연이 주인이고 우주가 주인이었는데, 주인이면 공동주인이지 단독주인은 없는데, 인간이 언젠가부터 이 우주의 주인이다는 생각을 한 데서부터 생태 문제가 왔다. 그럼 이런 생각을 어떻게 고쳐야 하나?

'영성'이라는 말을 많이 쓰는데 영성이라는 개념도 발표자에 따라 좀 다른 걸 느꼈다. 나는 불교의 지혜, '반야'라고 본다. 반야로 돌아가야 한다. 영성으로 돌아가야 한다. 영성의 빈곤에서 생태가 파괴된다. 영성을 풍요롭게 만들면 밖으로 창조에 대한 욕구는 줄어들 것이고, 창조에 대한 욕구가 줄어들면 생태 파괴는 줄어들 것이다. 발표자들 논조가 생태를 잘 보존하고 호전시키는 방법으로 영성에서 시작하자는 건 공통적이다. 창조론이든 계약론이든 연기론이든 인과론이든 간에 그 바탕은 지혜에 근거하고 있다는 것이다. 논리구조가 문제가 아니라 연기론의 핵심은 지혜에서 나온 말씀이다. 창조론도 마찬가지다. 유일신이든 여러 신이든 거기는 영성이 있다는 것이다. 언어 구조로만 접근하지 말고 그것이 의미하는 내용이 뭔가를 보아야 한다. 영성으로 돌아가면 욕망이 무엇인지 알게 되고, 욕망을 알게 되면 욕망을 충족시키기 위한 무절제한 파괴나 개발이나 소비는 안 할 것이다. 생태에 문제가 생기는 것은 욕망의 추구와 충족에서 기인한다. 영성으로 욕망을 순화하는 쪽으로 가면 생태는 저절로 좋아지지 않을까. 오늘날 가장 시급한 것은, 어떻게 하면 영성을 풍요롭게 만들까, 이것이 현대문명의 중요한 핵심 과제라고 생각한다. 여기서 연기론이 뭔가를 설명하는 것은 흥이 안 난다. 연기론이든 뭐든 밑바닥은 다 영성이다. 영성 하나만 알면 모든 가르침이 다 풀린다고 보고 싶다.

**최현민_** 말씀 감사하다. 결론을 다 말씀하신 것 같아서 그냥 다 집에 가야 할 것 같다. (웃음) 그래도 우리에게 주어진 시간 내에 영성을 더 깊이 들어가서 살펴보는 시간을 계속 갖겠다. 두 번째 질문으로 넘어가자.

◉**질문_** 이정배 교수님은 그리스도교적 입장에서 창조론과 성육신의 통합으로서의 '우주적 그리스도론'을 생태 위기의 대안으로 내놓으셨다. 교수님은 '우주적 그리스도'란 바로 우리 안에서 그리스도를 탄생시킴이라고 하시면서, 그것은 모든 사람이 그리스도 신비를 품고 있기 때문으로 해석했다. 바꿔 말하면 이는 인간이 자기 본래성을 회복하는 길이라 할 수 있겠다. 이와 같이 생태 문제를 풀어갈 해법이 인간의 자기 본래성 회복에 있다고 할 때, 그리스도교적 관점에서 회복되어야 할 인간의 본래성에 대해 구체적으로 말씀해주셨으면 한다. 그리고 이 측면이 불교가 수행을 통해 지향하는 바와 유사하다면, 양 종교는 이 점에서 생태 문제를 풀어가는 해법의 유사성을 지녔다고 볼 수 있겠는가?

**최현민_** 첫 번째 질문이 계약과 하느님의 정의에 관한 질문이었다면, 두 번째는 그리스도론에 대한 물음이다. 이정배 선생님께서 메일로 이에 대한 견해를 보내주셨다. 보내주신 답변을 먼저 읽어드리겠다.

    필자가 우주적 그리스도를 생태학과 연계시킬 수 있었던 것은 파니카 신부의 신학적 통찰에 힘입은 바가 컸다. 우주적 그리스도는 여러 문화 속에 각기 다른 방식으로 언표될 수 있다고 그는 보았다. 우주적 그리스도는 다석 유영모에게는 '없이 계신 하느님'이라는 말로 표현될 수 있다. 우주적 그리스도는 인간의 본래 자기성이라는 말과도 의미 상통할 수 있는 개념이다. 허공 속의 꽃을 한번 생각해 보라. 지금까지 사람들은 꽃에만 생각을 집중해왔고 꽃을 있게 한 허공 그 자체에 대한 인식을 놓쳐왔다. 허공이야말로 모든 것을 있게 한 근원으로서 우주적 그리스도의 다른 이름일 수 있겠다. 그것은 여러 종교 속에서 표현은 다르지만 인간의 본래적 자기성이라 불릴 수 있을 것이다. 이는 인간의 본질이 보통 HAVING, 즉 소유에 있지 않고 BEING, 즉 존재에 있다는 의미와도 다르지 않을 것 같다. 소유로 치닫는 욕망의 삶 가운데 허공, 없이 계신 하느님, 우주적 그리스도는 인간의 본래성을 각인시킬 것이며 그로써 욕망으로부터 자유로운 삶의 길을 열어놓을 수 있다고 본다. 이러한 우주적 그리스도가 불교에서도 통용될 수 있는가를 물으셨다. 나 자신은 그렇다고 대답하고 싶다. 이것은 어디까지나 기독교적인 관점일 것이다. 하지만 우주적 그리스도는 얼마든지 다른 방식으로 표현될 수 있는 것이기에 가능하다고 믿고 싶다. 성서는 우리 인간이 본래 빛이기에 빛이라고 하신 것이라고 생각한다. 모든 것을 있게 한 근원으로서의 허공, 그것이 우주적 그리스도로서 인간의 본래성이라고 생각하면 생태적 자각을 나타내는 말로써 족하지 않을까 생각한다. 없이 계신 하느님에 비교할 때 인간은 늘 덜 없어서 문제이다.

이정배 선생님께서는 우주적 그리스도라는 개념을 제시해 주셨다. 기독교는 '예수가 그리스도다'라는 배타적 기독론을 고수해왔고 그

틀을 조금 벗어날 수 있는 새로운 열린 그리스도론을 이야기한 분이 파니카이다. 파니카의 우주적 그리스도론은 '그리스도는 예수만이 아니다'라는 열린 그리스도론이라고 할 수 있겠다. 이정배 선생님은 파니카의 우주적 그리스도론을 다석 선생님의 사유에 비교를 하면서 연계성을 가지고 해석을 하셨다.

다석 유영모 선생님께서는 하느님에 대해서 '없이 계신 하느님', 있음과 없음을 뛰어넘는 없이 계신 하느님을 말씀하시면서 또 인간은 '있이 없는 존재'라고 이야기하신다. 인간의 본래성이 하느님의 모상이라고 하는데, 하느님이 없이 계신 하느님이라면 인간의 본래성 역시 없이 있는 존재여야 하는데, 없이 있는 존재로서의 인간의 본래성을 망각하고 덜 없음이 문제가 되어서 생태 문제를 낳았다는 것이 이정배 선생님의 해석이다. 혹시 이런 해석과 관련해서 구미정 선생님의 견해는 어떠신지요?

**구미정_** 가톨릭 창조신학자 매튜 폭스가 뽑은 13세기 신비주의의 대가인 마이스터 에카르트의 영성 중 대표적인 영성이 '낳음의 영성'이다. 낳으라는 것이다. 뭘 낳는가. 우리 안에서 하느님을 낳으라는 것이다. 마이스터 에카르트가 보기에 예수님은 처녀 예수이다. 그는 처녀 예수 그리스도라고 표현한다. 왜 그런가 하면, 처녀는 모든 그릇된 상을 여읜 사람이다. 그런데 처녀는 처녀로만 머물러 있으면 낳을 수 없어서 어머니가 되어야 한다. 그래서 동정녀 마리아이다. 가톨릭에서는, 더 잘 아시겠지만 예수의 어머니 마리아야말로 처녀이면서 어머니이신, 다시 말하면 모든 그릇된 상을 여읜 존재이면서 하느님을 낳으신

분이다. 그래서 예를 들면 예수의 어머니가 임신해서 엘리사벳에게 갔더니 그녀가 마리아를 보고 '어떻게 주의 어머니가 나오십니까?' 이렇게 말한다. 주를 낳으시는 분이라는 것이다.

내가 크리스마스에 즐겨 하는 설교가 있다. 생일날 사람들은, 어릴 때는 자기 생일 찾아먹지만 조금 성숙해지면 어머니를 기억하면서 미역국을 먹는다. 다시 말하면 예수님 생일의 주인공은 마리아가 되어야 한다. 그럼 그때 마리아는 뭔가? 이 아들을 통해서, 이정배 선생님 표현대로, 에리히 프롬 표현대로 하면 Having, 즉 뭘 갖느냐, 소유하느냐, 내가 어떻게 더 잘 먹고 잘 사느냐와 같은 투자 개념이 아니라 이 아들을 통해서 새로운 세상을 꿈꾼 것이다. 마리아 찬가가 그것이다. 부자를 공수로 돌려보내고 낮은 자를 높이고 그렇게 해서 평화롭고 새로운 세상을 꿈꾼다. 새로운 세상을 낳는 어머니, 하느님을 낳는 어머니, 매 순간 하느님을 낳는 존재. 본래성 회복이 뭔가? 다석 유영모 선생님 표현대로라면 몸나, 제 나, 이것만이 자기인 줄 알고 사는 몸나, 이것을 여의고 여의면 우리가 처녀가 된다. 이 몸나만을 참 나로 착각하고 사는 그릇된 상을 여의면 처녀가 된다. 그런데 거기서 만족하면 안 되고 유영모 선생님은 '얼나'를 낳으라고 한다. 얼나. 그래서 유영모 선생님 언어 풀이에 의하면 '저 사람은 어른이다' 할 때 어른이라는 말은 얼이 온전한 사람, 얼온에서 왔다는 것이다. 몸나를 여의고, 이 몸만이 참으로 알고 사는 제 나를 여의고, 항상 매순간 얼나를 낳으면서 사는 얼온, 그게 아마 파니카가 말하는 우주적 그리스도의 좋은 한국적 표현이 아닌가 생각해본다.

**종범 스님_** 계약론을 말씀하시고 불교에도 비슷한 것이 있는가 물으셨는데, 불교에도 수기란 말이 있다. 줄 수授자, 기록할 기記자. 기록을 준다는 말이다. 무슨 기록인가? 미래의 역사이다. 너는 어디에서 태어나고 무슨 일을 하고 무엇이 될 것이다……. 이는 하나의 인과론의 구체성인데 내가 지금 이 일을 하니까 이 인연으로, 이 일을 한 사연으로 앞으로 어찌어찌 되어서 무엇을 이룰 것이다…… 이런 것이다. 현재 우리가 하고 있는 행위가 그대로 미래이다. 미래에 무엇이 될 것인가? 그건 현재를 보면 안다. 그게 일종의 수기와 같은 것이다.

그런데 생태 강의를 들어보면 어떻게 하면 공기가 좋아지고 물이 맑아지고 토양이 좋아지고, 이런 걸로 바로 못 들어가고 그 밑바닥의 원리론적인 것, 기본적인 것, 본질론적인 것, 이런 데에 너무 맴도는 감을 준다. 원리적인 것, 물론 거기서부터 시작하는 것은 중요하지만 그것만 자꾸 논하다가, 생태가 점점 좋아질 수 있도록 운동을 하고 실천을 하고 생태의 중요성과 필요성을 많이 알리고 하는 실천적인 것이 아주 중요한데, 그런 면이 부족하게 되는 것을 느낀다. 나 자신도 여기 와서 발표하라고 하니까 내가 아는 소리만 하고 말았다. 생태에 대해서 지금 얼마나 심각하고 어떤 운동을 바로 해야 한다, 이런 것이 제시가 안 되고 오늘도 이런 식으로 토론하다 보면 그렇게 끝날 것 같은 예감이 든다.

인간이 참 나를 찾는 것. 중요한 말씀으로 제시해 주셨지만 어떻게 하면 참 나를 찾을 수 있는가? 운동으로 바로 들어가면 영성이 깊을수록 작은 것으로 만족하는 것 같다. 영성이 깊으면 작은 것으로 만족할 수 있다. 영성이 낮으면 많이 가져야 만족한다. 더 심하면, 영성이 낮으면 많이 가져도 만족하지 못한다. 인간에게는 소유가 아니라 만족이 중요한데, 그럼 소유는 어떻게 해야 하는가? 영성으로 해야 한다. 이런 것은 다 통하는 것 같다. 작은 것으로 크게 살고 작은 것으로 복되게 사는 것, 그게 인간의 행복을 희생하고 생태를 보호한다는 것을 의미하지는 않는다. 행복과 생태를 동시에 가꿔가는 노력이 필요하다. 예를 들면 석가모니는 아주 작은 것을 가지고 만족하며 살았다고 한다. 밥 얻어먹어 가면서 맨발로 돌아다니면서 작은 것에 만족하셨다. 그분에게는 불만이나 공허함 그런 건 없었다. 어떻게 작은 것으로 만족할 수 있었을까? 그것은 깨달은 지혜의 깊이 덕분이다. 깨달은 지혜가 깊기 때문에 그렇게 되었다.

그럼 우리는 어떻게 해야 하는가? 그분은 지혜를 먼저 얻어 만족했지만, 사람들은 작은 것에 만족하는 훈련으로 지혜의 세계까지 이를 수 있다. 그래서 앞으로는 생태 학설이나 생태 운동을 할 때 아주 작은 것으로 마음도 만족하고 생태에 도움도 되는 그런 운동이 자꾸 일어나면 좋겠다. 실제적인 운동들 말이다. 생태 이론을 가지고 많은 시간을 허비해서 토론하는 것보다 개인적으로는 이런 생태를 생활화하겠다는 등 그런 것들을 자꾸 모아 알리는 게 낫지 않을까 생각한다. 예를 들어 여기 오실 때 승용차 운전에 대해서 굉장히 고민을 하셨다고 했는데, 이것도 굉장히 중요한 것이다. 비행기 타는 것을 고민하고, KTX를 타느냐 무궁화호를 타느냐에 대해 고민하는 일이 필요하다. 그런데 실천은 전혀 안 따르고 내 생활은 개발도시 시스템에 그대로 맡기면서 말로만 작은 것에 만족하자, 소비를 줄이자, 이런 것은 아닌 것 같다는 생각이 든다.

**최현민_** 답변에 감사드린다. 실천적인 면은 뒤에 이야기하도록 하겠다. 생태위기문제를 더 깊이 숙고해보면 우리가 인간의 본래성을 잊고 살아가는 것과 깊은 연관성을 지닌다. 이 점을 되짚어보기 위해 의도적으로 이런 질문들을 만들었다. 다석 유영모 선생님의 삶을 들여다보면 실천적인 측면에서 다음 두 가지를 지적할 수 있다. 하나는 약 40년 동안 실천하신 일일일식一日一食이다. 하루에 한 끼를 먹는 것이다. 51세에 가족들 앞에서 일일일식을 발표하시고 이튿날은 해혼解婚하겠다고 말씀하셨다. 이혼과 해혼의 차이는, 해혼은 같이 살면서 부부생활을 하지 않는 것을 말한다. 유영모 선생님은 25세에 결혼을 하셔서 25년 정도 결혼생활을 하셨는데 그러한 삶을 살겠다는 약속하신 것이다. 그리고 이 두 가지 약속을 돌아가실 때까지 지키셨다고 한다. 세속생활에서 이것을 지킨다는 게 결코 쉽지 않았을 텐데 다석 선생님은 이를 철저하게 지키신 것이다. 그 바탕에는 구 선생님이 말씀하셨듯이 몸나를 어떻게 버리고 얼나로서 새롭게 삶을 사느냐의 자기 투쟁이 있었기 때문에 가능했으리라 본다. 철저하게 몸나를, 욕망을 최소한으로 줄임으로써 얼나를 회복해나가는 방법을 취하셨던 것이다. 유영모 선생님은 철저하게 인간의 근원적인 욕구에 도전하고 삶으로 살아내신 분이다. 그분의 삶과 사유가 오늘날 많은 이들에게 울림이 되는 것은 바로 그런 실천이 병행되어서였을 것이다. 결국 탐진치와의 싸움을 이분은 이런 식으로 실천하셨다.

　세 번째 질문은, 사실 종범 스님께서 언급하셨듯이 왜 우리가 알면서도 실천이 안 되는지, 즉 앎과 실천의 괴리 문제이다. 읽어보겠다.

●질문_ 화엄의 입장에서는 삼라만상을 법계연기의 그물망 속에 얽히고설킨 관계적 존재로 본다. 그러나 이러한 법계연기의 불교교의를 알고 있다고 해서, 다시 말해 삼라만상이 나의 존재와 불가분의 관계성을 지니고 있음을 깨달았다고 현 생태 문제 해결을 위해 투신하는 사람이 많은 것은 아니다. 결국 문제는 앎 자체가 행行으로 곧장 연결되지는 않는다는 것이다. 그렇다면 이 앎과 행 사이의 괴리, 인식적인 앎과 몸의 실천 사이의 괴리를 어떻게 극복할 수 있을까? 어떻게 앎을, 깨침을 구체적으로 사회 안에 구현하도록 촉구할 수 있을까?

최현민_ 우리 모두의 문제이다. 우리가 연기를 모르거나 그리스도 신자로서 하느님 사랑의 실천을 몰라서 못 하는 건 아닌데 앎, 이성적인 앎이 우리의 몸과 삶을 통해서 드러나지 않는 게 큰 문제 아닌가. 생태 문제도 이것과 연결시켜서 함께 고민하고 성찰해야 되는 부분이 아닐까 싶어서 이러한 질문을 던져보았다.

종법 스님_ 아까 허공 꽃에 대해 이야기했다. 허공 꽃이 허공에 있는데 어디서 나왔나? 허공 꽃이 나온 출처는 어디인가? 자기 눈에서 나왔다. 눈병이 없으면 허공 꽃이 없다. 안질이 있기 때문에 허공에 꽃이 보인다. 안질 없는 사람은 허공에 꽃이 절대로 안 보인다. 허공 꽃은 내 눈에서 나왔다. 이게 '병목공화病目空花'이다. 병든 눈이라야 허공 꽃이 보인다. 그러듯이 앎이 깊어지면 실천이 된다. 우리는 듣는 것을, 즉 문해聞解를 이해로 알고 있다. 문해는 낮다. 이치를 확실히 알면 실천이 된다. 그런데 문해는 듣고 아는 거니까 그건 추론이고 짐작이다. 짐작 가지고는 안 된다. 이해가 되어야 한다. 깊이 알아야 한다. 깊이 아는 운동이 필요하다. 생태도 그렇다. 수질오염이 심각하고 자연파괴, 환경파괴, 자원고갈이 심각하다는 것, 이것이 문해로 끝나면 실감이 안 된다. 정말 이걸 깊이 이해하면 몸에 충격이 온다. 진짜 깊이 이해하면 몸에 자극이 온다. 마음이 정말 기쁘면 몸이 확 떨린다든지 눈물이 난다든지 하지 않던가. 몸 자극이 없으면 진짜 아는 게 아니다. 반가운 사람을 만나서 확 전기가 와야 진짜 반가운 거지, 반응이 없으면 진짜 반가운 게 아니다. 그렇다면 알고 실천하지 못하는 것과 아는 세계와 내가 머무른 세계의 차이를 어떻게 줄일 것인가.

  첫 번째 방법, 깊게 알아라. 예를 들면 어린아이에게 불이 있는데, 장작불이나 쇳덩어리 불이 있는데 저 불이 뜨겁다 하면 그건 문해라서 그냥 듣고 아는 것이라서 모른다. 불이 얼마나 뜨거운지 손으로 한번 알면 다시는 안 만진다. 그래서 깊게 아는 게 중요하다. 아는 걸 버리면 길이 없다. 아는 게 중요하지 않은 게 아니라 깊게 알면 된다. 허공에 꽃이 있는데 저게 실재하는 게 아니라 내 눈병에서 보이는 현상이다, 이렇게 알듯이 우리 욕망의 대상도 취해보면 사라진다. 어떤 것이나 소유해보면 고통이고 허망한 건데 그걸 모른다. 소유하는 게 행복하지 않은 것 같더라, 이건 문해이고, 실제로 그걸 알면 바뀐다. 근데 이 소유가 허공의 꽃처럼 좋게 보이는 것이다. 정신세계, 영성이 깊은 분들은 소유하는 것이 괴로운 것이고 허망한 것임을 깊게 아는 것이고, 보통사람들은 모른다. 뭐든지, 권력이든 명예든 재산이든 가져보면 괴로움이고 허망함이다. 이걸 깊게 알면 행동이 달라진다. 방법론적으로 여러 가지가 있는데 깊게 아는 운동을 할 필요가 있다. 아는 걸

버리려고 할 게 아니라 더 깊게 알면 된다는 것, 그걸 말씀드리고 싶다.

그리고 오늘 처음 들었는데 작게, 크게 사는 운동 중에 해혼, 그것도 또 하나의 방법인데 좋은 사례를 처음 들었다. 고맙다.

**최현민_** '깊이 알아라'는 말씀을 하셨는데 선불교에서 도가 무언지 자기 방식대로 설명할 수 있는 경지에 이르면 이를 해오解悟라 하고, 그 해오가 더 깊은 깨달음으로 나아가는 것을 증오證悟라 한다. 해오에 머물러선 안 되고 증오에로 나아가야 한다. 그래야 제대로 된 깨침이 된다. 지눌 선사의 『수심결』에 보면 이런 내용이 나오는데, 내 마음에 오래 남아 있는 표현이다. "단박 깨치면 비록 부처와 같으나 여러 생의 습기가 깊구나. 바람은 그쳤으나 물결은 아직도 출렁이고, 이치는 나타났으나 망념은 아직도 엄습한다."

단박 깨쳐 바람은 그쳤건만 우리의 실존 안에는 아직 물결침이 있다. 그래서 깨친 뒤에도 닦는 일을 버릴 수 없는 것이다. 깊은 앎까지 나아가려면 해오 갖고는 안 되고 증오까지 나아가야 한다. 이를 위해 우리는 얼마나 자신을 닦고 또 닦아야 하는지, 우리 수행의 끝없음에 대해 생각하게 된다.

**구미정_** 『예수는 없다』라는 책을 쓰신 비교종교학자 오강남 선생님이 그런 말씀을 하셨다. 종교를 논할 때는 세로로 나누는 것, 예를 들면 저 사람은 불교도, 저 사람은 기독교도, 그렇게 자르면서 나누는 것이 가장 무식하단다. 종교를 논할 때는 가로로 잘라야 한다. 어느 수준에 있든지 비슷한 수준에 있으면 서로 통하는 것이다. 나는 오늘 스님 말씀에 너무 은혜를 받고 있다. 아주 감사한 경험을 하고 있다.

나도 비슷한 생각을 지금 하고 있었다. 깨달았는데 안 한다는 것은 안 깨달았다는 것이다. 깨달았다는 말이 안다는 말과는 다른 것 같다. 안다는 것은 머리로 아는 것이다. 관념론적인 앎이다. 철학으로 이야기하면 플라톤적인 앎이다. 이론으로 아는 것이다. 아리스토텔레스가 이야기하는 것은 생산적인 앎, 실천적인 앎이다. 그래서 플라톤과 아리스토텔레스가 철학에서는 다르다. 그런데 기독교에서는 히브리어로 안다는 말이 '야다'이다. 야다라는 말은, 예를 들어 창세기에서 에덴에서 쫓겨나고 아담이 하와를 알았다는 것, 그러니까 둘이 동침했다는 것이다. 그럴 때 야다라는 단어가 쓰인다. 그러니까 안다는 것은 속속들이 몸으로 완전히 다 알아버리는 것이다. 예수님이 하느님을 아는 것은 그런 정도의 앎이었다. 그러니까 내 뜻이 곧 하느님 뜻이고, 내가 일하면 하느님이 하시는 것이고 이런 당당함이 있다.

예수님 사건을 교리로는 성육신 사건이라고 표현한다. Incarnation, 즉 몸을 입는다, 또 다른 표현으로 육화(Embodiment), 이렇게 표현한다. 그래서 기독교가 이야기하는 영성은 다 embodimented, embodied 이다. 몸을 입지 않으면 영성이 아니다. 누가 그런 얘기를 했다. 기억상실증 걸리고 치매 걸려도 어릴 때 피아노 쳤던 사람들은 피아노를 치고, 운전할 줄 알았던 사람들은 운전도 한다고 한다. 자전거도 그렇게 탄다고 한다. 몸으로 했던 앎은 남는다. 그런데 책으로 보고 안 것은 잊어버린다. 참으로 안다는 게 무엇인가 할 때 그때의 앎이 깨우침이다. 깨달았으면 알지 않을 수 없고, 진정하게 아는 자는 이미 깨우친 자고…… 이렇게 되는 것 같다.

　기독교가 잃어버린 유산은 깨우침의 차원을 망각하고 모든 것을 믿음으로 환원시켜버린 것 같다. 1945년 나그함마디에서 소위 나그함마디 문서라는 것이 발견되었는데, 거기에 들어 있었던 복음서들은 다 깨우침을 강조하는 복음서들이었다. 이를테면 고린도 후서의, 소위 '사랑의 장'인 고린도 13장 14절은 이렇게 끝난다. "믿음, 소망, 사랑은 이 세 가지는 영원할 것인데 그중에 제일은 사랑이다." 이렇게 끝난다. 그런데 나그함마디 문서 중 하나인 빌립복음에는 믿음, 소망, 사랑, 깨침이 필요하다고 나온다. 네 가지가 필요하다. 농사를 짓기 위해서 흙, 물, 바람, 빛이 필요하듯이 하느님의 농사에도, 하느님의 세상 경영에도 믿음, 소망, 사랑, 깨침이 필요하다. 믿음은 거기에 뿌리내리는 토양이고 소망은 우리가 그것으로 양분을 얻는 물이다. 사랑은 우리가 그것으로 자라나게 되는 공기이고 바람이다. 그리고 깨침은 빛이다. 불교식으로 말하면 반야이다. 요한복음은 예수가 빛으로 오셨다고 얘기한다. 그노시스이다. 이게 참로로 그노시스이다. 깨침이라는 단어에 그노시스가 쓰였다. 그 그노시스가 안다는 것, 곧 앎이다.

　기독교가 인류에게 그동안 해악을 많이 끼친 것이 사실이다. 생태 위기의 원인이 모든 종교 가운데 기독교에 있다고 공격하니까 기독교가 다시 불교를 공격했다. 좋은 산에 절 다 지었다고, 환경파괴한 건 기독교랑 똑같다고 그랬는데, 불교는 그래도 개발하고 땅을 지배하고 그런 것 없다. 더불어 산다. 불교 국가와 기독교 국가는 다르다. 기독교 국가들은 어떻게든지 개발을 해버렸다. 내가 한국교회사학회에서 발표가 있어서 갔는데 아주 충격적인 글을 봤다. 6세기 갈리아 지역에 있던 베네딕트 수도회에 대한 글이었다.

　베네딕트 수도원은 노동하면서 기도하라, 기도하면서 노동하라, 즉 기도와 노동, 이것 때문에 노동에 가치를 부여하면서 기계를 막 만들었다. 한 수도원장이, 예를 들면 수도사들의 짐을 덜어주려고 물레방아를 만든다. 물레방아로 곡식을 찧으니까 손절구로 빻을 때보다 낫다. 수도원이 하나 들어서면 테크놀로지가 개발이 된다. 또 돌려짓기 같은 방식도 나온다. 12세기 끌레르보 수도원에서는 강의 흐름을 계획적으로 변경해서 이모저모로 활용할 수 있는 기계를 발명해놓고 굉장히 하느님께 감사하는 글이 발견되었다. 강물을 활용해서 제분기를 돌렸더니, 수도사들이 먹을 수 있는 맥주나 포도주를 만들 수 있고 빵도 찧을 수 있고 방적기도 돌려 수도사들의 옷을 생산하였다. 수도사들의 신발을 만들려고 제혁업도 하였다. 그래서 마지막으로 충만한 감사로 열매를 거두고 쓰레기를 운반해가며 모든 것을 깨끗하게 돌려놓는 흐름, 강은 이것을 멈추지 않는다. 그러니 우리는 얼마든지 이용해야 한다. 이런 내용이었다.

　그러니 만약에 우리 정부가 4대강 사업하면서 이런 문서를 발견하면 기독교는 빠져나갈 수가 없다. 불교한테 많이 배워야 하는데, 기독교가 그동안 잃어버렸던 것은 바로 모든 것을 믿음으로 환원하면서 하느님이 다 해주세요, 전지전능하신 당신이 다 해주세요 하고 맡겨버린 것이다. 인간은 무력하게 손 놓고 이 세상이 어떻게 되든지 상관없이 내세구원만 하고, 기복으로 흘러간 이 천박한 신앙에서 이제는 깊이 있는 깨달음의 신앙으로 나아가야 한다. 소위 나그함마디 문서들도 모두 거룩한 지식, 반야의 지혜를 강조하고 있다. 21세기 기독교가 인류에 빛이 될 수 있다면 그것은 바로 거룩한 지식, 신지식, 하느님을 아는 지식, 이것을 아주 깊이 재발견하는 길이 아닐까 하는 반성을 하게 된다.

**최현민_** 네 번째 질문을 드리겠다.

◉**질문_** 구미정 교수님께서는 영국 케임브리지 대학의 경제학자 장하준 교수가 쓴 『사다리 걷어차기』에 대해 언급한 바가 있다. 이는 선진국들이 보호무역정책 등 수단을 총동원하여 일단 부자가 된 후, 가난한 후진국에게 무조건 시장을 개방하라는 식이다. 비유하자면 자신들이 사다리 꼭대기에 먼저 올라간 후 사다리를 걷어차 버리는 식의 경제정책이다. 이는 비단 한 나라의 정책에만 국한되지 않는다. 그 안에 국가적 개인주의가 도사리고 있다. 이 외에도 현대인의 개인주의가 팽배함으로서 생태 문제 해결이 쉽지 않음을 말해준다. 이 실례로 지난 2008년 5월 있었던 촛불집회와 현재 이야기되는 4대강 살리기 프로젝트 문제(편집자 주; 이 토론은 2009년 12월에 열렸다)를 비교해볼 수 있다. 미국산 쇠고기 수입조건 재협상을 요구하는 촛불집회는 100일간 계속되었고 결국 이명박 대통령으로부터 두 차례 대국민 사과를 받아냈다. 이와 같이 자기 먹거리 문제에 대해선 민감한 반응을 보이는데 반해, 4대강 살리기 문제에 대해서는 그다지 민감하게 대응하지 않는 것이 현실이다. 먹거리는 직접 우리 식생활에 영향을 미치지만 4대강은 한 다리 건너라고 생각하기 때문인 것일까? 결국 이는 개인주의적 사유와 연관이 있다고 볼 때, 어떻게 우리는 개인주의를 극복하고 공동체성으

로 나아갈 수 있을까?

**최현민_** 선생님이 직접적으로 이 문제를 언급하시기도 했지만, 우리 한국 현실에 있었던 촛불집회와 현재 진행 중에 있는 4대강 살리기 문제와 연결시켜서 개인주의적인 측면으로 해석해볼 수 있는 문제가 되지 않나 싶어서 이 질문을 드린다. 답변을 부탁드린다.

**구미정_** 촛불집회를 그렇게도 볼 수 있을 것 같다. 내 밥상에 올라오는 미친 소는 먹을 수 없다는 것. 한참 난리가 났었다. 여중생들이 촛불을 들고 거리로 뛰쳐나왔을 때 오히려 다른 나라 언론들은 생명권을 위해 데모를 한 이런 위대한 일은 데모 역사상 드물다고 했다. 보통 민주화, 독재타도 때문에 데모를 하지 생명권을 위해 데모를 하다니, 생명이라는 것은 이렇게 존엄한 것이다. '미친 소도 만들어내지 말아라. 왜 그렇게 소를 사육하는가?' 이런 주장들도 나왔다. 그동안 광우병으로 죽은 소들의 영혼도 해원상생하고 굉장히 큰 의미도 부여할 수 있다. 촛불집회는 단순히 개인적 차원으로 해석할 수도 있지만, 크게는 우주적인 생명권의 문제로도 해석이 가능하다.

나는 전공이 기독교 윤리학이라 한국생명윤리학회에 소속되어 있다. 최근에 유전공학자가 쓴 논문 하나를 심사하게 되었다. 생명특허에 대해 쓴 논문이었다. 옛날에는 특허라고 하면 상품에 붙었다. 그런데 1980년대부터 미국에서 생명체에도 특허를 부여하기 시작했다. 그게 인도의 차크라바티라는 분이 발명한 기름을 잡아먹는 바이러스이다. 원유가 바다에서 유출되었을 때 누가 원유를 걷어오나 하면, 기름을 잡아먹는 바이러스를 풀면 이것이 기름 냄새를 맡고 가서 기름을 잡아먹고 오는데 이것을 제너럴 일렉트릭에 속해 있던 한 과학자가 발명했다. 그래서 특허를 냈다. 미생물에 특허가 붙기 시작한 것이다. 그 다음부터는 인간 유전자에도 특허가 붙기 시작했다. 이것을 크게 말해서 생명특허라고 말한다. 물질이 아니라 생명체에 대한 특허. 그런데 이분 논문의 주장이 뭐냐면, 지적재산권이라는 미명 하에 그렇게 특허를 내는 게, 예를 들면 다윈이 종의 기원에서 적자생존의 법칙을 발견하고 특허를 요청한 바가 없다는 것이다. 과학자는 기본적으로 자연계의 어떤 법칙과 현상을 알아냈다고 해서 지적재산권으로 보호해 달라고 할 수 없다는 것이다. 그건 그저 발견하는 것이므로.

솔로몬 군도 어딘가에 사는 어떤 민족은 희한하게 백혈병에 안 걸린다. 그래서 이 사람들의 유전자를 연구해서 백혈병 특효약을 만들겠다고 유전자에 특허를 붙여버렸다. 웃기는 일 아닌가. 그 섬 유전자 정보를 먼저 발견한 사람이 특허를 갖고 있다. 그래서 이게 국제법상 문제가 되고 그랬다. 이분에 따르면, 지적재산권 보호라는 미명 아래 생명특허를 계속 허용하면 안 된다는 것이다. 인간 존엄성이라는 다른 논리로 막아야 한다는 것이다. 개체로서의 인간은 생명특허와 아무 상관이 없을 수 있다. 내 유전자도 안 뺏길 수 있다. 나랑 아무 상관이 없을 수 있다. 그러나 한 인간의 유전자 정보라는 것은 다르다. 동시대 모든 인간, 백인과 흑인은 유전자 정보가 1%밖에 차이가 안 난다. 우리가 보기엔 엄청나게 달라 보여도 걸리는 질병도 거의 다 비슷하고, 지구 역사로는 몇십억 년의 모든 기억을 한 개인이 유전자 안에 다 갖고 있다는 것이다. 그래서 생물학에서 하나의 개체발생은 계통발생을 되풀이한다. 이런 법칙은 도저히 어길 수가 없는 것이다.

　유전공학자도 깨닫는 이 진리를 종교인들은 왜 못 깨닫는가. 내 생각엔 다른 길이 없는 것 같다. 회개해야 한다. 예수 믿는다 하면서 내 영혼이 구원받아서 이 세상에서 복만 누리다가 저 세상 어디, 천국, 요한계시록에 나오는 것 같은 수정바다가 흐르고 문설주가 어떻고, 이런 곳에 갈 생각만 한다면, 이렇게 이기적 욕망 충족 도구로 종교를 갖고 있는 사람은 종교인이 아니라고 본다. 기독교가 말하는 회개는 그리스어로 '메타노이아'이다. 이것은 생각을 바꾸는 것이다. 종범 스님께서 말씀해주신 것처럼 불교에서는 깊은 반야의 지혜이고 우리식으로 표현하면 영성일 것인데, 자기 생각은 개인의 욕구 충족으로 가지만 우리 안에 머무시는 성령께서 우리의 생각을 가끔가끔 바꿔주시지 않으면, 이 메타노이아가 길을 바꾸고 생각을 바꾸고 삶의 패러다임을 바꾸는 이런 일들이 계속 일어나지 않으면 안 된다. 공동체성으로 나아갈 수가 없을 것이다.

　앞의 논고에서 언급한 매튜 폭스라는 가톨릭 창조신학자가 생각한 영성은 야곱의 사다리가 아니다. 제1단계는 이런 영성, 2단계는 이런 영성…… 사다리 올라가듯이 올라가는 그런 게 아니다. 사라의 원무, 둥그런 원, 생명의 손이 끊어지면 안 된다. 한반도만 해도 얼마나 많은 종의 생명체가 어울려 살고 있는가. 우리는 그중에 하나다. 1년에 500여 종이 멸절되고 있단다. 그러니 우리가 잡은 무수한 생명의 손이 끊어지면 안 된다고 하는 이 원무의 영성, 둥그렇게 함께 맞잡은 손의 영성, 이게 없어지면 안 되는 것인데 기독교는 그동안 영성하면 다 사다리를 얘기해왔다. 혼자만 그냥 올라가서 계속 개인만 구원받는.

그렇게 개인구원으로만 가니까 구원신학에서 죄도 개인화된다.

그런데 그게 아니다. 죄도 정치화되고 사회화되어야 한다. 구원받았다고 하면서 정치 문제에 둔감하고, 생태 문제, 4대강, 용산참사 이런 것에 둔감하면 안 된다. 그래서 생태 정의라는 말은 사회 정의(social justice)를 포함한다. 환경단체에서 일하는 여자 분들이 많이 뛰쳐나간다. 왜? 생태 정의 하자고 모였던 남자들이 여자들에게 커피 심부름을 시키는 것이다. 성별정의가 안 되고 있는 것이다. 사회 정의 감각이 하나도 없다. 깨우치지 못한 것이다. 그러니 진정한 회개는 구원의 현세화, 이 세상으로부터 영원히 구원받는 것이 아니라 이 세상의 동시적 구원이다. 그리스도의 십자가 사건을 우리의 영혼을 위한 그리스도의 대속이 아니라 우주 전체의 변형으로 받아들여야 한다. 새 하늘 새 땅으로의 온전한 샬롬, 이것을 위해서 온 피조물도 우리와 함께 고통을 당한다. 그리스도의 피 흘림도 마찬가지이다. 그것이 바로 골로새서 1장에 나오는 코스믹 크라이스트다. 그래서 죄도 정치화, 사회화, 생태화해서 이해되지 않는 한 이 문제는 굉장히 어려울 것이다.

한자로 아我자는 손 수手자에 창이 더해져 있다. 아라는 말은 손에 항상 창을 들고 있는 것이다. 그러니 얼마나 무서운가. 아상에 사로잡혀 있다는 것이. 그러니 우리가 아를 좀 내려놓는다면 그것이 바로 개체성, 개인주의, 이기심을 극복하는 것일 텐데, 그래야 공동체성이 좀 될 텐데. 자신의 전능함을 무력으로 증언해버리는 그런 사람, 인간은 그 정도로 아상을 내려놓지 못하는 것이다. 십자가를 못 지는 것이다. 그러니 회개한 자는 아무리 찾아봐도 없다. 그게 어려운 문제인 것 같다.

**종범 스님_** 하느님이 우주를 창조하셨다. 그 힘든 일을 하고 얼마나 피곤했을까? 그런 생각 안 해보셨는가? 조그만 일만 해도 힘든데 그 위대한 일을 하고 얼마나 힘들었을까, 얼마나 고단했을까. 그러나 그게 아니다. 불교적인 생각으로 이해하면 그렇지 않다. 하나도 안 피곤했다. 하나도. 왜 안 피곤했나? 많은 것을 아무것도 하지 않는 마음으로 했기 때문이다.

물은 흐를 때 긴장하여 자기가 미리 어디로 흐를까를 예측해서 길을 내서 흐르지 않는다. 물이 있으면 물길은 저절로 생긴다. 지혜가 풍부하면 만날 해도 안 하는 마음과 똑같다. 그러나 욕망이 있으면 만날 해도 안 한 것이다. 지혜가 있는 사람은 아무것도 안 하는데 다 하고, 욕망으로 하면 온갖 걸 다 해도 나중엔 아무것도 안 한 것이다. 물은 길을 안 내도 저절로 잘 흐른다. 그러나 사람은 길을 내도 제대로 못 간다. 물은 어떻게 길 없이 잘 가는가? 물은 낮은 데로 낮은 데로 가면 되는 것이라 길이 필요 없다. 지혜로 하는 것은 항상 안 하는데 다 하는 것이고, 욕심으로 하는 것은 항상 열심히 하는데 아무것도 못하는 것이다.

『논어』도 지혜를 말하는데, 남이 알아주는 게 허망한 것이라고 한다. 여럿이 알아줘봤자 고통뿐이다. 허망함뿐이다. 알아주지 않아도 전혀 노여워하지 않는다. 자기가 지혜를 가지고 하면 아무것도 안 하는 마음으로 했기 때문이다. 물은 흐르지 않는 상태로 흘렀기 때문에 물은 천년만년 흘러도 피곤한 줄 모른다. 우리가 나 자신을 위해서 온갖 걸 다 하지만 하지 않는 마음으로 하는 것 아닌가. 밥도 먹고 세수도 하고 온갖 것 다 한다. 자기 자신을 위해 하는 것은 전혀 피곤하지 않다. 왜냐하면 하지 않는 마음으로 하니까.『화엄경』에 중요한 교리가 있다. 하지 않으면서 다 하는 것을 여래성기如來性起라고 한다. 여래의 본성이 일어나는 것이다. 또 만날 해도 하지 않는 것을 법계연기라고 한다.『화엄경』의 교리 이해가 법계연기, 여래성기, 이게 아주 중심인데 지혜 있는 사람이 하는 것은 만날 해도 일부러 한다는 생각이 없다.

그러니까 환경을 위한다 해서 아, 해야지 하면 여기서부터 환경에서 멀어진 것이다. 그냥 하는 것이다. 조금 먹어도 만족할 줄 알고. 결국 내가 이해하는 그리스도교 신앙은 인간이 뭘 창조하는 게 아니라 하느님이 창조한 것에 감사하는 것이다. 감사하는 것으로 족하면 될 것 같다. 창조가 아니라 감사이다. 죽는 것도 감사하고 굶는 것도 감사하고 작은 것도 감사하고 큰 것도 감사하고. 근데 자꾸 만드니까 만날 만들어 봐야 안 만든 것만 못하고 허망하다. 지혜로 만들면 만드는 생각 전혀 없어도 다 만들고 그렇게 되는 것 같다. 우리가 환경을 두고 막 생각을 내고 떠들고 하는 자체가 환경 문제와 너무 동떨어진 곳에 있다는 것을 우리 스스로 드러내는 것이 아닌가 하는 생각이 든다.

**최현민_** 그럼 다음 질문으로 넘어가겠다. 자본주의와 생태보존이 과연 양립 가능한가에 대한 질문이다.

●**질문_** 자본주의와 생태보존은 양립 가능한가? 자본주의는 무한경쟁 사회를 만들어냈고, 발전지상주의 속에서 생태는 무자비하게 파괴되

어가고 있다. 이러한 경제발전의 논리 속에서 과연 생태를 보존하는 것이 가능한지 되묻지 않을 수 없다. 정부가 언론에 밝힌 바에 따르면, 4대강 살리기 프로젝트는 대운하와 관련이 없으며 수질개선, 홍수방지, 물 부족 문제를 해결, 19만 개의 일자리를 창출할 수 있다고 말한다. 즉 경제발전과 더불어 생태도 보존할 수 있다는 것이다. 그러나 많은 이들은 정부주장과 반대로 이로 인해 심각한 생태 파괴가 일어날 것이라고 주장한다. 그렇다면 결국 우리는 양자택일을 할 수밖에 없다고 말한다. 예수는 "재물이냐 하느님이냐"를 물으시며 어느 한쪽을 선택하라고 말씀하신다. 과연 현대 자본주의 안에서 발전 지향적 논리를 갖고 살아가면서 생태를 보존하는 것이 가능한가? 만일 가능치 않다면 우리가 취해야 할 것은 무엇일까?

**구미정_** 당연히 이것은 동그란 네모처럼 현실에서 불가능하다. 동그란 네모란 말은 존재할 수 없다. 둥글면 둥근 것이고 네모면 네모이지. 녹색 성장 이것은 국민을 현혹시키는 말이다. 이를테면 트리오가 최근에는 자연퐁으로 이름만 바꿨다. 그러나 이게 하수구에 흘러갔을 때 자연이 살아나는 퐁은 아니다. 죽이는 것이다. 자연만 갖다 쓴다. 그래서 이런 것들을 환경학자들은 에코 포르노그라피라고 쓴다. 똑같은 녹색이라는 글자가 붙었지만 자연에 더 해악을 미치고 있다. 실상은 4대강 죽이기이면서 살리기라는 말을 쓴다. 그런 것들이 환경에 대한 포르노그라피라는 것이다. 지속가능한 개발이란 말도 동그란 네모이다. 지속가능하려면 내버려둬야 한다. 개발하면 안 된다. 그런데 지속가능한 개발이라는 말로 우리 의식을 마비시키고 잘못 생각하도록 호도하는 것이다.

　문제는 '자본주의 안에서 어떻게 살아가야 하는 것인가'인데, 우리에게 돈은 필요하다. 예수님은 저 회칠한 무덤들, 위선자들 욕하시면서 바리새파들과 분명히 선을 그었지만 바리새인 집에는 자연스럽게 들어가서 먹고 마셨다. 다시 말하면 자본주의 시스템 안에서 우리가 자본 없이는 못 살지만, 자본에 끌려 다니지는 말아야 한다. 그래서 종교가 할 수 있는 일은 자유를 가르치는 일이다. 1989년에 사회주의가 붕괴하면서 자본주의밖에는 우리가 경험할 수 있는 체계가 없지만 그러나 이것이 다가 아니다는 것을 가르쳐주는 게 종교가 할 수 있는 역할일 것 같다. 지금 우리가 기술 공학 종사자가 아니기 때문에 적정 기술을 어떻게 개발할까 하는 이런 구체적인 담론은 우리 숙제가 아니다. 현대 자본주의 안에서 발전 지향적 논리를 가지고 살아가면서 생태를 보존하는 것이 가능한가? 가능하지 않다. 가능치 않다면 우리가 취해야 할 것은 무엇인가? 자족의 영성, 이제 그만 됐다의 영성이다.

　좀 더 사회학적인 연구를 한다면 용산이든 4대강이든 그렇게 개발로, 아파트 산업으로 엄청나게 돈을 번 한국에서 지금 아파트라는 것은 욕망과 소유의 문화 코드이다. 강준만 교수도 『말죽거리에서 타워팰리스까지』라는 책에서 한국인의 문화 코드가 아파트라고 얘기한다. 옛날 70년대에 중동에서 돌아온 용사들, 사막의 모래바람을 이기고 이분들이 갑자기 돌아왔다. 근데 일자리가 없었다. 요즘도 똑같다. 4대강 개발로 19만 개 일자리 창출? 글쎄다. 그때도 한강 깔아뭉갰다. 지금 다 시멘트로 발라 놨다. 청계천 복원사업, 이런 거 얼마나 웃긴가. 도로 다 깨부숴야 한다. 강이 다 죽어버렸다. 한강이 다 죽어버렸다.

역사를 살아가면서 인간이 불행한 것은 실수해서가 아니라 실수로부터 아무것도 배우지 못해서이다. 우리 역사도 70년대의 실수를 2010년대인 지금도 반복하고 있다. 일자리 창출에 현혹되어서 말이다. 사실 소수의 아파트 기업, 토목건축 같은 분야의 사람들만 이윤을 낸다. 우리가 그런 논리를 좀 깨달을 필요가 있고, 각 개인의 삶에서는 영성과 지혜를 함양하고 사회에 대해서 안테나를 바로 세우는 정도밖에 종교가 할 수 있는 건 없지 않나 한다. 사실 그게 또 전부이기도 하다.

**최현민_** 2009년 12월 덴마크 코펜하겐에서 75개국 정상들이 모여 유엔기후변화협약 총회를 열었다. 이미 기후변화의 심각성에 대해서는 많이 알려져 있다. 기후변화와 관련해서 지구 온실화의 영향을 축산업과 연결시켜 해석하는 논문들이 속속 발표되고 있다. 왜 축산업이 지구 온실 가스의 요인이 된다고 보는가. 월드워치 연구자들은 현재 지상에 존재하는 가축수가 500억 마리에 달한다고 한다.(이는 유엔 식량농업기구가 추정했던 217억 마리의 두 배가 넘는 수이다.) 이 가축 수는 자연적으로 형성된 것이 아니라 인간이 식용을 목적으로 인공수정을 해서 생겨난 것들이다. 문제는 이 많은 가축들이 배설해내는 메탄가스다. 이것이 지구 온난화를 가져오는 온실가스의 51퍼센트, 즉 반 이상을 차지한다는 것이다. 이렇게 볼 때 기후변화는 우리의 먹거리와 깊은 연관이 있음을 알 수 있다. 이제 실천적인 면을 다루어야 하는데 우선 우리의 먹거리부터 생각해보자. 우리가 육식을 줄인다면 그만큼 축산업도 줄어들 것이고 온실가스의 주범인 메탄가스 방출도 적어질 것이다. 곧 육식을 우리 식탁에서 줄여나가는 것이야말로 생태적 삶을 실천하는 하나의 방법이 되지 않을까 싶다. 아까 구 선생님께서 소욕지욕에 대해서 말씀하셨는데, 현대에 들어 상대적 빈곤문제가 심각하다. 상대방이 내 것보다 더 좋을 것을 더 많이 갖고 있다는 비교의식에서 오는 상대적 빈곤감 말이다. 우리가 소유로부터 자유로 워져서 자신이 갖고 있는 것에 만족할 수 있다면 그것이야말로 생태를 사는 길이 아닌가 싶다. 종범 스님께서도 생태적 실천에 대해 한 말씀 들려주셨으면 한다.

종범 스님_ 생태 운동을 아무리 해도 자본주의 세력을 도저히 대항할 수는 없다. 두 가지 방법이 있다. 생태불균형의 심각성을 계속 알리는 데 노력하고, 소수라도 생태적인 방법으로 행복하게 사는 모습을 보여 줄 때 더 깊은 감동이 오지 않을까 한다. 개발하고 소유하고 장악하는 기쁨보다 마음의 깊은 지혜를 통해서 얻어지는 기쁨이 중요하다. 문제는 생태 운동을 표방하고 거기에 소속되어 있으면서 삶 자체는 소비주의의 유혹을 받고 치우치는 경향이 있는데 그것은 곤란하다.

『화엄경』「10지품」에서는 잘 사는 것을 착할 선善, 머무를 주住의 선주善住라고 번역을 했는데, 선주가 되는 요건이 두 가지가 있다. 깊을 심深, 마음 심心, 힘 력力의 심심력深心力이 있다. 심심력은 지혜가 깊어져야 잘 사는 게 가능하다는 말이다. 두 번째는 승리할 승勝, 마음 심心, 힘 력力의 승심력勝心力이다. 승심력은 지혜가 도전받을 때, 욕망이 침입한다든지 여러 가지 비지혜적인 세속적인 행위가 다가올 때 견고하게 막아내는 것이다. 그게 승심이다. 생태 운동 하는 사람들도 수시로 생태 이론과는 상반되는, 소비 지향적이고 개발 지향적이고 효력 지향적으로 갈 수 있는 유혹을 받는다. 그때 얼마만큼 단호하게 그걸 견제하고 방어하느냐가 중요하다. 그런 운동이 소수라도 자꾸 생겨나면 큰 힘이 된다고 본다. 그 파급효과는 이루 말할 수 없다. 당장 세력적으로 대항하려는 것은 바람직하지 않고 꾸준한 연구와 홍보, 그런 삶을 통해서 깊은 자기만족을 얻는 사람이 나타나면 된다. 그것이 오늘날 취할 수 있는 방법이 아닐까 생각한다.

◉**최현민**_ 간단한 질문과 수강생의 질문을 마지막으로 마무리하도록 하겠다. 조 신부님께서 이런 말씀을 하셨다. 생태적 위기감은 현 시대적 정신의 표현이다. 생태 영성은 시대가 요청하는 시대정신이다. 그런 말씀을 하시면서 생태적 감수성, 우리 안에 생태적 감수성을 어떻게 더 함양할 수 있을까? 이런 부분에 대한 물음을 던지셨는데, 생태적 감수성, 어떻게 해야 둔감해져 있는 우리의 감수성을 살릴 수 있을까?

**구미정**_ 간단히 말씀드리겠다. 구약성서에 예언자들이 있다. 예언자라고 할 때 예자는 미리 예豫가 아니라 맡을 예預이다. 히브리어로 나비라고 표현하는 예언자들은 대언자라고 해야 맞다. 이들에게는 시대를 분별한다는 특징이 있다. 신약성서에서 예수님이 "너희는 해가 붉으면 내일 날씨가 어떻겠다, 해가 어쩌면 내일 날씨가 어떻겠다 하면서 하느님의 뜻은 그렇게도 분별 못 하느냐"고 하신 것처럼 구약성서 시대의 예언자들도 시대를 분별한다. 아모스 같은 경우도 요즘 식으로 표현하면, 너희는 나이키 운동화 한 켤레 값에—성경에서는 미투리 한 켤레 값이라고 나온다—사람이 사고 팔리는데 어떻게 예배당에 가서 예배를 드릴 수 있는가, 이렇게 말한다. 예레미야에서도 사제들이 샬롬, 샬롬 인사를 잘하면서—성경에는 '괜찮다, 괜찮다'로 표현되어 있다—위아래 할 것 없이 사제니 예언자니 다 썩었다 하고 나온다. 이때의 예언자라 함은 사회적 감수성이다. 사회 정의가 어떻게 실현되고 있지 않은지, 하느님의 정의가 어떻게 왜곡되었는지 온몸으로 증언하는 사람들이다. 심지어는 삶으로 그걸 막 보여준다. 에스겔 같은 경우는 인분에 구운 떡을 먹는다. 얼마나 맛이 그렇겠는가.

우리 시대의 생태 감수성이라는 것은 생태 예언자이다. 그러니 구약 시대 예언자들의 사명감으로 그들이 통찰했던 하느님의 뜻과 시대적 분별력으로 꿰뚫어 알아야 한다. 그런데 우리 시대가 호모 사피엔스라 머리만 키워놔서 감각이 마비되어 있다. 감수성 교육이 정말 필요하다. 주일학교 애들 전도해 오면 선생님들이 피자 한 판을 배달시켜 준다. 먹을거리에 대한 감수성이 없는 것이다. 틱낫한 스님의 『화』에도 나온다. 화를 품은 음식을 먹으면 애들도 화내게 된다. 그런 게 생태적 감수성이다. 그런데 우리는 그런 연관 고리를 전혀 의식하지 않는다.

내가 아는 채식주의자가 있는데, 이 사람만 끼면 식사가 불편하다. 뭘 먹어야 할지부터 어렵다. 그런데 이 사람은 교조주의적인 채식주의자, 생태주의자이다. 그래서 매 끼마다 가르치려 든다. 그래서 교조주의가 제일 나쁘다. 그러면 그 사람은 생태주의 근처에도 못 간 것이다. 육식 안 하는 것도 좋지만 생태적 감수성은 인간관계 안에서의 지배, 이런 것도 다 내려놓는 것이다. 요즘 광고 카피 중에 그런 것이 있더라. 집은 사는(buy) 것이 아니라 사는(live) 것입니다. 말은 그렇게 하면서 그런 사람들이 아파트를 다 이렇게 해놓았다. 부동산이라든지 이런 모든 문제들에 대해서 한국 강남 교회들이 하고 있는 것을 봐라. 우리가 정말 생태 감수성이라는 걸 머리로만 하는 게 아니라 온몸으로, 감각으로 하려면 아주 부단하게 심심력, 승심력을 키워가는 길밖에 없는 것 같다.

◉ **질문**_ 일 년을 마무리하면서 한 가지 정도는 실천해야 하겠다는 부담을 갖게 된다. 종범 스님 말씀 중에 마음속에 남는 게 있다. 물은 길이 없어도 낮은 데로 흘러간다는 말씀. 남이 알아주지 않아도 하는 개인적인 사유를 벗어나서 공동체성으로 나아간다는 것. 스님께 조금 더 현실적인 얘기로 풀어서 설명을 듣고 싶다.

**종범 스님**_ 나 혼자만 하는 게 아니라 이 시대에 필요한 이야기를 말로써, 행동으로써 자꾸 끊임없이 하는데 여기 중대한 문제가 생긴다. 그렇게 하는데 반응이 없고 효과가 없을 때 마음으로 지치는 일이 온다. 그것을 무엇으로 극복할 것인가? 거기에는 본인의 지혜와 훈련이 대단히 필요하다. 효과를 나타내기 위해서 하는 일이 아니라 내가 할 일이기 때문에 한다. 먼저 자기가 하는 일에 대한 자기화 정신이 필요하다. 자기화 정신 없이 해야 할 일이기 때문에 하다 보면, 잘되면 좋지만 잘 안 될 때는 힘들다. 남이 날 알아주지 않아도 노여워하지 않으니 군자답지 않겠는가.

내가 할 일이기 때문에 하는 것이니까 이것은 당연히 내가 할 일이다, 이렇게 자기화 정신을 자꾸 강화하고 운동이든 홍보든 노력이든 하면 될 것 같다. 밖으로 사회화, 대중화하는 게 굉장히 중요한데, 그 과정에

회의가 들고 절망이 들고 피곤하면 어떻게 하는가. 이건 내가 할 일이라서 하는 것이지 보람을 빨리 느끼기 위해서 하는 게 아니다, 결과를 바라고 하는 게 아니다, 내 일이다. 이러한 자기화 정신 운동을 자꾸 강화해서 해야만 그것이 뿌리 깊은 나무가 되어서 오래오래 푸르지, 그렇지 않으면 중간에 좌절할 수 있다.

**최현민_** 오늘 토론에서 여러분들이 궁금해 하는 부분들이 거의 나왔으리라 본다. 두 분을 통해서 새롭게 배웠지만 오늘 이 배움이 '아, 오늘 좋았다!'로 끝나면 안 될 것이다. 삶 안에, 일상 안에 녹아서 실천될 수 있는, 우리 삶의 에너지로 강화시키는 작업이 수반되어야 하리라고 본다. 일 년간 함께 해주신 분들께, 특히 오늘 함께 해주신 두 분께 감사드린다.

**책을 만든 사람들**

---

최현민(씨튼연구원 원장)

김종욱(동국대학교 불교학과 교수)

서종범(통도사 선덕)

본각(중앙승가대학교 불교학과 교수)

조현철(서강대학교 신학대학원 교수)

이정배(감리교신학대학교 종교철학과 교수)

구미정(숭실대학교 기독교학과 강사)


종교대화❶ **불교와 그리스도교의 생태 영성**

**초판 1쇄 인쇄** 2013년 10월 23일 | **초판 1쇄 발행** 2013년 10월 30일
**지은이** 최현민, 김종욱, 종범, 본각, 조현철, 이정배, 구미정
**펴낸이** 김시열 | **펴낸곳** 도서출판 운주사

     (136-034) 서울 성북구 동소문동 4가 270번지 성심빌딩 3층
     전화 (02) 926-8361 | 팩스 0505-115-8361

ISBN 978-89-5746-361-1  04210   값 12,000원
ISBN 978-89-5746-360-4 (총서)
http://cafe.daum.net/unjubooks 〈다음카페: 도서출판 운주사〉